高等教育政策与管理研究丛书

主编：陈学飞　副主编：李春萍

三　编
第 **6** 册

从一元范式到多元范式：
20 世纪 50 年代末至 80 年代初
美国联邦政府高等教育政策范式转型研究

王　彤 著

花木兰文化事业有限公司

国家图书馆出版品预行编目资料

从一元范式到多元范式：20世纪50年代末至80年代初美国
联邦政府高等教育政策范式转型研究／王彤 著－－初版－－花
木兰文化事业有限公司，2019〔民108〕
目 6+244 面；19×26 公分
（高等教育政策与管理研究丛书 三编 第6册）
ISBN 978-986-485-829-3（精装）
1. 高等教育 2. 教育政策 3. 美国
526.08   108011561

ISBN-978-986-485-829-3

9 789864 858293

高等教育政策与管理研究丛书
三编 第六册   ISBN：978-986-485-829-3

从一元范式到多元范式：
20世纪50年代末至80年代初
美国联邦政府高等教育政策范式转型研究

作　　者 王彤
主　　编 陈学飞
副 主 编 李春萍
总 编 辑 杜洁祥
副总编辑 杨嘉乐
编　　辑 许郁翎、王筑、张雅淋　美术编辑 陈逸婷
出　　版 花木兰文化事业有限公司
发 行 人 高小娟
联络地址 台湾235 新北市中和区中安街七二号十三楼
　　　　　电话：02-2923-1455 ／传真：02-2923-1452
网　　址 http://www.huamulan.tw 信箱 hml810518@gmail.com
印　　刷 普罗文化出版广告事业
初　　版 2019年9月
全书字数 217168字
定　　价 三编6册（精装）台币 12,000元

从一元范式到多元范式：
20 世纪 50 年代末至 80 年代初
美国联邦政府高等教育政策范式转型研究

王彤　著

作者简介

王彤，女，汉族，1981 年生，辽宁铁岭人，毕业于北京航空航天大学，获管理学博士学位，研究方向为高等教育管理、高等教育政策。现就职于广西财经学院，中国财经素养教育协同创新中心——广西分中心，职称讲师，主要从事财经素养教育相关的研究与实践。攻读博士学位期间，发表论文数篇，获得全国教育科学研究优秀成果奖三等奖，辽宁省教育科学"十二五"中期优秀成果二等奖，辽宁省教育科学"十一五"优秀成果奖一等奖。

提　　要

本书基于解决政策借鉴"水土不服"问题的现实需要为出发点，以政策范式的外显特征，即政策问题、政策目标、政策方案与政策工具四个方面为研究途径，并从政策本质即利益的角度揭示政策变革的本质，对 20 世纪 50 年代末至 80 年代初美国联邦政府的高等教育政策进行研究。研究发现，美国联邦政府的高等教育政策在 60 年代末 70 年代初发生了一次政策范式转型，表现为政策范式外显特征的显著改变，此次政策变革本质上是美国联邦政府基于美国社会利益需求的改变做出的利益格局调整。

本书共七章，第一、二章探讨政策范式转型的现实需要与理论基础，提出解决政策借鉴的"水土不服"问题的现实需要，以及政策范式的内涵、外显特征、本质等理论基础。

第三章讨论政策问题，分析政策范式转型前后政策问题的来源、形成过程以及政策问题改变的原因。政策范式转型前解决的是国家安全与社会公平问题，转型后解决的是高等教育供求矛盾问题，学生运动的发展促使政策问题从解决公共利益矛盾向解决多元利益矛盾改变。

第四章研究政策目标，讨论政策范式转型前后政策目标的内容、政策目标形成的原因与影响政策目标改变的因素。政策范式转型前的政策目标是入学机会平等，转型后的政策目标是发展机会平等，美国社会主流价值观从精英主义向普遍主义的改变导致政策目标的变化。

第五章分析政策方案，剖析政策方案形成的决定性因素与影响因素。政策范式转型前，高等教育政策以资助高等院校为主，转型后以资助学生为主，政策制定主导权从总统向国会的转移影响了政策方案的改变。

第六章研究政策工具，分析选择政策工具的依据与影响因素。政策范式转型前的政策工具是行政手段，转型后的政策工具是市场机制，政策经验与失败的教训推动了政策工具的调整。

第七章是对政策范式转型原因与目的的分析。政策范式转型前，利益格局是对公共利益进行分配的一元利益格局，转型后是对以学生利益为核心的多元利益进行分配的多元利益格局，这一改变是由利益的多样化引起的，即政策范式转型的原因是利益多样化。

序　言

　　这是一套比较特殊的丛书，主要选择在高等教育领域年轻作者的著作。这不仅是因为青年是我们的未来，也是因为未来的大师可能会从他们之中生成。丛书的主题所以确定为高等教育政策与管理，是因为政策与管理对高等教育的正向或负向发展具有重要、甚至是决定性的意义。公共政策是执政党、政府系统有目的的产出，是对教育领域社会价值的权威性分配。中国不仅是高等教育大国，更是独特的教育政策大国和强国，执政党和政府年复一年，持续不断的以条列、规章、通知、意见、讲话、决议等等形式来规范高等院校的行为。高等教育管理很大程度上则是政治系统产出政策的执行。包括宏观的管理系统，如党的教育工作委员会及各级政府的教育行政部门；微观管理系统，如高等学校内部的各党政管理机构及其作为。

　　这些政策和管理行为，不仅影响到公众对高等教育的权利和选择，影响到教师、学生的表现和前途，以及学科、学校的发展变化，从长远来看，还关乎国家和民族的兴盛或衰败。

　　尽管高等教育政策和管理现象自从有了大学即已产生，但将其作为对象的学术研究却到 19 世纪和 20 世纪中叶才在美国率先出现。中国的现代大学产生于 19 世纪后半叶，但对高等教育政策和管理的研究迟至 20 世纪 80 年代才发端。虽然近些年学术研究已有不少进展，但研究队伍还狭小分散，应然性研究、解释性研究较多，真实的高等教育政策和管理状况的研究偏少，理论也大多搬用国外的著述。恰如美国学者柯伯斯在回顾美国教育政策研究的状况时所言："问题是与政策相关的基础研究太少。最为主要的是对教育政策进行更多的基础研究……如果不深化我们对政策过程的认识，提高和改进教育效果是无捷径可走的。仅仅对政策过程的认识程度不深这一弱点，就使我们远远缺乏那种可以对新政策一些变化做出英明预见的能力，缺乏那种自信地对某个建议付诸实施将会有何种成果做出预料的能力，缺乏对政策过程进行及时调整修正的能力"。（斯图亚特.S.纳格尔.政策研究百科全书，北京：科学技术文献出版社，1990:458）这里所言的基础研究，主要是指对于高等教育政策和管理实然状态的研究，探究其发生、发展、变化的过程、结果、原因、机理等等。

编辑本丛书的一个期望就是，凡是入选的著作，都能够在探索高等教育政策和管理的事实真相方面有新的发现，在探究方法方面较为严格规范，在理论分析和建构方面在前人的基础上有所创新。尽管这些著作大都聚焦于政策和管理过程中的某个问题，研究的结果可能只具有"局部"的、"片面"的深刻性，但只要方向正确，持续努力，总可以"积跬步以至千里,积小流以成江海"，逐步建构、丰富本领域的科学理论，为认识、理解、改善政策和管理过程提供有价值的视角和工具，成为相关领域学者、政策制定者、教育管理人员的良师和益友。

主编　陈学飞

目

次

一、导　论

（一）问题的提出

1、高等教育政策制定是一个系统工程

政策是政府用以解决社会问题、调节社会矛盾的法律、规章、制度。虽然政策在形式上表现为简洁、明晰的法律条款和规章条文等，但政策在形成和出台之前，却往往要经历复杂的博弈过程。政策的制定与所要解决的问题之间并不是直接的、对应的关系，它是一个复杂的系统工程，不仅制定过程本身存在内在逻辑，而且政策与其赖以存在的社会政治、经济、文化环境及社会价值观等紧密相关。

随着科学技术的日新月异，交通、信息、网络系统日益发达，人与人、人与社会、国家与国家之间的联系更加密切，这种日益增长的联系使政策的外部环境变得越来越复杂，政府所面临的社会问题也更加层出不穷。如今，政府政策所及范围越来越广泛，深入到了社会生活的方方面面，这些发展变化都对政府的政策制定提出了更高的要求，政策制定已经成为复杂系统工程。

在这样的社会背景下，高等教育政策制定的难度也在增加。随着高等教育逐渐从社会的边缘走到社会的中心，它在增强国家竞争力、解决社会问题、促进经济发展、传播文化等方面都发挥着越来越重要的作用，因此，各国政府都已经把发展高等教育作为促进国家经济社会发展的重要手段。于是，在很多国家，社会问题解决与高等教育问题解决已经无可避免地交织在了一起，在高等教育政策制定过程中已经不得不考虑社会因素，甚至把解决社会问题看成是高等教育政策的重要目的之一。尽管很多学者呼吁，不应把过多的责

任和义务强加给高等教育，但无疑，在当今社会，高等教育已经被赋予了前所未有的重要作用，其政策制定也已经成为需要考虑多方因素的系统工程。

2、我国高等教育政策水平有待提高

我国高等教育和高等教育政策的历史较短，只有几十年时间，高等教育政策在解决我国高等教育问题与社会问题方面发挥了重要作用。比如在建国初期我国工业化进程中，我国政府的院校、专业调整政策，促进我国工科院校与工科专业的发展，培养出大量国家所需的工业人才；在新世纪，知识经济初见端倪，我国政府再次推出重点大学建设项目，旨在促进高等教育质量提高，使我国高等教育在增强综合国力和国际竞争力方面发挥重要的作用。

随着我国高等教育发展速度不断加快，我国高等教育领域产生的问题也逐渐增多，比如高等教育的资源紧缺问题与质量问题、大学毕业生就业难问题，都亟待政府通过高等教育政策解决；与此同时，我国很多社会问题的解决对高等教育的依赖程度逐渐提高，比如医疗健康、环境治理、生物制药等领域存在的问题，依赖于国家科学技术水平的提高，高等学校是国家高新技术发展的基地，高等学校科研发展水平和科技成果转化速度，决定着解决这些问题的程度与速度，高等学校科研水平迅速提高和科技成果快速转化，也需要在高等教育政策的推动下实现。

在短短的几十年时间里，我国政府积累的高等教育政策经验十分有限，但我国政府仍在积极摸索政策制定的规律，掌握这一规律需要较长的历史时期，虽然摸索过程中走过不少弯路，对于政府而言仍是宝贵的经验。随着科技进步，社会经济发展迅速，社会领域问题和高等教育问题层出不穷、问题紧迫程度不断加强的现状，对我国政府提出了更高的要求，不仅需要制定大量的高等教育政策，也需要提高政策的效率，因此我国政府高等教育政策制定水平急需提高。

3、政策移植"水土不服"的现象亟待解决

很多政府通过借鉴别国政策经验的方式，提高政策制定水平，我国政府也曾经采用这种方式，但政策借鉴存在一个较为普遍的问题："水土不服"，在别国有效的高等教育政策，移植到新的社会环境中，往往失去作用，甚至会产生副作用，不仅原本的问题没有解决，还会产生新的问题，增加高等教育问题解决的难度。

造成政策移植"水土不服"的原因，在于借鉴别国政策时，只借鉴了政策的形式，对政策方案、政策措施照搬照抄。任何政策都与国家社会的背景密切相关，社会条件、文化价值观、高等教育状况等诸多因素，都会影响最终形成的政策，即便两国面临的高等教育问题相同，产生的原因相同，但由于两国国情、社会条件和高等教育发展阶段存在差异，也不能简单移植。

解决政策移植"水土不服"的问题，需要对别国高等教育政策进行研究，仔细研究几个问题：为什么制定高等教育政策？为什么这样制定政策？哪些外部因素会对政策制定产生影响？产生什么样的影响？研究前两个问题，是对高等教育政策制定原因与依据的探索，有助于掌握高等教育政策制定的内在规律，探讨后两个问题，是对高等教育政策外部环境的梳理，有助于厘清高等教育政策与外部环境的关系。在掌握政策制定的内在规律、厘清政策与外部环境的关系后，展开对本国的高等教育问题及社会背景的分析与政策制定过程，方能制定出符合本国国情的高等教育政策，这个过程也是别国政策本土化的过程，只有经过本土化的政策，才是对别国高等教育政策经验的成功借鉴。

4、研究政策范式及其转型是提高政策水平的有益探索

政策制定是一门科学，它依据科学的方法，遵循内在的逻辑，这些都会体现在一定的政策范式当中。研究政策范式需要深入到政策制定过程当中来进行，通过深入剖析政策制定的原因与依据、过程及方法等来总结和归纳政策范式及其特点，从而为我们深入认识和理解政策本身提供了有益的视角。这一视角因其能够深入到政策制定过程当中，能够将政策本身与其所处社会的政治、经济、文化等要素有机结合起来，而更能提升政策制定的水平。

本研究以美国联邦政府的高等教育政策为研究对象，对美国联邦高等教育政策范式转型进行研究，是政策范式研究的初步尝试。美国高等教育政策在 20 世纪 70 年代初进行了较大的调整，将政策方案由资助院校调整为资助学生，政策目标由高等教育入学机会平等调整为高等教育发展机会平等，这一调整反映出美国联邦政府政策范式的转型，本研究将继续深入到美国联邦政府高等教育政策的制定过程中，对政策制定展开深入的剖析，从而得出政策范式与政策范式转型的有益经验，为我国政策制定提供借鉴和启示。

（二）研究目的与研究意义

1、研究目的

本研究是对 20 世纪 50 年代末到 80 年代初美国联邦政府高等教育政策范式转型进行研究，目的是希望通过对政策制定过程的分析，研究政策制定各个环节之间的联系，比较政策范式转型前后的特征，探讨政策的变化以及引起这些变化的因素，回答政策为什么转型、如何转型等问题，一方面努力提升高等教育政策研究的理论水平，另一方面也期望为我国高等教育政策制定提供有益的经验和启示。

2、研究意义

（1）有利于提升高等教育政策研究的理论水平

政策科学研究虽然起步较晚但理论成果异常丰富，政策科学的理论成果是政策研究不可缺少的基础，以政策科学的理论成果为基础进行研究，如同站在巨人的肩膀上，使研究的理论水平获得提升。政策范式研究是 20 世纪 90 年代才出现的研究领域，作为一个新近兴起的研究领域受到很多关注，但是政策范式及政策范式转型研究的理论并不十分丰富。

本研究在对西方政策科学理论成果进行梳理的基础上，发现霍尔的政策范式研究，鲍姆加特纳的间断—平衡理论是能够用来解释政策范式、政策范式转型的理论，本研究对两个理论进行深入的探究，并结合政策的基本理论，包括政策本质、政策制定过程，对政策范式的内涵、外显特征进行了深入的挖掘，对政策范式转型的原因与目的进行了深入的探讨，本研究认为政策范式是以利益观为核心的理念和思维模式，其外显特征包括政策问题、政策目标、政策方案与政策工具，政策范式转型的原因是利益多样化，转型的目的在于调整利益格局。本研究对政策范式及其转型理论的挖掘，是有利于理论研究水平提高的有益尝试，本研究将这些理论应用于高等教育政策的研究，有利于提高高等教育政策研究的理论水平。

（2）有利于提高我国高等教育政策制定的水平

本研究是对美国联邦政府的高等教育政策的研究，美国联邦政府干预高等教育的历史较长，有较为丰富的政策制定经验，因此美国联邦政府的高等教育政策成为世界各国研究与借鉴的主要对象。从美国的高等教育政策制度中借鉴经验，不能简单地照搬与模仿，任何政策都植根于现实国情，与其所在国家的政治、经济、文化之间有着深刻的内在联系，我国的基本国情及高等教育状况与美国不同，简单的照搬与模仿只会导致政策"水土不服"，不利于现实问题的解决。要借鉴美国高等教育政策的政策经验，必须对其政策制定的过程进行研究，深入探讨政策制度形成的原因、依据，以及其所反映的利益需求与利益格局，才能获得有效的政策制定经验。

本研究正是对美国联邦政府的政策制定过程的深入研究，打开政策制定的暗箱，将政策制定过程透明化，政策制定步骤具体化，分析各个步骤之间的联系，各个步骤制定的原因与根据，从研究结果中得到的政策经验并不是对政策制定一般性的指导，而是政策制定明确、具体的操作步骤，具有可操作性，对我国高等教育政策制定水平提升具有指导性作用。

（3）有利于推进国外高等教育政策实践的本土化

借鉴别国政策研究的先进理论对我国本土的高等教育政策问题进行研究，是很多研究者采用的研究模式，但是目前的研究存在的最主要问题是外来经验与本土实践两张皮的现象严重，理论对现实问题缺乏解释力。造成这种情况的原因是我们当前所借鉴和学习的政策理论和实践大多源于西方，已有的研究成果大多是在西方国家的背景之下产生的，西方政策适用的情况与我国高等教育的现实情况有很大差距，一方面造成西方的政策理论难以指导我国的政策实践的情况，另一方面也造成了借鉴移植西方政策水土不服的问题。高等教育政策制定并不是简单的问题与解决办法的组合，政策制定是一个系统工程，它与社会的条件状况、文化价值观等诸多因素存在着紧密联系，因此对国外的政策不能简单照搬照抄。

本研究是对政策范式的研究，这一研究并不是对政策制度的研究，也不仅是对政策形成原因的分析，而是对政策制定的思维与模式的研究，对政策制定科学方法与内在逻辑的研究。本研究将政策分解为政策问题、政策目标、政策方案与政策工具四个部分，并对它们的制定过程进行研究，分析它们之间的关系，以及它们与社会背景、文化价值观之间的联系，从而使政策制定过程透明化。这一研究实际上是解答了为什么制定政策、如何制定政策的问题，是对政策制定及其过程的本质的把握，有利于国外高等教育政策研究与政策实践的本土化。

（4）有利于综合解决我国高等教育存在的问题

随着我国高等教育在国家社会经济生活中的作用逐渐增强，很多高等教育问题已经不仅仅是高等教育领域内部的问题，而是与我国社会经济、政治、文化发展有着密切联系的问题，这种联系增加了我国高等教育问题的复杂性，也增加了政府解决高等教育问题的难度。

通过高等教育政策解决高等教育问题，并不能简单地就事论事，而应该在对利益关系与利益矛盾进行综合与协调的基础上进行解决，本研究发现美国联邦政府转型后的高等教育政策，是以协调多元利益矛盾的方式解决高等教育问题的，这种方式是从复杂的、多元的利益矛盾中提取出核心利益关系与矛盾，并针对核心矛盾予以解决，达到综合解决多元利益矛盾的目的，本研究对政策范式转型的研究，就是对联邦政府解决复杂问题思路的学习，是有利于综合解决我国高等教育问题的研究。

（三）文献综述

1、关于美国联邦政府高等教育政策研究的综述

（1）美国联邦政府高等教育政策的历史研究

鉴于美国联邦政府的高等教育政策在美国高等教育发展历史中的重要作用，凡是涉及到美国高等教育的研究，对联邦政府的高等教育政策的研究都是不可逾越的一部分，尤其是高等教育史的研究。在浩如烟海的研究中，涌现了大量优秀的研究著作，比如滕大春的《外国教育通史》、陈学飞的《美国高等教育史》、王英杰的《美国高等教育的发展与改革》、沈红的《美国研究型大学的形成与发展》、贺国庆的《外国高等教育史》、黄福涛的《外国高等教育史》等，这些研究不仅是我国研究美国高等教育的先锋，也为后来的研究者提供了丰富的资料。国外学者亚瑟·科恩的《美国高等教育通史》，约翰·塞林（John R. Thelin）的《美国高等教育史》（《A History of American Higher Education》），卡内基委员会的报告《卡内基委员会高等教育政策研究》（《The Carnegie Council on Policy Studies in Higher Education》）汇集了数十篇关于政策研究的报告，还有卡内基委员会单独发布的报告《质量与平等：联邦政府高等教育责任的新标准》、《高等教育：谁付费？谁受益？谁应该付费？》《高等教育治理：六个优先考虑的问题》等，都是研究美国高等教育政策的重要资料来源。

虽然美国宪法规定高等教育的管理权在各州政府和地方政府手中，美国联邦政府没有管理权，但事实上，美国联邦政府对高等教育的影响却是长期

的、深远的；自建国以来，美国联邦政府一直大力支持高等教育的发展，从《莫里尔法案》建立赠地学院，到 20 世纪中期设立学生资助项目、为大学科研拨款，如今"联邦政府为高等教育提供的经费是高校总经费的 15%左右"[1]。

姚云对美国高等教育立法进行了研究。他认为美国高等教育的历史就是一部高等教育法治史，美国高等教育立法分为三个阶段，从 1492 年至 1861 年的移植模仿期，1862 年至 1957 年的创建特色期，1958 年至今的逐渐完善期；高等教育立法的效力是资助、引导和管理三种效力的综合作用，既推动美国高等教育的发展，又使美国高等教育反作用于国家社会，起到促进国家社会发展的作用。[2]

杨晓波对联邦政府的高等教育资助机制进行了研究。在 19 世纪，联邦政府介入各州高等教育事务是通过中间媒介——州政府来实现的，联邦政府赠予各州土地，各州通过出售赠地获得大量资金，专门用于支持各州高等教育的建设和发展；20 世纪初，联邦政府不再以州政府为中间媒介，而是直接面向高校提供资金，联邦资金直接流到高校、系、学院、教师甚至学生个人；总的来说这一时期联邦政府对高等教育的资助活动对高等教育事业发展的影响非常分散，因为联邦资金由联邦政府的各个行政部门和机构独立实施，缺乏统一的管理，并且与其他目标混淆在一起，造成目的的模糊。[3]

陈文干对二战后美国联邦政府干预高等教育的历史进行了研究，他认为联邦干预大致可划分为四个时期，战后初期至 20 世纪 50 年代末，是干预的谨慎时期，这一时期联邦政府的干预并非以立法的形式直接干预高等教育，而是以政府报告或政令的形式间接影响高等教育，产生较大影响的有两个报告，《科学——无止境的前沿》和《为民主服务的高等教育》；20 世纪 50 年代末至 60 年代末是干预的加强时期，高等教育成为国家政策法规关注的焦点，1958 年《国防教育法》是联邦政府以立法的形式直接干预高等教育的首部法案，此后 1965 年《高等教育法》等法律法规相继颁布并多次修正，不断扩展联邦在高等教育方面的作用；20 世纪 60 年代末开始到 20 世纪 80 年代中期近二十年的时间，是干预的减缓时期；80 年代中期以来，是联邦干预的持续时期，联邦政府开始关注高等教育质量，干预的形式更加多样，除了政府报告、立法外，还形成了全国性的发展战略和规划。[4]

张燕军从法律的视角研究了美国联邦政府的高等教育资助问题，他认为二战后美国联邦政府使用立法资助高等教育历经了三个时期，1944年至1960年为专项资助时期，这一时期从《退伍军人权利法案》的颁布开始，该法案的颁布标志着联邦政府介入高等教育财政事务，联邦政府从《国防教育法》开始提供专款用于天才教育、改进各校的新三艺，从财政上确保科技尖端人才培养，加强国防安全，从《高等教育设施法》开始向公立院校和其他非营利机构提供联邦补助金和贷款；1965年至1979年是联邦的多元资助时期，1965年《高等教育法》颁布是进入这一阶段的标志，"多元"表现在受资助对象、资助方式、资助主体的多元化，高等学校的图书馆建设、教师培训、大学生培养、教学设施综合利用等均是联邦的受资助对象，联邦向高校和教师提供拨款，向本科生提供奖学金、低息贷款和工读机会等多样的资助方式，除教育部外，国防部、原子能委员会等也作为资助主体，有大量拨款拨发给高等学校，支持其科学研究；1980年至今是系统深入资助时期，1980年颁布教育部改组法重建联邦教育部，联邦资助有了强有力的组织机构保障，标志着进入系统深入时期，教育部专门设置了预算部、高中后教育办公室、学生财政资助项目办公室等机构，预算部作为领导机构负责教育预算、计划与评估，其他是业务机构，直接负责对高校学生的财政资助。[5]

（2）对重要法案的研究

美国联邦政府对美国高等教育干预的历史很长，对美国高等教育的发展影响很大，有研究者认为美国高等教育发展的历史，就是联邦高等教育政策的历史，最早可以追溯到1787年的《西北条例》，该法案的意义在于，联邦政府开始使用国有土地，来支持公立高等教育发展[2]，联邦政府用赠地的方式间接影响各州高等教育事业发展，这一做法的效果明显并被联邦政府一直沿用。如果将此法案作为联邦高等教育政策的起点，那么每过一段时间就会出现一部深刻影响美国高等教育发展的政策。

1862年《莫里尔法案》的颁布在美国高等教育发展历史上具有里程碑的意义，该法案又称为《赠地学院法案》，该法案是为了使美国高等教育适应美国社会农业经济发展的需要，旨在促进美国农业技术与教育发展的背景下颁布的，法案规定，联邦政府给每州参加国会的议员，每人拨给3万英亩土地，各州赠地所得的收益用于开办至少一所农工学院，主要讲授有关农业、机械技艺方面的知识，为农业技术开发与农业经济发展培养所需的专门人才。[6]

该法案的颁布标志着联邦政府开始以土地赠与的方式干预美国高等教育的发展，之后联邦政府又相继颁布了《海奇法》、《第二莫里尔法》、《史密斯—利弗法》等系列旨在加强农业发展、农业研究的法案，给美国高等教育服务社会提供了良好的典范。

1944 年《退伍军人权利法案》是美国高等教育发展史上的另一座里程碑，该法案是联邦政府旨在解决二战退伍军人的再适应、再就业问题而颁布的，法案规定联邦政府为符合下列两个条件的退伍军人提供教育培训，一是服役九十天以上，二是因服役导致教育或培训推迟或中断，联邦政府需为其提供为期一年的教育培训，政府提供书本费、学费等学习费用，每人每学年资助费用不少于 500 美元，接受联邦资助者还可以获得每月 50 美元的生活费，如果还有要赡养的人，每月还可额外再获得 75 美元资助金；申请者可自行选择教育培训机构和课程，前提条件是申请的培训机构和课程已经获得批准、受援助者被教育培训机构录取。[7]15-16 如果说《莫里尔法案》是美国联邦政府对院校资助的法案，那么《退伍军人权利法案》就是联邦政府对学生资助的法案。该法案极大地影响了美国社会对高等教育的看法，高等教育不再是特权阶级的专利，而是人人都能享有的权利，使美国社会对高等教育入学的需求极大增长。

20 世纪 50 年代末至 80 年代初期间，美国联邦政府的高等教育法案主要包括 1958 年《国防教育法》、1963 年《高等教育设施法》、1965 年《高等教育法》、1968 年《教育修正案》、1972 年《教育修正案》、1978 年《中等收入学生资助法》、1980 年《高等教育法修订案》。这些法案中，有些是联邦政府具有较大变化的法案，有些是例行的修订，对于较大变化的法案是学者们重点研究的对象，比如 1958 年《国防教育法》、1965 年《高等教育法》、1972 年《教育修正案》。研究者对法案颁布的前因后果进行研究，并就其对美国高等教育的影响作出分析。

继《退伍军人权利法案》之后，1958 年《国防教育法》是标志着美国联邦政府加大对高等教育干预力度的法案。1957 年苏联卫星事件后，美国社会被国防安全的危机笼罩着，美国公众纷纷反思美国国防落后的原因，并将其归结为教育的落后，教育改革呼之欲出。在美国社会舆论的要求下，联邦政府迅速推出了《国防教育法》，该法案特别强调教育对于国防的重要性，法案规定联邦政府向高等学校提供拨款或贷款用于教室、图书馆、实验室等设施的建设，重点资助数学、物理、现代外语等少数几个学科的建设，以尽快培养出国防科技人才。该法案的特别之处在于将高等教育与国家目的紧密联系，强调高等教育对于国防安全的重要作用。

1965 年《高等教育法》是首部以高等教育命名的法案，该法案颁布的推动者约翰逊总统自豪地称自己为"教育总统"，该法案的颁布旨在为高等学校提供资助，用于教学设施、教学条件的改善，以应对 60 年代初大量学生入学的需求。联邦政府的目的非常明确，联邦有责任帮助高等学校增强容纳力。如果说《国防教育法》还借着国防安全的幌子来干预高等教育，那么自《高等教育法》开始，联邦政府已经撤开了伪装，直接对高等教育进行干预。该法案的另一个特殊之处在于创建了大学生资助体系，该法案设立教育机会助学金，旨在为贫困家庭学生消除获得高等教育机会的经济障碍，连同国防奖学金、国防贷款、勤工助学等项目，形成了大学生资助体系。

1972 年是美国联邦政府对高等教育干预的转折，这一年颁布的《教育修正案》改变了以往联邦政府重点对高等学校进行资助的惯例，开始为学生提供资助，联邦政府的目的非常明确，法案的目的在于扩大学生的高等教育机会，高等学校只有在为人服务的时候才能获得资助。自该法案开始，联邦政府改变了以往由高等学校向学生发放联邦资助的办法，开始由联邦政府统一认定学生的受助资格，并直接面向学生发放资助金，消除了高等学校的干扰，在扩大高等教育机会上的目的上更加明确，更有利于提高联邦资金的使用效率。

由于这几部法案在美国高等教育历史上的重要性和在联邦高等教育政策中的重要地位，中外学者对以上几部法案的研究非常多，研究成果异常丰富，秦珊在 1994 年就对美国国防教育法进行了研究，从法案制定的背景、法案的内容、实施措施及影响三个方面展开研究[8]；李鹏程对《国防教育法》制定过程进行了研究，对法案在参众两院形成的全程进行了考察[9]；郑宏对《国防教育法》制定的背景、法案内容与特点、历史作用等进行了研究[10]；张献华以冷战为背景，研究了《国防教育法》制定的背景、内容、修订以及影响[11]；续润华、张帅对 1965 年《高等教育法》颁布的过程和历史意义进行了研究[12]；冯骊对《高等教育法》颁布四十年的修订历程进行了回顾研究[13]；王翠娥对《高等教育法》颁布四十多年来联邦政府的责任演变进行了研究[14]；杨克瑞分别对 1965 年《高等教育法》[15]和 1972 年《教育法修正案》[16]进行了深入剖析，等等，在此不再一一列举。

（3）对高等教育政策内容的分类研究

美国联邦政府的高等教育政策并不是单一性质的立法，而是综合性的立法，在每部政策中涉及的内容很多，几乎所有法案的内容都是联邦政府提供拨款、贷款等资金支持，比如对院校资助、对学生资助、对社区学院、发展中学院的资助等等。研究者大多选取某一个角度、某一个内容进行研究，最多的研究是按照政策内容进行划分，如资助院校、资助学生等，并对其发展变化进行研究。

第一，学生资助研究。学生资助是 20 世纪 70 年代以来，联邦政府高等教育政策的核心内容，如今联邦政府对学生的资助已经形成了由奖学金、助学金、贷款、勤工助学共同构成的学生资助体系。自殖民地大学时期，就已经有某种形式的学生资助存在，资助主要来源于个人、州政府，但联邦政府直接介入学生资助的时间是在 20 世纪 30 年代的经济大萧条时期，为了防止经济危机造成的学生失学，联邦政府开始了最早的联邦学生资助。二战结束之际联邦政府开始为退伍军人提供的教育资助，是联邦政府教育资助观念的历史性突破。1958 年《国防教育法》中设立了国防奖学金、国防贷款的学生资助项目，1965 年《高等教育法》中设立了教育机会助学金项目，该项目成为联邦政府日后资助学生的主要项目，1972 年《教育修正案》新设教育机会助学金，之后该项目更名为佩尔助学金。联邦政府对学生的资助理念转变就体现在该项目的设立上，联邦政府将学生的高等教育机会视为联邦的唯一目标，将学生资助的管理与发放收回到联邦政府，不再由高等学校实施。20 世纪 80 年代后，联邦的学生资助越来越倚重贷款项目。

我国学者对美国联邦政府的大学生资助政策有很多研究，叶依群探讨了联邦的大学生资助理念，他认为美国联邦政府的资助理念随着高等教育的发展与政策重心的转移不断调整，从 20 世纪 50 年代开始，大约每十年就会发生一次资助理念的改变，50 年代联邦的资助理念是资助贫困学生、培养精英人才，60 年代的理念是人力资本投资，70 年代又转变为扩大自由选择，80 年代开始强调成本分担，到 90 年代多元资助开始成为联邦政府的资助理念。[17]从这些理念的转变可以看出联邦政府政策重心的转移，但将这些重心理解为资助理念，并不是十分贴切，它们更像是大学生资助的理论基础。张坤也对大学生资助理念进行了研究，他追溯了大学生资助理念的源头，认为最早始于民间的慈善和宗教，以慈善之心，资助学生，传播宗教；美国独立后兴起了全新的资助理念，为了国家利益，资助贫寒学生，培养精英人才，这一理念直至 1958 年《国防教育法》颁布才付诸实施。之后人力资本理论、高等教育机会均等、选择自由等相继成为大学生资助理念。[18]

美国学者阿特巴赫以资助政策和原则的基本出发点为切入点，对联邦政府的教育资助进行了研究；杨克瑞对二战后美国联邦政府所实施的大学生资助政策进行了研究[19]；赵可、袁本涛考察了美国联邦政府研究生资助政策的历史；多纳德·E·海伦通过对学生资助的研究，探讨了美国低收入家庭子女的高等教育机会问题[20]；杰奎琳·E·金综述了美国联邦大学生资助政策的演变历程，介绍了 90 年代以来美国联邦政府大学生资助政策的发展，并重点讨论了几部法案制定的背景、政策内容及政策的影响[21]；迈克尔·S·麦克弗森分析了联邦学生资助政策在扩大高等教育机会方面所取得的成效，指出高等教育机会的充分实现仍然有巨大的差距，低收入家庭学生大多集中于收费低廉的学校[22]；迈克尔·穆弗研究了 20 世纪 70 年代至 80 年代美国联邦大学生资助政策的制定和变化，对政策的效果进行了详细的分析，发现联邦政府没有将有限的资源用于资助最贫困的学生，高等教育机会平等的目标仍未实现[23]；胡寿平、马彦利对美国联邦和州政府的学生资助政策进行了综述，主要讨论了资助政策对高等教育入学和大学学业成功的影响[24]。

第二是对院校资助的研究。美国联邦政府对高等学校的资助主要分为两类，一类是科研资助，一类是用于学校设施建设的拨款。王晓阳对美国联邦资助大学科研的政策与机制进行了研究，他认为联邦对大学科研的资助可以追溯至 1862 年的莫里尔法案，主要用于农业科学的研究，从《国防教育法》开始，联邦政府开始为大学提供基础研究的资金，从 1958 年至 1968 年，联邦的大学科研资助增长了五倍，被誉为科学研究的黄金十年[25]；赵可、史静寰、孙海涛等学者，从建设一流大学的角度对美国联邦政府的科研政策进行了研究，1941 年至 1960 年，联邦政府的资助集中于少数一流大学，联邦的资助基本上被 20 所大学吸收，1961 年至 1971 年，联邦科研资助政策出现明显转折，颁布了对不同类型机构的资助项目，共计超过 8 亿美元，一共投向 216 所大学，其中 36 所得到超过 600 万美元[26]；张东海以美国联邦科学政策与世界一流大学发展为题，对联邦政府的科研政策进行了研究[27]；杨九斌对二战后美国联邦政府对研究型大学科研资助政策进行了研究；米切尔·B·鲍尔森从五个方面展开了对高等教育财政的研究，联邦政府、州政府的政策与高等教育财政是其中重要的一部分内容，鲍尔森指出了高等教育财政的基本问题：对于高等学校来说，最重要的财政问题就是他们从哪里获得资金和如何花费这些资金，从学生及家长的角度来说，最重要的问题是能上得起的大学实际是什么样子，以及学生们从哪里获得资金来为接受大学教育支付费用[28]。

（4）对利益相关者、利益集团和高等教育政策制定的研究

高等教育政策本质上是关于高等教育利益的分配，利益相关者会介入到政策制定的过程，从中谋求利益的实现，高等教育利益集团是联邦政府高等教育政策的利益相关者，是高等教育政策制定的积极参与者，研究联邦高等教育政策不能忽视对高等教育利益集团的研究，他们为了争取高等教育集团的利益，积极地介入政府的决策过程，对政策形成过程产生影响。关于美国高等教育利益集团的研究，国外学者的研究较多，国内学者的研究较少，研究的内容多集中在高等教育集团形成与发展的研究、组织结构的研究，及其参与政策制定过程的研究。

周世厚博士的论文《美国联邦高等教育决策中的利益集团政治研究》是较有代表性的研究。他对高等教育利益集团的历史进行了梳理，对高等教育利益集团的运行机制、组织结构、内外部利益协调机制进行了分析，并重点对 20 世纪 60 年代至 80 年代，高等教育利益集团参与政策过程、特征等进行了详细研究。[29]在这一时期，美国高等教育利益集团经历了从参与政策过程的惨败到获得认可，再到取得主导权的过程，是高等教育利益集团逐渐成熟的发展过程。早在 20 世纪 60 年代以前，高等教育利益集团对联邦政策的影响仅限于对国会议员的个别游说，在其中发挥的作用也微乎其微。20 世纪 60 年代开始，联邦政府对高等教育干预加强，高等教育利益集团也联合起来共同影响政策制定过程，抵制联邦政府对高等教育内部的干预，抵制联邦削减教育拨款，同时也争取联邦对高等教育的直接资助。在 60 年代，美国联邦立法的主导权掌握在总统及行政部门手中，而利益集团参与政策过程仍然仅限于对国会议员的游说，所以几乎没有对立法过程产生影响，但在抵制政府权力对高等学校自主权方面也发挥了一定的作用，比如 1968 年教育法修订过程中，国会议员提出对参与暴力运动的学生采取惩罚的措施，取消其联邦资助资格的建议，遭到高等教育利益集团的强烈抵制，他们认为惩治参与暴力运动的学生属于高等教育内部的事务，联邦不应介入。20 世纪 70 年代初期，是高等教育利益集团发展的特殊时期，1972 年是联邦高等教育政策的转折点，

高等教育利益集团竭力在政策过程中谋求利益，但遭受严重挫败。高等教育利益集团游说的焦点集中在联邦对高等学校的直接资助上，忽视联邦的立场与观点，而且缺少与国会议员的普遍联系，导致在该法案的修订过程中被边缘化。直到1976年教育法再次修订时，高等教育利益集团在立法中的表现才开始得到广泛认可，进入80年代后高等教育集团在联邦高等教育政策制定过程中的作用才开始体现出来，逐渐成为政策过程的成熟参与者，既能主动协调彼此间的分歧，提出建设性、共赢性的方案，争取主导地位，又能切实维护高等教育自身权益，及时采取策略，有效抵制联邦对高等教育利益的损害。

在国外的众多研究中，迈克尔·默里的研究是比较深入的，他特别重视利益集团与高等教育政策之间的关系，他强调要想理解美国高等教育政策，必须要从研究利益集团着手，他对20世纪70年代前期高等教育利益集团影响联邦政策过程的策略进行分析，将这一阶段行动的特征概括为利益多元、合作松散、反政治倾向[30]；劳伦斯·格莱迪尔斯在其著作《国会与高校：美国高等教育政治》中着重分析了美国高等教育利益集团参与1972年《教育修正案》制定过程的情况；美国学者哈兰德·波罗兰德对20世纪60年代至80年代的高等教育协会对联邦高等教育政策的影响进行了研究，并于1985年发布研究报告《协会在行动：华盛顿的高等教育团体》；迈克尔·帕森斯在《权力与政治：20世纪90年代联邦高等教育政策的制定》一书中，将联邦政策制定过程描述为"政策制定博弈场"，着重分析了20世纪90年代高等教育利益集团所面临的政治环境和社会环境，并研究了利益集团参与1992年教育修正案的过程；罗伊·亚当研究发现，影响教育政策的利益集团不仅包括高等教育协会组织，也包括企业财团、宗教团体、种族集团、政党等，他们作为高等教育利益的相关者，其自身的高等教育利益是联邦政策调节的一部分，自然会参与到政策过程中发挥影响作用[31]；在《美国教育政策利益集团》(U.S. educational policy interest groups)一书中，格雷戈里·巴特勒对1995年以前的百余个教育协会参与联邦和各州教育政策过程的情况进行了汇总分析，他发现利益集团在联邦政策制定过程中的参与并不积极，在政策过程中发挥的作用并不大。在国内的研究中，周小虎、孙启林研究了利益集团对美国教育政策制定、执行、评估、监控和终结等各个政策环节的影响[32]；魏姝把美国高等教育利益集团作为美国高等教育政策制定过程的重要主体之一，分析了高等教育利益集团多次参与联邦立法过程的情况[33]；刘荣的研究是从利益相关者共同治理视阀下对教育政策制定进行的研究，他以"利益相关者共同治理"为框架分析了教育政策制定的模式，认为为了维护政策受益人的利益，教育政策制定必须兼顾政策利益相关者的权益，他认为教育政策是一种契约关系，是政策利益相关者相互博弈所形成的，教育政策制定应当权衡各种利益相关者的利益，按照其参与决策治理的能力、责任感和意愿等，在诸多利益相关者之间寻求一种平衡，实现所有利益相关者的整体利益最大化[34]。

王翠娥的研究表明，美国联邦政府在高等教育领域中的责任出现了三次较为明显的转变，第一次转变以《高等教育法》的签署为标志，从此前的"局外人"转向"资源提供者"，第二次转变以1992年和1998年的重新授权为标志，由"资源提供者"转向"内部事务监督者"，第三次转变以2008年的重新授权为标志，由"内部事务监督者"转变为"问责要求者"。[14]李静的研究也有类似的结论，二战前，联邦政府在教育领域干预较少，是个局外人，二战后，开始大规模干预教育，走向了教育资源提供者和教育标准制定者的角色。联邦角色的转变动机是维护国家安全、推进社会民主、保证教育公平、提升国民生产力，完善教育立法是手段之一；《国防教育法》使联邦政府的教育角色从局外人过渡到资源提供者，1965年的《初等与中等义务教育法》使联邦政府成为公平的促进者，《2000年目标：美国教育法》使联邦政府成为目标的制定者，2001年《不让一个孩子掉队》使联邦政府成为标准制定者。[35]

（5）对已有研究的述评

中外学者对美国联邦政府高等教育政策研究的数量庞大，大多研究集中在历史研究，对高等教育政策形成的背景、原因、政策内容、政策的作用进行研究，以时间为线索的研究较多，美国联邦政府的高等教育政策每两三年就会修订一次，因此也为这种研究提供了可能。从目前研究的内容来看是很丰富的，当然不局限于本研究综述的内容，很多研究采用了较好的视角进行分析，比如从政府责任、教育机会的角度来分析高等教育政策，但总的说来，研究的深度不够，简单的、重复性的研究所占比例较高。研究局限于对政策内容的分析，缺少从宏观层面上对政策制定的把握，即使有些研究将高等教育政策纳入到大的社会背景中进行研究，比如约翰逊伟大社会计划的背景，但研究结论并未显示出两者的关系，缺乏全局视角。

目前的研究缺少对政策制定的内在规律的研究，虽然有学者对政策制定过程展开了研究，主要是对国会参众两院的政策制定过程进行研究，但研究不深入，只局限于事实的描述，国会是美国高等教育政策制定的场所，议员是主要的参与者，但对于他们为什么支持或反对某项政策、某项目并没有做深入的探讨。如果能就此深入研究下去，将有利于揭示政策制定的内在规律。通过研究获得政策建议，是我国学者进行研究的主要模式，但目前的研究结论所获得的政策建议，是一般性的、概述性的，缺乏真正的指导意义，缺乏操作性，这就使很多研究的价值大打折扣，这也是导致政策移植"水土不服"问题的主因。政策建议具有可操作性，将使我国的政策研究与学习更有意义。

我国学者对美国高等教育政策的变迁研究，只是从政策内容的变化、联邦政府的角色与责任的转换等方面进行研究，这类研究归根到底还是历史研究，缺少分析框架与划分依据，只是依据政策内容的改变进行主观判断。如果能够建立分析框架，确定划分历史时期的依据，将有利于提高研究的科学性。

2、关于政策范式研究的综述

（1）关于政策范式基本理论的研究

政策范式研究是 20 世纪 90 年代才得到发展的政策科学研究的分支领域，是较新的研究领域。范式一词是源于库恩，从该词出现就被广泛应用，各种范式的研究层出不穷，但是由于库恩对范式并没有非常清晰的界定，所以范式一词在应用中产生了很多歧义。

政策范式是由彼得·霍尔提出的概念，霍尔的研究借鉴了库恩的研究，发展出政策范式的概念，霍尔将政策范式看做是一个由各种理念和标准组成的框架，"政策制定者习惯性地在一个由各种理念和标准组成的框架中工作，这个框架不仅指明政策目标以及用以实现这些目标的工具类别，而且还指明它们需解决之问题的性质。像格式塔一样，这个框架镶嵌于政策制定者开展工作所使用的每一个术语之中，它的影响力源于它常常被认为是理所当然的，而且作为一个整体难以得到仔细验证。我将这个解释框架称为政策范式。[36]7"霍尔的概念指明了政策范式是什么，政策范式的作用是什么，但这个概念并不是很清晰。

很多学者进一步发展了霍尔的概念，迈克尔·豪利特将政策范式界定为政策制定者所持有的一组理念，一种学说或者思想上的流派，即政策范式是一种理念、思维或思想，是无形的，看不见、摸不到；政策范式的作用是决定政策制定的过程，包括决策者追求的大致目标、他们理解公共问题的方式，以及他们考虑采纳的方案的类型等。[37]迈克尔·豪利特的概念将政策范式做了一个清晰的界定，即政策范式是政策制定者所持的理念，但对于政策范式的作用并没有发展。

我国学者严强对政策范式概念的界定是较为清晰的，严强认为政策范式主要是指政策行动主体进行分析、研究的思维框架，它由决策者头脑中解决问题的价值目标，理解问题的方式方法，采纳方案的类型途径，选择工具的原则偏好等方面的一组相对稳固的理念组合而成的思维模式。[38]这个概念不仅明确指出政策范式是一组思维模式，对政策范式的作用，较前两位学者也有了更清晰的界定。

除政策范式外，政策变迁的一些理论也用于政策范式的研究，政策变迁有两种模式，一种是渐进的变迁，另一种是范式性变迁，前者是对政策的调整、修补，后者是政策范式的改变引起的、政策的彻底变革。在西方的政策科学理论中，鲍姆加特纳和琼斯的间断—平衡理论是既可以解释渐进变革也可以解释范式性变革的理论，因此成为学者研究的重点理论，该理论认为美国政治系统的制度结构是由宏观决策系统和很多政策子系统构成的，政策变革就产生于宏观决策系统和政策子系统的互动，当政策问题不能在子系统范围内考虑时，就会被提升到宏观决策系统，政策问题被重新界定，政策议程被重新设置，政策发生剧烈的范式性变革。[39]129-130

我国学者杨涛介绍了间断—平衡模型的缘起、理论基础、核心观点、解释过程等几个方面，最后对模型进行了简要评述，提出了该模型的不足[40]；刘开君对间断—平衡分析框架进行了修正，对适用条件、对理论假设、对政策变迁过程、对政策变迁根本原因进行了修正，使之更适合中国国情，并将之用于考察新中国建立以来科研政策变迁[41]；李文钊对间断—平衡理论不同发展阶段的研究成果进行系统总结，提出一个整合的框架结构图，通过将认知、过程和制度进行有机结合，从行为模型、政治制度和政策途径、随机过程、正反馈和负反馈机制、核心命题、研究方法等方面进行了阐述[42]。

（2）对教育政策范式及转型的研究

我国学者对教育政策范式及其转型的研究并不多见，研究内容主要是对建国以来的政策文本进行分析，并总结归纳出这段时间以来的政策范式变化。

周丽娟对我国建国65年以来的高等教育政策文本内容进行了分析，将我国高等教育政策范式的变迁概括为五个阶段，分别为新民主主义时期、"又红又专"模式时期、十年"文革"时期、拨乱反正时期、数量与质量并重时期[43]；黄文伟对我国高职教育政策范式变迁进行了研究，他认为从技术理性到政治理性是21世纪初我国高职教育政策范式变迁的主要轨迹[44]；刘复兴认为在我国社会转型时期，公共教育权力变迁引发了许多新的教育问题，新的教育问题要求我国转变教育政策活动的范式，最关键的是要承认多元利益主体的合法性，建立权力博弈的视角，改变传统的教育政策活动中以国家与行政机关为中心的话语模式，确立政府力量、市场力量、社会自治力量相互博弈的话语模式[45]；钟旗对我国研究生教育政策范式的演变进行研究，他认为我国研究生教育政策范式主要有四种，一是精英范式，二是渐进范式，三是制度范式，四是协同范式[46]。

一些学者的研究已经形成了较为清晰的维度、范畴，并以此为基础展开研究。比如，徐赟以教育政策文本话语模式、教育政策价值选择、教育政策活动特征，作为考察教育政策实践范式的三个基本范畴，对我国教育政策实践范式进行了分析，发现我国教育政策实践范式的变迁，在教育政策话语模式上，先由"政治本位"转向"经济本位"，再转向"教育本位"，在教育政策价值目标上，先由"平均主义"转向"效率优先"，再转向"有质量的公平"目标，在教育政策活动特征上，先由"经验决策"转向"理性决策"再转向"科学化、民主化和系统化决策"[47]；徐自强从政策环境、政策工具、政策目标与政策价值等方面，对我国高校毕业生就业政策范式转移的动因进行了分析，通过考察政策权威核心的转移与异常情况积累，发现第一次转移是由统包统分向自主择业转移，第二次转移是从制度变迁到范式转移，人本导向成为我国高校毕业生就业政策的新范式[48]。

应用西方的政策科学理论对我国的教育政策进行研究，是我国学者较为常用的研究模式。黄靖洋、邬璇以间断—平衡理论为理论基础，从政策范式和政策子系统的维度对高等教育扩张的政策过程和政策变迁过程进行了研究，研究发现我国高等教育政策在计划经济时期经历了渐进变迁，20世纪五六十年代计划经济体制下建立的教育制度，具有国家功利主义为主导的教育价值观，具有强烈的精英主义、科技主义的取向，在市场经济制度时期经历了范式转移，进行了一场自上而下的改革，即扩招政策，但如今中国高等教育面临着政策范式的混乱，政策变迁的间断期还没有来临[49]；杨东华运用彼得·霍尔的政策范式理论，对我国高等学校毕业生就业政策的范式转移进行了研究，建国以来，我国高等学校毕业生就业政策共经历了三个明显的阶段，一是行政配置政策范式阶段，二是双轨制政策范式阶段，以及正在制度化中的市场配置范式阶段，杨东华还分析了三种政策范式的形成与优缺点[50]。

比较研究是任何研究领域都不可缺少的一部分，周光礼对世界各国的高等教育治理的政策范式进行研究发现，共有四类政策范式，一是高校本位的政策范式，二是国家本位的政策范式，三是市场本位的政策范式，四是博弈均衡模式，他还对德国、法国、英国与美国大学治理的政策变迁进行了分析[51]；董颖对我国高等工程教育范式进行了研究，认为我国高等工程教育传统范式存在着主体意识不清晰、目标模糊、系统设计缺乏等问题，大多数工程科技人员对资源和环境问题的基础知识了解不多，缺乏开展绿色工程活动的能力和意识，这些问题的根源是没有将可持续发展理念融入到工程教育中去，国外发达国家的高等工程教育已经步入成熟期，西方国家将可持续发展作为高等工程教育的理念，是值得我国借鉴的，我国高等工程教育政策新范式应该以可持续发展理念为基础，建立社会系统、经济系统和环境系统的和谐发展范式[52]。

（3）对已有研究的述评

从政策范式的基本理论研究情况来看，我国还处于对西方先进政策科学理论的学习阶段，对理论的基础性分析较多，而对理论的发展与修正较少，已有学者将理论应用于对我国政策实践的分析，但理论缺少解释力是较为普遍的问题。我国学者对教育政策范式的研究还没有形成规模，对政策范式的内涵掌握不清，对于如何研究政策范式也没有清晰的维度，缺少分析框架；将理论与实践结合起来的研究较少，很多研究者并没有清晰地掌握政策范式的内涵，研究中也没有体现政策范式，对于政策范式变革的研究，没有分析框架，很多研究者使用范式一词，更换成其他词汇并不影响文章的内容，可以说我国还没有成熟的对政策范式的研究。当然作为一个较新的研究领域，发展尚不成熟也是在情理之中，但很多研究缺少分析框架，只是研究方法的问题而不是研究内容的问题，我国的研究还应该在方法上有进一步的发展。

（四）概念界定

1、政策、政策制定过程及政策范式

（1）政策

学术界对政策概念的界定一般分为两种类型，一种类型是从政策的形式上来界定，我国学者张金马认为，"公共政策是党和政府用以规范、引导有关机构团体和个人行动的准则或指南，其表现形式有法律规章、行政命令、政府首脑的书面或口头声明和指示以及行动计划与策略等等"；西方学者伍德罗·威尔逊认为，"公共政策是由政治家，即具有立法权者制定的，而由行政人员执行的法律和法规"；托马斯·戴伊认为，"凡是政府决定做的或者不做的事情就是公共政策"。[53] 2 这类界定比较清晰地指出了公共政策的表现形式、政策制定主体以及政策的作用，即政策是政府制定的法律规章，但这类界定并没有反映出政策的本质。

另一种类型是从政策的本质上来界定。美国学者戴维·伊斯顿认为，政策是为整个社会所做的权威性价值分配，这个定义突出了三个内容：一是制定公共政策的目的是价值分配，二是分配范围是全社会，三是分配具有权威性的影响力；我国学者陈庆云认为，将价值一词改为利益，更能体现出政策的本质，利益是关系人类生存与发展的根本性问题，人类一切行为活动的动因，人类社会的一切冲突与矛盾归根结底都是利益的冲突与矛盾，公共政策本质上是社会利益的集中反映，是"政府根据特定时期的目标，在对社会公共利益进行选择、综合、分配和落实的过程中所制定的行为准则"。[53] 5

本研究认为，从政策本质层面的界定有利于研究的深入，所以本研究采用从本质层面对政策概念进行界定，即政策本质上是进行利益的选择、综合、分配和落实的行为准则。从这一定义出发，政策 xzx 过程就可以看做是各个利益主体、利益群体把自己的利益要求输入到政策制定系统中，最后由政府依据公共利益需求，对各种利益进行选择、综合，对复杂的利益关系进行调整，最终完成利益分配的过程。

（2）政策制定过程

政策制定过程是政策从产生到形成、实施的动态过程，是从界定政策问题开始，然后确定政策目标，再到选择政策方案和政策工具的过程。

界定政策问题是政策制定过程开始的第一步。政策问题虽然来源于社会问题，但并非所有的社会问题都能够成为政策问题，只有那些政府认为有必

要采取行动加以解决的社会问题，才能成为政策问题。[54]106,113 政策制定者从复杂的社会问题中选择迫切需要解决的问题，确定其为政策问题后，才能展开接下来的政策制定过程。

确定政策目标是政策制定的第二步。政策目标是解决政策问题的预期目标，是"决策者解决政策问题的前景的一种展望、设计和构想，是期望通过制定和实施政策所要达到的效果"[55]116。政策目标的确定离不开对政策问题与其成因的深入考察，但政策目标是一种预期目标，政策制定者的价值观作为先决条件会影响政策目标的形成，使政策目标表现出某种价值倾向性。

政策方案的选择是第三步。政策方案是政策制定者用来解决政策问题、达到政策目标的手段、措施和办法的总和。从政策制定的程序与过程来说，如果说界定政策问题是为了发现问题"是什么"，确立政策目标是为了确定"做什么"，那么研制政策方案就是解决"怎么做"的问题。[55]141 政策方案的选择"既要符合政策目标的要求，又要与现实状况相吻合"[56]153，政策目标中已经规定了政策方案的方向，隐含了所要采取的行动过程，所以政策方案必然要围绕政策目标来拟定，政策方案的设计必须以现实状况为基础，不能脱离客观实际。

最后一步是政策工具的选择。实际上，在选择政策方案的同时，也就开始了对政策工具的选择，因为政策工具是实现政策目标的工具，是推行政策方案的手段。如果说政策目标是"事"的问题，政策工具则是"器"的问题。[67]2 选择政策工具并不是一种自由的选择，它必然受到政策目标的影响，政策工具本身的特征必须要满足政策目标的要求，符合政策目标的价值；政策工具是执行政策方案的工具，"在实现政策目标的过程中，方案确定的功能只占10%，而其余的90%取决于政策的有效执行"[58]，所以政策工具的选择也十分重要。

如果想要深入分析政策制定过程的本质特征，则需要从政策本质特征的视角进行思考。在利益分配视角下，政策制定过程就是一个利益分配制度的形成过程：界定政策问题就是确定要解决的核心利益冲突问题；确定政策目标实际上是确定了一种如何分配利益的目标；选择政策方案也就是选择分配利益的方式方法；而选择政策工具则是选择分配利益的手段。

（3）政策范式

政策范式是由彼得·霍尔提出的概念。霍尔认为，"政策制定者习惯性地在一个由各种理念和标准组成的框架中工作，这个框架不仅指明政策目标以及用以实现这些目标的工具类别，而且还指明它们需解决之问题的性质。像格式塔一样，这个框架镶嵌于政策制定者开展工作所使用的每一个术语之中，它的影响力源于它常常被认为是理所当然的，而且作为一个整体难以得到仔细验证。我将这个解释框架称为政策范式。[36]7" 由以上概念可以看出，霍尔认为政策范式是一个影响政策制定者工作的观念框架或者是思维框架，它潜移默化地在政策制定过程中发挥作用，因此它很难被准确表达出来。霍尔提出政策范式这一概念非常有意义，尤其对研究政策制定过程来说，政策范式的提出使隐藏在政策制定过程背后的观念、思维方式等因素浮出水面。但霍尔对这一概念的界定还是过于模糊、笼统，不利于研究的进一步推进。

与霍尔的概念比较而言，我国学者严强对政策范式的界定要清晰得多，严强认为，政策范式是指政策行动主体，特别是决策者进行分析、研究的思维框架，它是由决策者头脑中解决问题的价值目标，理解问题的方式方法，采纳方案的类型途径，选择工具的原则偏好等方面的一组相对稳固的理念组合而成的思维模式。[38]可以看出，严强将作为决策者思维框架的政策范式概念进一步具体化，明确了其产生作用的领域——解决问题的价值目标、理解问题的方式方法、采纳方案的类型途径、选择工具的原则偏好等，而这些领域与我们前述对政策制定过程的研究不谋而合。

有鉴于此，本研究认为，政策作为一种对公共利益的选择、综合、分配和落实的行为准则，在制定过程中离不开利益观的指导。如果说，政策范式是一组由理念组成的思维模式，那么从本研究的视角可以说，利益观是其核心。尽管政策制定者会持有各种观念，但这些观念会通过博弈的过程最终形成主导政策制定者工作的利益观，也正是这一利益观决定了其立场与态度，进而影响到整个政策制定过程。从这种意义上说，本研究认为，政策范式不仅包括以利益观为核心的思维观念框架，还应包括在这种利益观影响下的政策制定过程。因为观念对政策的影响是需要在政策制定过程中体现出来的，也只有通过对政策制定过程的考察，才能更深入地理解以某种利益观为核心的政策范式的深层含义。

对于利益观和政策制定过程的关系，霍尔的研究中虽没明确说明，但已经有所提及。他将政策目标、政策方案与工具作为判断政策范式转型的依据，认为这些维度如果发生变化，那么说明政策范式也将发生转型。这一观点实际上是将政策目标、政策方案与工具等这些维度看作是政策范式的外显特征，可以看出，霍尔所说的这些外显特征维度与本研究的政策制定过程维度比较接近，因此，本研究将政策问题、政策目标、政策方案和政策工具四个方面作为分析政策范式外显特征的维度，通过分析这些维度的特点来刻画政策范式的特征，并力图从利益观出发把握政策范式的本质。

2、利益主体及利益需求

（1）利益主体

利益主体是"在一定社会关系下从事生产活动或其他社会活动，以便直接或间接地追求自身社会需要满足的个体或群体"[59]98，所以，利益主体首先是利益的追求者、承担者和归属者。

在现实社会中，利益主体就是社会中的人，一般来说，利益主体可以简单地分为个人主体和群体主体两个层次。个人主体是最基本的利益主体，是社会中的个人；群体主体是由个体主体组成的，这些个体由于某种共同利益结为利益群体。群体主体的范围可大可小，既可以是家庭、组织，也可以是社会、政府甚至国家。

利益主体之间的关系取决于他们之间的利益关系，人要生存与发展，必须追求利益、满足自身生存发展的需要，可以说追求利益是人们一切活动与行动的源动力。利益必须在一定的社会关系中才能实现，追求利益实现的过程中必然发生一定的社会关系，这种社会关系归根到底是一种利益关系。[60]32利益具有同一性、差别性、矛盾性与冲突性，因此利益主体之间也会因利益的不同特性产生不同的关系：当主体之间的利益一致时，利益主体会从利益个体结成为利益群体；当主体之间的利益分化并产生冲突矛盾时，利益群体有可能会再次分化为利益个体。利益主体的利益需求是多种多样的，这决定了在社会关系中会形成复杂多样的利益关系，他们既独立存在又相互影响，共同构成了社会整体利益格局。[61]55

（2）利益需求

利益需求是与利益主体相对应的利益客体，与利益主体之间是相互依存、互为前提的关系，没有利益需求的主体不能称之为利益主体，没有相应的主体也就无所谓利益需求。本质上，利益需求是一种需要，是一种只能在社会关系中实现的需要。

《中国大百科全书·哲学卷》对利益的内涵进行了界定，即利益是"人们通过社会关系所表现出来的不同需要[62]40"；马克思主义哲学认为，"社会主体维持自身的生存和发展，只有通过对社会劳动产品的占有和享有才能实现，社会主体与社会劳动产品的这种对立统一关系就是利益。[63]376"尽管对利益的界定存在些许差异，但以上定义对利益本质的理解基本上是一致的，即利益是一种需要。根据马克思主义哲学的观点，利益的形成有两个条件：一是需要，二是社会关系。需要是人存在的内在规定性，没有需要就没有利益，这种需要必须在社会关系中实现，通过社会实践活动实现的需要才能称为利益。

需求也是一种需要，是"因需要而产生的要求"[64]，既然需求与利益一样也是一种需要，那么需求与利益之间有着什么样的关系呢，"一定条件下产生的需求渊源于已经形成或正在形成的利益"[65]，这句话正好说明了需求与利益之间的关系，简单来说就是利益是一种动力，促使人们产生需求。正是因为利益的存在，才产生了对某种利益的需求，驱使人们采取一定的行动来满足需求，而需求的对象就是某种利益。

（3）本研究中的利益主体与利益需求

利益主体及其利益需求的范围是十分广泛的，社会上的任何人都是利益主体，人们在社会关系中所表现出来的不同需要都可以看成是其利益需求。

在高等教育研究中，与利益主体相近的概念是"利益相关者"概念，后者也是近年来在高等教育研究中比较常用的概念。有学者认为，高等教育利益相关者是指对大学有一定"投入"的基础上，能从大学获得一定利益并产生一定影响的各类主体（个人或群体）。[66]一般来说，按照其与大学间的重要性程度由强到弱，利益相关者可以分为四类：第一类是教师、学生与管理人员；第二类是校友与财政拨款者；第三类是与学校有契约关系的当事人，如科研经费提供者、产学研合作者、贷款提供者等；第四类是当地社区和社会公众等。[67]可见，对利益相关者的分析更加具体，因为所谓利益相关，其含义更加广泛，他们与高等教育的关系也更加复杂，存在着如教育关系、雇佣关系、合作关系等不同类型、不同紧密程度的关系。

本研究所关注的利益主体是个人和社会，个人是社会中最基本的、最小的利益单位，个人利益即个人的需要，个人的利益必须在一定的社会关系中实现；社会是"人们在相互作用基础上形成的社会关系体系"[68]，社会关系是人与人之间的关系，归根到底是一种利益关系。对任何利益主体的研究都离不开个人与社会。在本研究中，政府是政策制定者和利益主体的双重身份，作为政策制定者的政府是利益关系的协调者，协调社会与个人的利益冲突与矛盾；作为利益主体的政府是社会全体成员的代表，政府代表它们追求公共利益的实现或追求特殊利益的满足。

本研究中的利益需求是指高等教育利益需求。高等教育需求是利益主体因自身生存与发展的需要而产生的对高等教育利益的需求，一般分为个人需求和社会需求，个人需求指个人或家庭为满足自身某种精神的或物质的需要而产生的接受高等教育的需求，包括追求知识和学术的需求、追求职业发展的需求、追求社会地位的需求[69] 20；社会需求是指在一定时期内，国民经济部门及社会各领域对受过一定高等教育的高级专门人才和劳动者，以及科技产品在数量、质量和结构等方面的需求[70]。政府的利益需求是基于本国社会经济发展的需要而产生的，源于政治、经济、文化、科技、军事等多方面的需要，简单来说主要包括对各类科技人才和专门人才与高素质公民的需求、对高新科学技术的需求。

（五）研究思路与内容

本研究遵循从理论到事实、从一般到具体的逻辑展开，先分析现象，再揭示本质，最终完成对政策范式转型的研究。

本研究首先从政策基本理论入手，对政策范式转型相关理论的来龙去脉进行梳理，对相关理论深入挖掘，构建出理论研究框架；接下来按照理论研究框架，对美国联邦政府高等教育政策范式转型的事实进行分析，通过对政策范式转型前后的问题与现象的比较分析，得出政策范式转型前后政策的本质差别，并分析政策范式转型的原因。本研究大体可分为三部分：第一部分是政策范式及其转型的理论研究，第二部分是美国联邦政府高等教育政策范式转型研究，第三部分是美国联邦政府高等教育政策范式转型原因分析。

1、政策范式及其转型的理论研究

第一、二章探讨政策范式及其转型的相关理论，并建构本研究的理论框架。

第一章导论，在文献综述的基础上，对本研究的研究目的和意义、核心概念等进行分析，提出本研究对政策、政策范式、政策制定过程以及利益主体、利益需求等基本概念的理解及界定，为研究奠定理论基础。第二章政策范式及其转型的理论研究部分则主要介绍和分析相关理论，并建构本研究的理论分析框架。这部分首先对西方政策科学的发展历史进行梳理，对发展过程中形成的重要理论进行简要的回顾，并将政策范式理论和间断—平衡理论作为本研究的理论基础，重点分析其适用性以及其优势与局限性。在此基础上，本研究通过对相关理论的深度挖掘，形成政策范式转型外显特征、政策范式转型标志与政策范式转型原因等一系列与本研究直接相关的理论研究，并形成本研究的理论分析框架，即将政策问题、政策目标、政策方案和政策工具作为考察政策范式及其转型的四大维度，并将利益格局作为分析政策范式转型原因的切入点。

2、美国联邦政府高等教育政策范式转型研究

第三章至第六章是本研究的核心内容，从政策问题、政策目标、政策方案和政策工具四个维度探讨 20 世纪 50 年代末到 80 年代初美国联邦政府的高等教育政策范式。

第三章着重研究政策问题，政策问题来源于社会问题，社会问题通过政策议程进入到政策制定过程而上升为政策问题，政策范式转型首先表现在政策问题的改变。本章从对政策问题的分析中探究背后潜藏的利益冲突与矛盾，从而分析政策问题改变的原因。本研究认为，美国在政策范式转型前即一元范式中的政策问题主要是国家安全和社会公平问题，它反映出的是美国社会全体成员的共同利益需求；转型后的多元范式的政策问题则主要是高等教育问题，是由学生运动引起联邦政府的重视并将解决这一问题提上政策议程的，这是学生与高等教育之间冲突与矛盾的体现。政策问题之所以发生改变，是由于一元范式无法解决学生运动问题，因为学生运动反映的是多元的利益矛盾，包括学生个人与高等教育之间的冲突与矛盾和社会与高等教育之间的矛盾。

第四章着重研究政策目标。政策目标是政策问题解决的预期目标，它与政策问题有着必然的联系，同时政策目标是一个较为抽象的目标，与社会占主导地位的价值观有着密切的关系。本章首先讨论在政策问题与社会价值观双重影响下生成的政策目标。研究认为，一元范式的政策目标是入学机会平等，这是在解决国家安全与社会公平问题的要求下形成的，目标中体现出精英主义的价值观；多元范式的政策目标是发展机会平等，这是在解决高等教育供求矛盾的背景下形成的，目标中体现着平等主义的价值观。政策目标中

价值观的改变，是由社会主流价值观改变引起的，学生运动带来的反主流文化运动改变了社会主流价值观。

第五章研究政策方案，着重讨论政策方案形成的影响因素。本研究认为，以资助院校为主的一元范式政策方案，是实现入学机会平等目标的现实需要，在当时的政策制定过程中，总统个人和高等教育集团的势力对政策方案的选择产生极大的影响；以资助学生为主的多元范式政策方案是实现发展机会平等的必然选择，由于国会主导的原因，社会各群体在该方案的出台中都起到重要的推动作用。本研究也对政策方案形成过程中各种备选方案的利弊进行比较分析。

第六章着重研究政策工具。本研究认为一元范式以行政手段为政策工具，是达到高等教育资源平等配置的要求，而行政手段是最好最快实现这一要求的工具；多元范式以市场调节为政策工具，是达到高等教育资源有效配置的最佳手段。美国联邦政府选择政策工具，受到以往政策经验的影响，一元范式时期的影响主要来自《莫里尔法案》以来的政策历史经验，多元范式的影响主要来自《退伍军人权利法案》的成功经验和一元范式政策的失败教训。

3、美国联邦政府高等教育政策范式转型原因分析

第七章是对政策范式转型原因的分析。政策范式转型是由利益改变引起的，政策范式转型的目的是对利益格局进行调整。利益格局由利益主体及利益主体之间的利益关系所决定，一元范式形成的一元利益格局是以美国社会全体成员为一元利益主体，对全体成员的共同利益需求进行分配的格局；多元范式形成的是多元利益格局，是以学生、社会作为利益主体并对他们的利益需求进行分配的利益格局。从一元利益格局到多元利益格局的转变由高等教育利益需求的多样化引起。

（六）研究方法与可能的创新点

1、研究方法

（1）文献法

文献法是本研究最主要的研究方法，文献法是"对文献进行查阅、分析、整理，从而找出事物本质属性的一种研究方法"[74]113。本研究是对20世纪50年代至80年代历史的研究，对于历史的研究，研究者不能直接观察和调查，

因此整理和分析丰富的文献是研究的基础。在本研究中，文献法贯穿整个研究过程，从研究选题开始，丰富的文献为研究者提供关于美国高等教育政策的研究现状，经过梳理已有文献，使研究者找到突破口，从而确定所要研究的内容；在研究过程中，通过整理中外学者对政策基本理论、美国高等教育政策的相关资料，逐渐展开对美国高等教育政策的分析，使研究逐步深入：政策理论的文献为研究框架的形成提供基础。需要特别说明的是，本研究查阅和参考大量的英文文献，这些文献大多为相关的一手资料，如美国政策的文本、政府报告、美国教育部统计资料等，这些原文文献为研究的顺利开展提供有力的保证。

（2）系统方法

系统方法是现代科学研究的重要思维方式，系统方法要求进行研究时要树立整体的观念，统筹全局，全面考虑整体与局部、系统和环境之间的统一和融合。[75] 93 在研究过程中，研究者并没有孤立的对高等教育政策进行研究，而是按照系统方法的要求，把高等教育政策作为社会政策系统中的一部分进行分析，并将高等教育政策放置到整个国家与社会的大背景中进行研究。系统方法中最常用的系统分析法是因果分析法和目标—手段分析法，两者都要求按系统逐级展开分析，依次类推，在研究美国高等教育政策的目标、工具及其转型前后的变化时，应用因果分析和目标—手段分析。

（3）政策分析方法

政策研究都需要用到一些政策分析的基本方法，本研究中用到的方法有事实分析、价值分析、规范分析和利益分析等。这几种方法用于解答研究中以下几个基本问题。"事实分析：是什么？在什么时间与地点？价值分析：因为什么？为了谁？应优先考虑什么？规范分析：应该是什么？应该怎样做？预期结果是什么？利益分析：利益如何分配？分配给谁？谁获得多少？"[56]241,251 本研究以高等教育政策为研究对象，对高等教育政策范式转型进行分析，包括从转型的外显特征改变到转型原因的分析，描述政策问题、目标、方案、工具的变化及变化的原因，这其中包含事实分析、价值分析、利益分析和规范分析。

（4）个案研究法

个案研究通常是以单一的、典型的对象为具体研究对象，通过对其进行直接或间接、深入而具体的考察，来了解对象的现状或发展变化的进程，也就是通常说的"解剖麻雀"的方法。[74]175 美国联邦政府在美国高等教育的发展历史中曾经出台很多的政策，本研究并不能穷尽对所有政策的研究，因此选择 20 世纪 50 年代至 80 年代这个具有典型意义的时期，并选择几部重要的法案如《国防教育法》、《高等教育法》、《教育修正案》、《中等收入学生资助法》等进行研究，分析政策的发展与变化，并期望通过对这些案例的分析了解和把握美国高等教育政策范式的特点。

2、可能的创新点

（1）提出操作性更强的政策范式概念框架，为研究政策范式提供理论基础

彼得·霍尔是政策范式这一概念的提出者，但他仅对这一概念进行了较为模糊的描述，研究者难以在其概念的基础上展开研究。本研究在其概念内涵的基础上，进行深入挖掘，结合其他研究成果，形成较为完整且操作性更强的政策范式概念框架，主要表现在以下两点：第一，提出政策范式的核心是利益观的观点，政策范式是一组包含着价值观和其他各种观念的思维框架，从政策的本质特征出发，本研究认为，利益观是其核心；第二，提出应通过政策制定过程来研究政策范式的观点，并将政策问题、政策目标、政策方案和政策工具这些外显特征作为研究政策范式的四个维度。

本研究通过利益视角切入，将政策的本质特点、政策范式的核心以及政策制定过程有机地结合在一起，构建政策范式的概念框架，给政策范式的研究提供操作性更强的理论基础。

（2）结合相关理论与政策实践，深入探讨政策范式转型理论

本研究综合霍尔的政策范式研究、间断—平衡理论和政策的基本理论，深化政策范式的概念，提出政策范式外显特征、政策范式转型标志，并作为研究框架，对美国高等教育政策范式转型进行研究。

以政策范式外显特征作为纵向框架研究美国高等教育政策，是对政策制定过程的研究，研究政策各个部分之间的联系，即探讨政策问题的建构、政策目标的确定、政策方案的形成与政策工具选择的原因，目的在于探讨如何制定政策；以政策范式转型标志作为横向框架研究美国高等教育政策，是对政策范式转型前后变化的比较与分析，作为新旧范式之间的联系，政策范式转型标志既是促使旧范式改变的原因，也是新范式形成的依据，将政策范式

转型标志作为横向框架，既可以探讨为什么会发生政策范式转型，也可以探讨新的政策范式建立的方向。

通过对美国高等教育政策范式转型的分析，发现该框架具有良好的解释力，能很好的解释美国高等教育政策范式转型，该框架的搭建是对政策范式转型理论的深入探讨，是有益于政策范式转型理论发展的尝试。

（3）提出政策范式转型目的在于调整利益格局的观点

通过对间断—平衡理论、政策范式理论和公共政策基本理论的研究，本研究发现利益在政策范式转型过程中扮演着重要的角色。政策本质上是对利益的选择、综合、分配与落实，间断—平衡理论认为利益的改变是政策范式转型的原因，利益的改变也会吸引人们参与政策制定过程，从利益的角度来考察政策制定过程，就是人们将自己的利益需求，输入到政策制定系统中，由政策制定者对利益及利益关系进行选择、综合、调整的过程。人们之间的利益关系是复杂的，各种利益关系构成一定的利益格局，当人们的利益关系稳定时，利益格局也是稳定的，当利益改变引起利益关系的改变时，利益格局也需要随之改变，政策制定者通过制定新的政策，形成新的稳定的利益格局。

从这些理论中可以看出，利益改变是政策范式转型的原因，而政策范式转型最终的目的是根据新的利益关系形成新的利益格局，所以说政策范式转型的目的在于调整利益格局。本研究提出政策范式转型的目的在于调整利益格局的观点，是从本质层面对政策范式转型的解释，该观点的提出加深了对政策范式转型的认识，也进一步深化了政策范式转型理论。

二、政策范式及其转型的理论研究

　　政策研究属于政策科学的研究范畴，现代政策科学诞生于 20 世纪六七十年代的美国，虽然历史并不长，但研究成果异常丰富。从政策科学的理论成果中，寻找本研究的理论基础，如同站在了巨人的肩膀上来做研究，必将达到事半功倍的效果，所以很有必要了解政策科学的发展历程、了解政策科学领域的重要理论成果，并从中寻找对研究内容有解释力或有所帮助的理论。经过初步研究发现，20 世纪 90 年代提出的政策范式理论和间断—平衡理论，对本研究产生了极大的帮助。政策范式理论和间断—平衡理论是政策科学研究较新的研究成果，这两个理论是在政策科学学科发展丰硕的成果基础上形成的，政策过程阶段论、渐进主义决策、多源流模型等几个理论为这两个理论的产生奠定了基础。早在 20 世纪六七十年代政策科学产生初期，作为奠基人的拉斯韦尔就为该学科的发展确定了内容和方向，可以说政策科学是在政策过程阶段论的基础上发展起来的；到七十年代末期，政策科学的分支——政策分析开始迅速发展，渐进主义决策和多源流模型在众多的理论中脱颖而出，产生了很大的影响；到八十年代后期，政策科学的发展更加多元化，催生了政策范式理论和间断—平衡理论。当然，任何理论的形成都有其背景，理论的应用都有一定的范围，所以本研究还需要考虑这两个理论的适用性问题，并在对原理论挖掘与扩展的基础上，发展出适用于自身研究的理论框架。

（一）政策科学学科及其理论发展的历史沿革

1、政策科学初创期及其理论

（1）拉斯韦尔与德罗尔创立政策科学学科

二战后至 20 世纪六七十年代是政策科学学科的初创期。政策科学研究兴起于第二次世界大战后的美国，它从政治学中分离出来，并逐渐发展成为一个跨学科、综合性的社会科学学科，该学科的出现被誉为当代西方社会科学发展历程中的科学革命[73]。这一时期，学科的基础理论得以发展，得益于拉斯韦尔和德罗尔两位政策学权威，哈罗德·拉斯韦尔是该学科公认的奠基人，他对政策科学的基本理论问题进行了系列研究，为学科的建立奠定了基础，德罗尔是拉斯韦尔思想的继承者，他进一步发展了政策科学学科的理论基础，两人的研究共同奠定了政策科学理论研究的传统，尤其是拉斯韦尔对政策过程阶段的划分，形成了政策科学研究的主要发展方向，此后的研究分支都是政策过程各个阶段发展形成的。

拉斯韦尔对政策科学学科的贡献主要体现在以下几部著作中。拉斯韦尔在《政策科学：范围和方法之最近发展》一书中，规定了政策科学的对象、性质和发展方向，即"政策科学关心的是社会中人的基本问题，社会问题本身就是研究工作的逻辑起点，要运用分析模型和数学公式来提高政策研究的合理性"，标志着现代政策科学系统理论的诞生[74]；在《政治科学的未来》一书中，他提出了政策科学学科的三个特点："多学科、解决问题导向和明确的规范性[37]5"，这是政策科学区别于政治学的政策研究的三个主要特点；在《决策过程》一书中，拉斯韦尔提出政策过程的七阶段，分别是信息、建议、法令、试行、执行、终止和评估；在《政策科学展望》一书中，拉斯韦尔对政策过程的知识和政策过程中的知识进行了区分，前者重视理论研究，后者重视政策实践分析，实际上这是拉斯韦尔对自己提倡的政策科学和正在兴起的政策分析两种研究路径的区分。

继拉斯韦尔之后，德罗尔发展了政策科学学科的思想，德罗尔的研究成果集中在 1968 年至 1971 年之间出版的政策科学"三部曲"：《公共政策制定再审查》、《政策科学进展》与《政策科学纲要》。在书中，德罗尔进一步具体详尽地论证了政策科学的对象、性质、范围及方法论等问题。至此，拉斯韦尔和德罗尔的研究共同形成了政策科学学科中的理论研究传统，这一传统强调从宏观上、从理论上探讨政策制定系统的创新与改进，强调抽象理论的建构。[75]

（2）政策过程阶段论

拉斯韦尔作为政策科学的奠基人，在理论方面的贡献是杰出的，最为突出的贡献是提出了政策过程阶段论。拉斯韦尔将政策过程划分为不同阶段，这种划分把复杂的政策过程简单化，更有助于政策过程研究的深入，从此政策过程阶段研究成为政策科学研究的主要内容。

拉斯韦尔将政策过程划分为：信息、建议、法令、试行、执行、终止和评估七个阶段，这七个阶段也是制定政策应该遵循的程序。政策制定过程开始于信息的收集，即为那些参与政策制定过程的人收集、加工和分发相关的、有用的政策信息，然后由参与者提出特定的选择建议；在第三个阶段，由政策制定者们决定行动方针、形成法令，也就是制定出相应的政策；第四个阶段是对政策进行试行，如果违反将会有一些制裁措施处罚；试行后的政策就交由法院和行政部门正式执行，直至政策终止或取消；政策过程的最后一个阶段是对政策结果进行评估，看其是否与最初的目的、目标相符。[37]15

拉斯韦尔的政策过程阶段论是对政策过程的开拓性划分，当然作为初生之物存在弊端是在所难免的，其弊端就是他仅仅根据政府内部的政策制定过程划分，而很少考虑政府外部或环境因素对政府行为的影响，因此一些学者对政策过程的阶段划分进行了修正与发展。1974 年布鲁尔提出将政策过程划分为：开始、预评、选择、执行、评估与终止等六个阶段，构成了政策制定的六个步骤。"开始"是第一步，是理解所要解决的问题、提出解决建议；第二个步骤是对不同解决方案进行评估与选择，排除不可行的方案，缩小选择范围并根据方案的优劣排序；第三步是对保留下来的方案进行选择；接下来的步骤是执行政策方案、评估政策制定的效果以及终止政策。加里·布鲁尔阶段划分的优点在于将政策过程扩展到了政府之外，而且引入了周期的观念，"政策过程是正在进行的周期，是循环往复的过程[37]15-16"，这是符合政策实践的，因此也比拉斯韦尔的划分更加合理、规范，更具有操作性。

另一位对政策过程阶段论有所发展的是美国著名学者詹姆斯·E·安德森，在 1975 年出版的《公共决策》一书中，安德森将政策过程划分为"问题的形成、政策方案的制定、政策方案的通过、政策的实施、政策的评价[33]"等五个阶段。安德森的划分方法与现实中政策制定的过程基本一致，因此得到普遍的认可。到70年代后，政策过程的五个阶段分别发展成为独立的研究领域，即：议程设定、政策制定、决策、政策执行、政策评估五个领域。议程设定研究是对社会问题如何上升为政策问题的研究；政策制定研究关注的是政策在政府内部如何形成的过程，也是政策制定者如何选择政策目标的过程；决策研究是对政策方案制定过程的研究，政策执行研究是对政策如何发生作用的研究，其中包含了采用何种工具的问题；政策评估研究是对政策效果与监控的研究。[37]17

2、政策科学发展期及其理论

（1）政策分析迅速发展

20世纪七十年代后期，政策科学学科进入了快速发展期，这一时期政策科学学科发展的最主要特点是，重视实际应用的政策分析得到迅速发展，超越了理论研究分支成为政策科学学科的中流砥柱。这一时期政策过程研究也进展迅速，政策决策、执行、评估的研究都有所发展。为政策分析发展做出重要贡献的是林德布洛姆，他的渐进主义决策研究对政策分析的发展具有开拓和奠基的作用。

政策分析一词是由查尔斯·林德布洛姆首先使用的，早在1958年林德布洛姆发表了一篇题为《政策分析》的论文，首次使用了政策分析一词，用于表示一种将定性与定量相结合的渐进比较分析的类型，正因如此，林德布洛姆被看作是政策分析的奠基人。政策分析不同于理论研究，不同之处在于政策分析关注现实中具体的政策问题，注重分析方法和技术的研究。七十年代初，很多学者开始批评以拉斯韦尔和德罗尔为代表的理论传统研究，支持政策分析研究，有学者认为拉斯韦尔和德罗尔所主张的政策科学并不是科学，而是一种意识形态，因此应当用更加科学的政策分析来取代政策科学。二战后社会科学的各学科已经形成了较为成熟的分析方法和技术，政策分析将这些方法和技术综合起来运用，更容易取得突破性进展，因此政策分析获得了众多的支持者。在这种趋势下，到七十年代中期，政策科学学科研究的重心已经转移到了政策分析方面。[76]

（2）政策分析的理论基础

多元主义民主理论和有限理性决策理论是政策分析研究中的两个主要理论基础，它们属于政治学的理论范畴，多元主义是二战后盛行于西方国家的政治思潮，达尔的多元主义民主理论对政策分析产生了重大影响；西蒙提出的有限理性决策，推翻了占据西方政治学统治地位的完全理性决策，也为政策分析的发展奠定了基础，这两个理论成为政策科学领域很多研究的理论基础。

1）达尔的多元主义民主理论

罗伯特·达尔的多元主义民主理论在多元主义的诸多流派中颇具影响力，20世纪50年代开始，达尔在《民主理论的前言》、《谁统治：一个美国城市的民主和权力》、《美国的多元主义民主：冲突与同意》、《多头政体：参与和反对》等著作中建构了多元主义民主理论，这是一种"多重少数人统治"的多元主义民主模式，它否定了旧的民主理论以国家为单一的权力中心的观点，将社会中的多元组织视为多元权力中心。[77]这一颠覆性的观点引起美国政治学领域的轰动，使达尔受到极大赞誉的同时也招致了大量的批评。80年代，达尔陆续出版《多元主义民主的困境》、《民主、自由和平等》、《民主及其批评者》、《论民主》等著作，对自己的多元主义民主理论进行了反思与修正。[78]9

达尔多元主义民主的核定观点是：国家不再是唯一的权力中心。达尔认为在多元社会中，不仅意见多元、利益多元、冲突多元，权力也是多元的，权力不仅高度分化，而且权力的范围扩展到社会层面，社会中大量存在的利益集团就是权力的载体，达尔将之称为多元组织，它们是分散在社会中的权力中心。多元主义民主的实质就是"通过多元组织之间的竞争来实现对国家权力的制衡"[77]，多元组织代表着不同集团的利益，依托于不同的社会资源，它们之间会相互竞争，也会相互协调与合作，并与国家权力之间形成制衡，从而实现了社会权力对国家权力的制衡。

多元主义民主理论是政策分析研究不可缺少的基础性理论，它的权力多元和权力制衡的观点，启发了很多研究者，在政策科学研究的理论成果中，几乎都有该理论的影子。

2）西蒙的有限理性决策模式

有限理性决策模式萌芽于20世纪40年代末，西蒙在后来发表的《管理行为——管理组织决策过程的研究》、《现代管理决策基石》、《新管理决策科学》等著作中逐渐完善了该理论。西蒙在批判全面理性决策模式的基础上建立了有限理性决策模式。全面理性决策模式认为决策者在决策过程中是具有完全理性的经济人，他可以获得足够充分的有关周围环境的信息，可以根据各方面的信息进行计算和分析，从而选择最优的方案。[79]决策者面临的是一个既定的问题，决策的目标是明确的，决策者能够从可供选择的方案中选出最优方案。西蒙对此进行了批驳，并建立了有限理性决策模式的基本观点，西蒙认为决策者的理性是有限的，不可能拥有完全理性，在决策过程中，决策者一般会对决策状况有简单的印象后就采取行动，他不可能获得有关决策状况的所有信息，也不会对各种信息进行全面的考虑，决策者处理信息的能力也是有限的，在复杂的决策状况中，他的能力会受到限制，在选择方案上，信息虚实与否，信息获取的先后顺序，决策者的个性与经历，都会成为决策者决策的影响因素，所以说，决策者做出的决策不可能是最优的，而应该是最满意的。[80]

西蒙的有限理性决策在政策科学学科中的作用不言自明，自该理论出现后，几乎成为所有政策科学理论研究的基础理论，对政策科学的发展影响极大。

（3）政策过程研究的进展

在这一时期，政策过程研究产生了丰富的成果，议程设置、决策、政策执行和评估都发展成为独立的研究领域。由于现实中政策制定的过程之间紧密相连，很难明确的划分各个阶段的界限，有些阶段之间还需要不断地反复，所以对每个阶段的研究也不可能完全脱离其他阶段。在这一时期，很多学者的研究基本都是以某一阶段为主，或者从某一阶段切入，对政策制定的过程进行研究，新理论的形成受到先前理论的影响，对先前的理论批判与继承并有所发展，是本阶段政策研究与理论发展的主要特征。

1）政策决策研究

政策决策研究是较早得到发展的研究领域，林德布洛姆推进了决策理论的发展。林德布洛姆在 20 世纪 50 年代首次提出"渐进主义"的概念，在 60 年代和 70 年代的著作中，逐渐完善发展成为系统的渐进主义决策模式。他的理论从现实的角度批判了全面理性决策模式，明确提出决策过程是一个对现有政策不断修改、积小变为大变的过程。渐进主义决策模式是决策研究的经典理论，无论是作为一种决策思想还是方法，在政策科学的发展历史上都具有相当的价值。之后对决策研究做出重要发展的应该是布莱恩·琼斯。琼斯教授在 20 世纪 90 年代末出版的两部著作中阐释了他的决策研究思想。琼斯提出了稀缺注意力的概念，并以稀缺的注意力为基础概念，探讨有限注意力和政策决策、政策变化的关系。稀缺注意力概念的提出为决策研究的发展做出了特殊的贡献，阐释这一概念的《重塑民主政治中的决策：关注点、选择与公共政策》和《政治与选择的架构：有限理性和政治管理》两本著作，分别获得了美国政治学会政治心理学的"罗伯特·莱恩奖"。[75]18

2）政策议程研究

政策议程研究在七十年代后期逐渐增多，议程的建立与设置是社会问题转化为政策问题的关键一步，对于政策研究来说具有非常重要的意义，很多学者对议程设置进行了研究，如詹姆斯·安德森、查尔斯·琼斯、拉雷·格斯顿等人。早期较有代表性的研究有罗格·科布和查尔斯·埃尔斯的研究，在 70 年代初出版的《参与美国政治：议程建立的机制》一书中，他们将政策议程区分为系统议程和正式议程两种基本形式，系统议程是指某个社会问题首先引起社会公众的关注，而后要求政府采取措施加以解决的政策议程；正式议程是指政府密切关注的问题，他们感到有必要采取行动而将社会问题列入政策问题的议程。科布还提出建立公共政策议程的三种模式：一是外在创始模式，二是政治动员模式，三是内在创始模式。与科布的研究相似，詹姆斯·安德森总结出推动政策议程的四种触发机制：政治领导、抗议活动、危机事件、传媒曝光等等。总的来说，七十年代的研究还比较粗浅，没有系统的研究，直到 80 年代初约翰·金登提出"多源流模型"，才出现对政策议程深入系统的研究。90 年代，学者尼古拉斯·扎哈里亚迪斯对多源流模型进行了一定的扩展与修正，使该模型应用的范围更加广泛。[54]105-118

3）政策执行研究

政策执行的研究在 70 年代初也已经开始出现，杰弗里·普雷斯曼和艾伦·威尔达夫斯基是政策执行研究的先驱人物，他们在 1973 年发表的《执行》一书，被视为政策执行研究的开山之作。从该领域研究的发展态势来看，七十年代以自上而下的研究途径为主导途径，政策过程模型、系统模型、执行综合模型等，都是采用自上而下的途径取得的研究成果；七十年代末以来，自下而上的研究途径成为主导途径，迈克尔·利普斯基对街道层官僚的研究、理查德·埃尔默对追溯性筹划的研究、本尼·耶恩和大卫·波特对执行结构的研究等，都是自下而上途径研究的代表。进入九十年代，政策执行研究越来越趋向于融合两种研究途径的优势，研究的范围、工具和方法越来越多样化，府际关系模型、政策变迁和学习模型、冲突模型、制度分析途径等，均是九十年代的理论成果。[75]

4）政策评估研究

政策评估研究在 60 年代末就已经出现，爱德华·萨奇曼在 1967 年出版《评估研究》一书，在该书的倡导下，政策评估研究逐渐成为独立的研究领域。1970 年约瑟夫·豪利的著作《联邦评估政策》、1972 年卡罗尔·韦斯的《评估研究：项目有效性的评估方法》一书，促进了早期政策评估研究的发展。九十年代后，弗兰克·费希尔的《评估公共政策》、斯图亚特·内格尔的《公共政策评估手册》等书籍的出版，推动了政策评估研究的进一步成熟。[75]政策评估研究的早期，以比较目标与实际效果之间的差距、对政策评估的分类、评估主体、工具等方面的研究为主，九十年代后，随着系统理论、政策变迁研究的发展，越来越多的学者将政策评估看做是政策学习的一部分，其作用在于基于对过去的成功和失败的认识，有意识的模仿成功和失败，从而达到发展或改变政策的目的。[37]291-307

3、政策科学多元化时期及其理论

二十世纪八十年代后期，政策科学学科的发展进入多元化时期，多元化表现在研究领域、范围、层次的逐渐扩展，研究工具逐渐多样化，政策研究出现更加微观化，更加工具化的倾向。政策工具研究、政策网络研究、政策范式研究等在这一时期出现，政策变迁研究也在这一时期受到重视，产生了多个有较大影响的理论成果，本研究的理论基础间断—平衡理论和政策范式理论就属于政策变迁研究，这两个理论在批判与继承的基础上，取得了突破性的进展，是多元化时期非常有特色的研究成果。

（1）政策工具研究

政策工具研究是政策执行研究的深入与细化，政策执行终究离不开政策工具，政策执行研究的发展促使政策工具研究从中分离出来，成为一个新的研究领域。政策工具研究也是跨学科发展趋势下的产物，它是政策科学、公共行政和公共管理学科之间交叉融合的结果。1983 年克里斯托夫·胡德出版的《政府工具》一书，是政策工具研究的首部著作，在该书中，胡德对政府工具进行了较为全面的阐述与分析，提出系统的分类方法，他认为掌握的信息、法律赋予的权力、资金和正规的组织结构是四种管理资源，所有政策工具都在利用其中一种。按照不同的标准，政策工具可以划分为不同的种类，按照目的的不同，麦克唐奈和埃尔莫尔将政策工具分为命令、劝导、提高能力和制度变迁；按照强制性程度的不同，布鲁斯·德林和理查德·菲德将政策工具划分为自愿性工具、混合性工具、强制性工具，并绘制出图谱，家庭和社区是强制性最低的工具，私人市场强制性略高，管制和公共事业强制性较高。[37]143 政策工具研究领域的形成与发展，使政策研究更加贴近现实和政策实务，增强了政策研究的实用性。

（2）政策网络研究

政策网络研究是一个新兴的研究领域，它集中了生物学、计算机科学、经济学和社会学等多种学科的概念和研究方法，充分体现出政策研究多学科、跨学科的特征。政策网络早期研究的集大成者是罗茨，政策网络研究由政策次级系统、次级政府、铁三角等研究发展而来，罗茨对众多学者的概念进行了梳理和系统化，并建构了依赖关系结构的模型，他将政策网络分为高度聚合的政策社区、松散组合的议题网络等五种类型。上世纪九十年代，学者们相继提出新的政策网络分类模型，如：范·瓦登提出七维度分类模型、乔丹和舒伯特提出三维度分类模型等，汉斯·胡芬、彼得·博加逊等学者，也为丰富政策网络的理论做出重要贡献。政策网络研究的一个突出特点是实用性，上世纪八十年代末，威客与莱特将政策网络分析应用于政府与产业间关系的研究，欧洲学者更将政策网络视为治理的第二种模式，在治理的意义上，政策网络可以作为政府和市场的替代品。[81]59

（3）政策变迁研究

政策变迁研究是二十世纪八十年代后期受到重视的研究领域，从目前政策变迁研究的发展情况来看，政策变迁的概念界定、模型建立已经完成，模型的验证正在进行。任何政策的改变都会经过政策决策的过程，所以有学者将政策变迁研究的历史追溯到林德布洛姆及其渐进主义模型，并将渐进变革作为政策变迁的一种形式，另一种形式是与渐进变革完全不同的范式变革。正是由于有大量的决策研究成果可以借鉴，政策变迁研究的发展非常迅速，理论成果在短短几年间就非常丰富，比如施勒森格在 1986 年提出交替循环模型、阿门塔和斯科可珀尔在 1989 年提出锯齿式模型、萨巴蒂尔和金肯斯·史密斯在1993年提出倡导联盟框架，等等。这些理论成果绝大部分是关于渐进变革方式的解释或模型，而关于范式变革方式的模型寥寥无几。然而就在1993年，弗兰克·鲍姆加特纳和布赖恩·琼斯提出了间断—平衡理论，该理论聚焦在政策制定问题界定和议程设置环节，因为问题界定是政策制定的第一步，将决定接下来的政策是发生渐进的变革还是范式的变革，他们认为美国的政策变迁在长期的渐进变革过程中，也会出现范式变革："政策过程通常由一种稳定和渐进主义逻辑所驱动，但是偶尔也会出现不同于过去的重大变迁[39]125"。实际上鲍姆加特纳和琼斯的理论既能够解释政策渐进变革，也能够解释政策的范式变革，是政策变迁研究历史上的里程碑。

（4）政策范式研究

政策范式研究的出现，标志着政策分析发展的一个新阶段，以往政策研究基本都是遵循政策科学研究的基本框架，对政策过程的研究，或以过程的某一阶段为切入点对政策变迁的研究，政策范式则不再遵循政策过程研究的框架，而是开始关注政策制定的理念，探讨由于理念的改变而引起政策变革的表现与过程。政策范式研究最为杰出的代表是彼得·霍尔。与政策范式类似的研究还有政策风格研究，它们是政策研究进一步微观化的表现。

（二）间断—平衡理论和政策范式理论概述

1、鲍姆加特纳和琼斯的间断—平衡理论

间断—平衡理论是弗兰克·鲍姆加特纳和布赖恩·琼斯两位美国学者的研究成果，在1993年出版的《美国政治中的议程和不稳定性》一书中详细阐述了该理论。鲍姆加特纳和琼斯发现，政策议程领域发生的现象与生物进化的现象极为相似，生物进化的过程是"一个长期的停滞时期伴随迅速转变的过程"[82]，而政策变迁则是在长期的稳定过程中伴有偶尔的急剧变迁，即"长期的平衡伴有偶尔的间断"[75]。在对美国政治领域长期观察和大量实证研究的基础上，他们提出了政策变迁的间断—平衡理论。间断—平衡理论认为政策变革源于宏观系统与子系统的互动，一般情况下政策问题在政策子系统范围内解决，如果问题在政策子系统范围内无法解决，则会被提升到宏观决策系统，政策问题在宏观决策系统会被重新界定、政策议程被重新设置，政策将会发生巨大的变革。

（1）政策变革：政策宏观系统与子系统互动的结果

美国政治系统的制度结构是由一个宏观决策系统和很多政策子系统构成的，因为宏观决策系统的注意力是有限的，不能同时处理所有问题，所以一般情况下，政策问题由相应的政策子系统解决。这样一来，成千上万的问题就能够在不同的子系统中得到解决，一些重大的问题则在宏观决策层面讨论和决定，这种宏观决策系统和政策子系统共存的系统，便产生了一种在子系统和宏观决策系统之间的动力。这种动力通常会反对任何变化，但有时也会支持有关的变革。当政策问题在子系统范围内得到解决时，政策系统便处于稳定状态，政策系统不会发生变革。但政策问题不可能永远在子系统范围内考虑，当问题在子系统中没有得到解决引起社会高度关注时，政策问题就会被提升到宏观决策系统，政策问题就会被重新界定，议程被重新设置，政策就会发生剧烈的变革。[39]129-130

（2）政策变革的关键：政策子系统垄断的形成与崩溃

对于政策子系统来说，政策系统的稳定状况意味着政策子系统形成垄断，垄断崩溃则意味着政策问题将被提升到宏观决策系统，即将发生政策范式变革。"当政策子系统被单一的利益主导时，政策子系统可以被视为一种政策垄断"[39]130。政策垄断有两个重要特征，一是制度结构，二是理念，它们的紧密结合为单一利益主导的局面提供了强有力的支撑。政策垄断要有一个清晰界定的制度结构，保证有关的利益集团负责某一政策的制定，并限制外界对政策过程的切入，将其他利益集团排除在外，防止他们对现有制度和单一利益的破坏。理念是指与制度结构紧密结合在一起的权威性的支持理念，通常与核心政治价值相连接，比如爱国、公正、经济增长等，在政治系统中，没有人能够挑战这些理念，理念的作用在于影响政策形象的建立。[75]3-25

政策垄断形成与正面政策形象密切相关。政策形象是指公众对政策的认知，即政策在公众中是如何被理解和讨论的，它是公众个体经验和情感诉求混合的产物。人们对政策的理解不同，就会形成不同的政策形象。政策子系统是解决问题的，当公众对政策的理念信服，相信政策是有效解决问题的方案时，人们形成正面的政策形象，会支持政策形成政策垄断；反之，如果人们对政策不信服，对政策怀疑、否定，就会形成反面的政策形象，政策子系统也就难以形成政策垄断；如果人们对政策由支持转变为反对，原本建立起来的正面政策形象转为反面政策形象，那么政策子系统的垄断就会崩溃。政策子系统垄断崩溃与新理念的产生有关："新的理念产生会使政策垄断变得不稳定"。当社会上出现新的理念并逐渐被人们接受、成为主流观念时，对政策原本的理解就会改变而形成新的理解，他们可能成为政策的反对者，也就意味着政策的正面形象转变为反面形象。[75]3-25

政策垄断崩溃最先表现为政策正面形象改变，随之是制度结构受到冲击。政策垄断的崩溃总是与利益强度的改变相联系，原本对政策支持的公众，或者本来没有表现出兴趣的公众、政治领导者、政府部门或私人机构等，由于利益的吸引加入进来，原本由制度结构维持的政策制定过程，就会受到新的参与者的冲击，新的参与者要求改变单一利益集团对政策制定过程的控制，参与政策过程，从而形成新的政策[75]8。这时的政策垄断是可以在一段时间内成功与之对抗的，继续维持单一的利益分配，但是如果压力足够大，利益集团才会趋于打破原来的状态[39]131,133，这时政策子系统的问题就会提升到宏观决策系统。

（3）宏观决策系统：议程重新设置与决策者注意力转移

当政策问题被提升到宏观决策系统时，就已经引起公众的高度关注。[39]130新理念的支持者会想方设法吸引从未涉入其中的公民的参与，提出老问题的新维度，对政策问题重新界定，新的问题界定会带来新的参与者，甚至会将原本对政策漠不关心的公众转变为自己的支持者。[75]11这样一来，就有更广泛的政治力量参与其中，给决策者施加压力，要求重新设置议程[39]131。

从决策的角度看，政策的改变并非源于决策者偏好的改变，而是源于注意力的转移，"很多政策问题的内容多半没有随着时间的推移而发生戏剧性的变化，是社会公众、官员和其他专业人士给政府施压，促使政府注意到那些曾经被忽略的问题"[75]43。新理念的支持者采取重新界定问题、扩大参与者范围的方式，吸引决策者的注意力将决策者的注意力转移到问题的新维度上，决策者通常会根据政治环境和压力，重新理解政策问题并制定新的政策。这样，政策系统长期以来的稳定就会被颠覆，政策系统发生重大的范式变革。

间断—平衡理论对政策科学学科的贡献很大，是一个里程碑式的理论，它被认为是对渐进主义理论的重大超越。与政策变迁研究的其他理论相比，间断—平衡理论融合了渐进与变革两种政策变迁状态，既能够解释政策渐进变革，也能够解释政策的范式变革。间断—平衡理论也因此迅速成为九十年代以来政策变迁研究的主导范式。[83]

2、彼得·霍尔的政策范式理论

政策范式是由彼得·霍尔提出的。彼得·霍尔是哈佛大学教授，主要从事政治经济、政策制定等方面的研究。霍尔对政策范式研究的成果集中体现在两篇文章中，一篇是《政策范式，专家和国家：以英国宏观经济政策制定为例》，另一篇是《政策范式、社会学习和国家：以英国经济政策的制定为例》。政策范式是霍尔借鉴库恩的"范式"概念提出的，他在研究经济政策制定时，试图说明理念在政策制定中的角色、探讨理念和政策制定之间的关系，霍尔将这种理念界定为"政策范式"，并将其作为一种操作化的定义对政策实践进行了研究。

（1）政策范式的概念

霍尔将政策范式界定为由理念和标准组成的框架，"政策制定者习惯性地在一个由各种理念和标准组成的框架中工作，这个框架不仅指明政策目标以及用以实现这些目标的工具类别，而且还指明它们需解决之问题的性质。像格式塔一样，这个框架镶嵌于政策制定者开展工作所使用的每一个术语之中，它的影响力源于它常常被认为是理所当然的，而且作为一个整体难以得到仔细验证。我将这个解释框架称为政策范式。[36]7"从霍尔的概念中可以看出，政策范式是一种理念、思想，它难以准确的表达，但却根植于政策制定者的头脑中，贯穿在政策制定的全过程当中，也实实在在的影响着政策制定的过程，决定着政策制定者如何思考问题、如何确定目标以及选择工具。

（2）政策范式变革的表现

霍尔认为政策目标、政策方案和政策工具是政策范式变革的外在表现，霍尔在研究中通过这三个要素的变化情况来判断政策范式的变化。政策范式变革是政策的巨大变革，是由政策范式的改变引起的，表现为政策目标、政策方案和政策工具的同时改变；政策的渐进变革是常规的政策调整，是政策范式没有改变的情况下发生的，政策的常规调整有两种方式，第一种方式是政策目标和政策方案保持不变的情况下，对政策工具的设置加以修改，第二种方式是政策目标不变的情况下，对政策方案和政策工具进行调整；可见，只有政策范式改变才会引起政策目标、政策方案和政策工具的同时改变。[36]7,8所以可以通过政策目标、政策方案和政策工具改变与否，来判断政策范式是否改变。

（3）政策范式变革的关键因素与特征

霍尔研究发现，政治因素、政策权威、政策试验与失败是政策范式变革过程中的关键因素，这些因素与其他要素一起，共同构成了政策范式变革的特征。

霍尔指出，在政策范式变革过程中，有三个因素起到决定性的作用。首先是政治因素，范式的选择最终依赖于政治的判断，依赖于不同范式支持者之间的力量对比及对社会的影响力。"一个政策范式取代另一个政策范式的过程，是社会学意义上的，而不是科学意义上的，……范式之间的选择极少能够只在科学的基础上进行，最终需要一组更具政治色彩的判断，其结果不仅依赖于竞争性派别的争论，而且也依赖在更广阔的制度框架内的地位优势、在相关冲突中能掌握的辅助资源，以及能够影响一组行动者将其范式强加给其他人之权力的外部因素"；第二，政策制定权威的改变先于政策范式变革发生，"政策权威核心的重大改变很可能先于一个范式向另外一个范式转移"。政策权威是政策制定的权威，对政策问题更有控制能力和解决能力的权威，政策权威主导政策制定的过程，所以政策权威的问题是范式变化过程的核心内容。第三，政策试验和政策失败能够加速政策范式变革。政策范式像科学范式一样，会出现现有范式条件下的异常情况，是现有范式不能解决的问题，那么现有的政策范式"会努力扩展现有范式的条件以解决这些问题"，但是这样做反而产生了负面作用，那就是"破坏原有范式的知识连贯性和精确性"。如果这些努力仍然不能解决问题，将会导致政策的失败，会削弱现有范式的权威，给新范式取得权威地位提供机会，因此政策试验和政策失败在范式转移中扮演了关键的角色。[36]9

以上三个关键因素与其他因素一起共同形成了政策范式变革的特征，正如霍尔指出，政策范式变革是"从一个范式到另一个范式的运动，它的特征往往包括异常情况的积累、政策新形式的试验，以及促成政策权威核心发生转移并引发对立范式之间更广泛竞争的政策失败"[36]9。霍尔所说的特征是顺序展开的，异常情况是原有范式无法解决的新问题，政策新形式的试验是指调整原有政策来解决新问题的尝试。接下来是政策制定权威的改变以及两种范式之间的竞争。霍尔认为对立范式之间的竞争可能不局限在国家政府范围内，而会涉及更大范围内的政治竞争，这种竞争会在新范式的支持者取得权威性的地位、主导政策制定过程，从而使新范式的政策得以颁布时才宣告结束。

3、两个理论在本研究中的适用性分析

任何理论的形成都有一定的背景和条件，因此就存在适用性的问题，政策理论也是如此。政策范式理论和间断—平衡理论是西方政策科学的阶段性成果，它们继承了政策科学众多理论成果的精华，又有其独特之处，具有深刻的理论价值和广阔的应用价值。政策理论的形成与其所在社会的政治体制等因素，都有着密切的关系，这就使政策理论的适用性受到了限制，因此在应用政策理论前有必要对理论的适用性进行分析。

政策范式理论是霍尔研究英国经济政策形成的理论成果。但分析发现，政策范式理论虽然以研究英国经济政策问题为背景，但其着眼点并非是具体的政策内容，而是政策制定的理念，属于一般性理论，就像库恩的"范式"一样，解释的是科学范式革命的一般性过程，既可以解释物理科学的变革过程，也可以解释生物科学的变革过程。因此，政策范式理论作为一般性的解释框架，既可以解释英国经济政策的变革，也可以解释美国社会政策的变革，两者只是涉及的领域不同，所以该理论也可以用于对美国高等教育政策的研究。

有学者指出，间断—平衡理论是建立在对美国政策过程的长期观察和研究基础之上形成的理论，是基于美国特殊的政治制度如多元政治体系、分权制度和竞争性选举制度等的研究成果。同时，该理论对研究的起点有着特定的选择，必须从政策的平衡期开始研究，而且要求对平衡期和间断期有明确的划分；该理论擅长解释而不擅长预测。[40]学者们对这一理论适用范围特点的分析，却从另一个角度证明了这一理论在本研究中的适用性：首先，本研究是对美国高等教育政策的研究，与间断—平衡理论植根于相同的政治制度结构中；其次，本研究是对 20 世纪 50 年代末至 80 年代初的高等教育政策的研究，长达二十多年的时间，是从政策平衡期开始的研究；第三，本研究从根本上说是解释性的而非预测性的，目的是对美国高等教育发展史中一个重要政策变迁时期进行重新认识和解读，因此间断—平衡理论可以用于本研究。

（三）本研究中的基本理论问题分析

在前述理论的基础上，本研究结合自身研究问题以及相关研究成果，对间断—平衡理论和政策范式理论进行了整合和发展，在政策范式内涵、政策范式外显特征、政策范式分类、政策范式转型标志、政策范式转型原因和目

的等五个方面提出自己的看法，作为本研究的理论基础，为研究框架的构建提供依据。

1、政策范式内涵

经过对间断—平衡理论和政策范式理论的深入研究，结合政策科学的基本理论，本研究对政策范式的内涵有了更深刻的理解，彼得·霍尔将政策范式界定为一个由各种理念和标准组成的框架，本研究认为其中的理念部分与利益观有着密切联系，其中的标准部分是关于政策制定标准的思维模式，它们紧密联系、共同作用，对政策制定过程具有决定性的影响，因此决定了政策的具体形式。

（1）政策范式以利益观为核心

根据政策的基本理论和间断—平衡理论，本研究发现，政策本质上是对利益的选择、综合、分配与落实，在政策制定过程中，政策制定者需要对利益关系与矛盾进行分析，从而确定政策问题，并展开政策制定过程，在对政策问题分析的过程中，政策制定者的利益观发挥着作用。政策范式决定着对政策问题的分析，决定着政策制定的过程，也就是说价值观和政策范式同时作用于政策制定过程，对政策制定过程产生影响。价值观和政策范式都是深植于政策制定者头脑中的，利益观作为人的基本观念，时刻指导着人的行动，政策范式指导着政策制定者的政策制定，所以很难将价值观与政策范式严格的区分开来，实际上也是不能区分的，本研究认为政策范式中包含着各种理念，利益观必然是其中之一，即政策范式中包含着利益观，政策范式是以利益观为核心的理念与思维模式。

（2）政策范式中包含着关于政策制定标准的思维模式

彼得·霍尔指出政策范式的作用在于指明政策目标、工具类别和问题性质，霍尔所说的政策范式的作用实际上是政策范式对政策制定过程的规定性。政策制定过程是一个从界定政策问题、确定政策目标，到选择政策方案与政策工具的过程，由于思维模式的关系，政策制定者往往会采用相同的立场分析问题，采用类似的办法解决问题，这种思维模式也会体现在政策制定过程中。政策制定过程的第一步是界定政策问题，政策问题是来源于社会问题的，社会问题则是复杂的利益矛盾与冲突的反映，政策范式会影响政策制定者从什么立场出发去分析利益冲突、提取利益关系、确定利益主体，从而提取出政策问题；接下来是确定政策目标，由于思维模式的关系，在解决一类问题时，政策制定者往往会遵循同样的思路，在政策目标中会体现出相似的价值目标，而在选择政策方案与工具时，也往往采用同样类型的方法和手段，可以说政策范式对政策制定的过程从头到尾都发挥着影响，而且会使政策的各个部分之间呈现出较为固定的搭配，对于解决某类问题，会有固定的目标、方案与工具，这也就是一种对政策制定标准的思维模式。

2、政策范式外显特征

政策范式作为由各种理念和思维组成的框架，虽然较为固定但却是无形的，很难捕捉到，就如霍尔所说，"像亚原子粒子一样，理念在转变的时候不会留下太多的痕迹"[36]20，但并不表明政策范式是无法捕捉的，本研究认为政策范式可以通过政策范式的外显特征体现出来，而政策范式转型也表现为政策范式外显特征的改变。

（1）政策范式外显特征的提出

本研究根据库恩和霍尔的研究提出了政策范式外显特征。库恩是范式概念的提出者，在研究范式时，库恩将实验、装置、概念等要素作为判断科学革命是否发生范式性变革的依据，库恩认为，科学是一个不断发现问题、解决问题的事业，在不断解决问题的过程中，会逐渐地发展建构精巧的装置、发展出一套深奥的词汇和技巧、精炼的概念等等，还包括一系列的观察和试验，这些实验、装置、概念等本身就是科学范式的组成部分，又能够成功地将范式展现出来并让人们理解，从而成为引导人们接受该范式的模型。[84]60库恩将能够体现科学范式的实验、装置、概念等称为模型，作为科学范式的载体体现科学范式。

霍尔的研究借鉴了库恩的研究，虽然霍尔并没有提出政策范式外显特征的概念，但实际上霍尔是将这三个要素看做是政策范式的外显特征，作为政策范式外显特征来应用的，霍尔在研究英国宏观经济政策制定的过程中，将政策目标、政策方案和政策工具作为判断政策变迁的不同方式的依据，第一种变迁是在目标与政策工具不变的情况下，对政策方案进行的调整，第二种变迁是在目标不变的情况下，对政策方案与政策工具的调整，第三种变迁是政策目标、政策方案与工具的同时改变。霍尔将第一种变迁和第二种变迁看做是政策的常规变化，第三种变迁则是政策范式的转型。可见霍尔是将政策目标、政策方案和政策工具作为体现政策范式的政策范式外显特征。

霍尔并没有把政策问题作为判断政策变革的依据，本研究认为政策问题也是政策范式的载体，是政策范式外显特征的一部分。首先从政策范式的概念来说，霍尔提到政策范式指明它们需解决之问题的性质，不难理解，霍尔也认为政策范式对政策问题的思考与界定具有决定性作用，既然如此，政策问题也能够体现政策范式；其次从政策制定的过程来说，政策制定过程是一个建构政策问题、确定政策目标、选择政策方案与政策工具等前后相继的几个步骤，建构政策问题是政策制定的逻辑起点，是政策制定的第一步，找到正确的问题是政策成功与否的关键，对政策问题的分析将直接影响政策目标的确定，也将影响政策方案与工具的选择，可以说，政策目标、政策方案和政策工具都是为解决政策问题而制定的，所以说政策问题是政策范式外显特征不可缺少的一部分，政策问题、政策目标、政策方案和政策工具，共同构成政策范式外显特征。

（2）政策范式外显特征的作用

政策范式外显特征的作用在于体现政策范式，政策范式转型表现在政策范式外显特征的改变，即政策问题、政策目标、政策方案和政策工具的同时改变。所以可以将政策范式外显特征的改变作为判断政策范式转型的依据。

政策范式与政策范式外显特征之间是相互依存的关系，政策范式决定政策范式外显特征，而政策范式外显特征体现政策范式，这是因为政策范式决定着政策制定过程，在前文已经阐述，在此不做赘述。政策范式转型体现在政策范式外显特征的改变，根据间断—平衡理论，当社会上产生新的社会问题，将决策者的注意力吸引到新的社会问题上时，政策范式转型就要发生了，决策者需要对新的社会问题进行分析，重新界定问题，从中提取出政策问题，从而展开新的政策制定过程，所以政策范式转型开始于政策问题的改变。新的政策问题是完全不同于旧的政策问题的，所以要解决政策问题的制度——政策目标、政策方案、政策工具，都是为解决新的政策问题、根据新的政策问题而制定的，是完全不同于旧的政策制度的，所以当政策范式转型发生时，就会体现为政策范式外显特征的变化，而且是政策问题、政策目标、政策方案与政策工具的同时改变，其中有任何一部分没有改变都不能称之为政策范式转型。因此可以根据政策范式外显特征的改变情况，来判断是否发生政策范式转型。

3、政策范式分类：一元范式与多元范式

一元政策范式与多元政策范式简称为一元范式与多元范式，是本研究高等教育政策范式转型前后政策范式的两种类型。

从目前获得的资料来看，还没有学者明确地提出某种政策范式的分类或类型，但关于利益、权力的一元与多元的研究，给本研究极大的启发。结合美国联邦政府的高等教育政策实践，本研究将政策范式转型前的政策范式界定为一元政策范式，转型后的政策范式界定为多元政策范式。两者的特征与区别在于，一元范式所形成的利益格局是一元利益格局，多元范式所形成的利益格局是多元利益格局。

（1）"一元"与"多元"

"一元"与"多元"在关于利益与权力的研究中是常用概念，利益一元与利益多元、权力一元与权力多元，常常在研究中对比出现。"元"在哲学范畴里，被理解为世界本质的指代，一元是认可世界的本质或本原的唯一性，多元"是承认世界的本质或本原存在两个以上的实体"。[85]21 从这一本体论出发，利益一元与权力一元是指利益与权力的唯一性，利益多元与权力多元是指存在两种以上的利益或权力。

在政治研究领域，一元的权力是指政府权力，多元权力是指社会权力。在罗伯特·达尔的多元民主理论中，"多元"权力是相对于"一元"的国家权力而言的，达尔认为美国是一个多元民主社会，多元民主社会的重要特征是意见多元、利益多元、冲突多元与权力多元，其中权力多元是最重要的，"多元"权力是指权力社会分布的状态，在达尔的理论中，掌握权力的主体不是单一的国家和政府，而是分散在社会中的多元权力主体，即利益集团，它们之间形成相互独立又相互制衡的关系，防止政治权力的集中。[86]67,69 达尔的研究给予本研究的启示是，政府是一元的权力主体，社会上的其他主体构成多元主体。

在关于利益的研究中，"一元"与"多元"常用于利益主体、利益需求以及利益格局的比较，利益"一元"强调的是利益的一致性，利益"多元"强调的是利益的多样性、差异性。利益格局是利益的分配格局，是利益主体之间形成的具有一定利益关系和利益差别的社会利益体系，是一种相对稳定的、模式化的关系形态。[87]一元利益格局是指在利益格局中利益主体和利益需求都是一元的，多元利益格局是指格局中存在两个以上的利益主体和两种以上

的利益需求，利益主体之间的差别是明显的，其利益需求是多样的，他们之间形成了错综复杂的利益分配体系。本研究是对高等教育政策的研究，政策本质上是对利益的选择、综合、分配与落实，显然，高等教育政策是对利益主体进行利益分配的制度，那么其中的利益主体、利益需求，以及所形成的利益格局，是一种政策区别于另一种政策的特征，本研究认为，从这个角度去分析高等教育政策，提取出其中的利益主体、利益需求以及利益格局，对本研究政策范式的分类与界定是有益的。

（2）一元政策范式与多元政策范式

政策本质上是对利益的选择、综合与分配，政策是对利益主体进行利益分配的制度，是对利益主体利益需求的满足，政策的作用是形成与维持一定的利益分配格局。那么从利益格局的角度对政策范式界定，应该是最能体现政策范式特征的。

基于此，本研究分析了美国联邦政府高等教育政策范式转型前后政策的差异，通过比较政策范式的外显特征发现，政策范式转型前的高等教育政策呈现出对一元利益关系进行调整，对一元利益进行分配的格局，而转型后的高等教育政策呈现出对多元利益关系进行调整，对多元利益进行分配的格局。政策范式转型前，高等教育政策以解决国家安全和社会公平问题为目的，国家安全和社会公平关系着国家与社会的公共利益，高等教育政策所调节的利益关系始终是单一的利益，政策所形成的利益格局是一元利益格局。政策范式转型后，高等教育政策以解决高等教育供求矛盾为目的，高等教育供求矛盾是个人、社会与高等教育之间产生的矛盾，是多元的复杂的利益关系，高等教育政策同时对它们的利益关系进行调节，对其利益需求进行分配，政策形成的利益格局是多元利益格局。

根据利益格局的差别，本研究将转型前后的政策范式界定为一元政策范式和多元政策范式，一元政策范式强调对一元利益关系的调节，政策所形成的利益格局是一元利益格局，多元政策范式强调对多元利益关系的调节，政策所形成的利益格局是多元利益格局。

4、政策范式转型标志

在政策范式理论和间断—平衡理论中，都有对政策范式转型过程的描述，在政策范式转型过程中存在着几个重要的特征，即异常情况积累、政策形象转变、政策权威转移、政策试验与政策失败，这些特征的出现往往会推进政策范式转型的进程，本研究将这些特征提炼出来，提出了政策范式转型的标志，将之作为判断政策是否会发生政策范式转型的依据，也作为新的政策范式制度形成的依据。

（1）政策范式转型的过程

政策范式理论和间断—平衡理论分别从不同的角度对政策范式转型的过程进行了解释，霍尔将政策范式转型的过程归结为几个特征，"从一个范式到另一个范式的运动，它的特征往往包括异常情况的积累、政策新形式的试验，以及促成政策权威核心发生转移并引发对立范式之间更广泛竞争的政策失败"[36]9。本研究发现间断—平衡理论中的政策范式转型过程大致经历了："政策子系统垄断形成、政策形象改变、出现新的参与者、政策子系统垄断崩溃、政策问题提升到宏观决策系统、决策者注意力转移、政策问题重新界定、制定新的政策"等过程。参考库恩对科学范式的研究，本研究认为政策范式转型的过程大致经历了"范式的稳定阶段—异常情况的积累—政策新形式的试验与失败—政策形象改变与新的参与者出现—政策权威核心转移—新范式制度化"等阶段。

政策范式转型之前的较长时期，政策处于范式的稳定阶段，此时的政策系统也是稳定的，政策问题在子系统范围内得到解决，政策子系统处于垄断阶段。异常情况积累是政策范式转型的第一步，异常情况是指现有范式在子系统范围内无法解决的问题，这些问题的积累会导致社会矛盾与冲突的加剧，所以政策制定者不会任由问题的发展，他们会扩展现有的范式，采用新的方法，即进行政策试验来解决问题，无论政策试验成功与否，都会削弱现有范式的权威地位，试验失败会加速政策范式转型的过程。异常情况出现后，公众的政策形象会逐渐改变，公众对旧范式的支持态度逐渐转变为不支持甚至反对的态度，继而会支持新的范式来解决问题，向现有范式提出挑战。新范式的支持者会采取一定的行动，通过提出问题的新维度、扩大支持者范围的方式吸引决策者的注意力，如果他们成功的吸引了决策者的注意力，决策者会将新范式的支持者视为解决政策问题的权威，并重新界定政策问题、重新设置议程，进入新范式政策制定的程序。新的政策得以实施就是新范式的制度化，这意味着政策范式转型过程完结。

从政策范式转型的过程来看，异常情况积累、政策试验、政策形象改变、政策权威转移等特征，是转型过程中较为突出的特征，它们的每次出现都会推动政策范式转型的进一步发展，加速政策范式转型的过程，在政策范式转型过程中扮演着非常重要的角色，所以本研究将这些特征作为政策范式转型的标志提出。

（2）政策范式转型标志的作用

既然政策范式转型的标志推动着政策范式转型的发展，当政策系统出现这些标志时，就意味着将会发生政策范式转型，所以本研究认为政策范式转型标志可以看做是判断是否会发生政策范式转型的依据，而且还是新范式的政策制度形成的依据。

政策范式转型的过程是原有政策范式消亡，新的政策范式产生的过程，在这个过程中，异常情况积累、政策形象改变、政策权威转移、政策试验失败加速了原有政策范式消亡，也推动了新的政策范式产生，从新旧范式的视角来分析，这些标志发挥着承前启后的作用。异常情况是原有政策范式无法解决的问题，正因如此才需要新的政策范式来解决这些问题，异常情况也就是新出现的需要解决的问题；政策形象改变是公众对原有政策的态度由支持到反对的改变，公众态度的改变可能是由于受到社会主流价值观改变的影响，对原有政策范式中的价值观不再信服，所以对原有政策的态度发生改变，这些公众很可能会成为新范式的支持者，支持新范式的政策制度；政策权威转移是政策制定权威人物的改变，原本支持旧范式的政策制定者主导政策制定过程，而在政策系统的重大变革来临之前，支持新范式的政策制定者会取得主导地位，政策权威转移是新政策范式取得权威地位的步骤；政策试验失败是原政策范式解决新问题的失败，原政策范式不能有效的解决新出现的问题，会使自己的权威地位受到损害，同时也给新政策范式树立权威地位创造机会，对于新的政策范式而言，这是展现对问题的控制能力和解决能力的机会。当新政策范式的支持者展现出对问题的控制能力和解决能力，获得公众的支持，并取得政策制定的权威地位时，新的政策制定过程即将展开，新范式的政策制度也将颁布。

可见，如果对政策范式转型标志进行深入的分析，就可以揭示政策范式转型为什么会出现如此的变化，也就是说是什么原因、什么因素导致了政策范式转型，为什么会形成新的政策范式，新的政策范式会是什么样的政策范式，所以政策范式转型标志，既可以作为判断是否会发生政策范式转型的依据，也可以用来分析旧范式消亡的原因，还可以作为新范式的政策制定的依据。

5、政策范式转型原因与目的

政策范式转型原因与目的的探究，是对政策范式转型本质的揭示，政策本质上是对社会利益的分配，基于这一本质，结合间断—平衡理论，本研究发现，利益改变是政策范式转型的根本原因，政策范式转型的最终目的是调整利益格局。

（1）利益改变是政策范式转型的原因

"利益"一词在间断—平衡理论的阐述中时有出现，频率不高，但是仔细研究就会发现，利益一词的出现总是与政策子系统有关。在间断—平衡理论中，政策子系统扮演着重要的角色，政策子系统垄断的形成与崩溃，关系着政策系统能否发生重大的政策变革，"当政策子系统被单一的利益主导时，政策子系统可以被视为一种政策垄断"[39]130；"政策垄断的崩溃总是与利益强度的改变相联系。对某一特定问题本来没有表现出兴趣的公众、政治领导者……，由于各种原因加入了进来，这时政策垄断就会遭到破坏"[75]8。显然，政策子系统垄断的形成与崩溃，都与利益密切相关，当政策子系统对单一的利益进行分配时，这个系统就会形成垄断，而当有新的参与者想要加入利益分配系统时，政策子系统便不能维持单一利益分配，也就不能维持垄断。政策子系统垄断的崩溃，意味着政策系统将会发生政策范式转型，不难推论，利益强度的改变会引起政策范式转型，这是符合政策本质的，因为政策本质上就是对社会利益的分配，当利益改变时，自然需要调整政策重新分配利益，所以说，利益的改变是政策范式转型的根本原因。

（2）调整利益格局是政策范式转型的目的

政策范式转型的最终目的是调整利益格局。利益格局就是利益分配的格局，是"不同社会成员和群体之间，在利益分配和占有过程中形成的、相对稳定的模式化的关系形态"[87]，实际上任何政策都是在不同利益主体之间进行利益分配，当利益在主体之间的分配达到一定的平衡状态时，就形成稳定的利益格局，并在政策实施期间保持这一格局。

根据间断—平衡理论，政策范式变革源于利益的改变。政策子系统保持垄断时，由单一利益主导，从利益格局的角度来说，政策子系统维持对单一利益主体的利益分配，政策子系统将其他利益主体排除在外，使他们不能参与利益的分配，形成单一的利益格局，当政策子系统的垄断由于其他利益主体要求加入而面临崩溃时，实际上是其他利益主体想要加入利益分配系统获得利益，原本的单一利益格局无法满足新的利益分配要求，自然也需要被打破建立新的利益格局。从政策性质上来说，政策的形成过程，是各种利益主体把自己的利益需求输入到政策制定系统中，由政策制定者对复杂的利益关系进行调整的过程。[54]7所以当政策子系统的垄断崩溃，新的政策子系统建立时，就是将新的利益主体纳入政策系统，在新的利益分配模式下，形成新的利益格局，与一元利益格局不同，在新的利益格局中，不再是对单一的利益主体进行利益分配，而是有更多的利益主体和更加复杂多元的利益关系，达到新的利益平衡格局，本研究将之称为多元利益格局。所以，政策范式转型的最终目的是调整利益格局，通过新的政策达到新的利益分配平衡，形成新的利益格局。

利益格局调整只能通过政策范式转型完成，政策是以某种利益分配为目的的制度，在政策制定过程中，政策目标、方案与工具都是围绕实现某一利益分配制定的，所以会形成一定的利益格局，但是当利益需求改变时，要求加入新的利益主体，形成新的利益格局，就需要重新制定政策，政策问题、目标、方案以及工具，都需要围绕新的利益分配要求制定，才会最终形成新的利益格局。

（四）本研究的理论分析框架

基于前述研究，本研究搭建了理论分析框架，对美国联邦政府的高等教育政策范式转型进行研究。

1、纵向结构

本研究以政策范式外显特征为基础建构研究的纵向结构框架。政策范式外显特征是政策范式的外在体现形式，是研究政策范式的着手点，本研究以政策范式外显特征作为主要框架结构，将政策问题、政策目标、政策方案、政策工具作为四部分内容，在四章中顺序展开，通过分析政策问题、政策目标、政策方案与政策工具形成的原因与依据，探讨四个部分之间的联系，研究政策内部的相互关系与影响，从而探讨其中体现出的政策范式。

对政策范式外显特征的纵向联系分析，也是探讨如何制定政策的问题，政策制定是一个从界定政策问题、确定政策目标到选择政策方案与政策工具的顺序展开过程，它们之间是相互联系、相互制约的，界定政策问题是政策制定的第一步，对政策问题的界定与分析将决定政策目标的确定、方案与工具的选择；政策目标是解决政策问题的预期目标，它将影响政策方案的制定；政策方案是解决政策问题、实现政策目标的措施；政策工具是执行政策方案的工具，是达到解决问题、实现目标的途径，它们之间紧密联系、环环相扣，而且它们还共同受到政策范式的影响，正是由于政策范式的影响，使它们体现出一致的特征，即共同维持某种利益分配格局，这种特征反映着政策范式，本研究通过对政策范式外显特征内部联系的分析，探讨其中体现的政策范式。

2、横向结构

本研究将政策范式转型标志作为搭建横向结构的基础，政策范式转型标志是判断是否会发生政策范式转型的依据，它是旧范式消亡的原因，也是新范式政策制定的依据。本研究旨在比较政策范式转型前后政策的改变，讨论政策范式转型标志在旧范式消亡、新范式建立中的作用，即讨论政策外部因素对政策范式转型的影响。

本研究将政策范式转型的标志分解，分别在四章中讨论。

首先，将异常情况积累置于政策问题一章讨论，异常情况的出现是政策范式转型的第一步，它促使政策问题发生改变。异常情况是新出现的社会问题，是原有的政策范式无法解决，需要新的政策范式来解决的问题，是新政策范式政策问题的来源，对异常情况的研究主要是比较新旧政策问题所反映出的不同利益矛盾，从而说明为什么旧范式无法解决新的社会问题，新的范式解决的政策问题反映着怎样的利益矛盾。

其次，将政策形象改变放在政策目标一章中讨论，政策形象改变是由社会主流价值观的新变化引起的，支持新的社会主流价值观的公众会成为新范式的支持者，或者可以说新政策范式的价值与社会主流价值观具有一致性，而政策范式外显特征中，政策目标集中体现着政策制定者的价值观，所以放在这一章中讨论，主要讨论社会主流价值观的新变化及产生的原因，以及新旧政策范式所体现出的价值观。

第三，政策权威转移将在政策方案一章中讨论，政策权威是政策制定的权威，是支持新范式的政策制定者，他们在新的问题出现后对问题重新界定，展现对问题解决的能力，从而成为解决问题的权威，并主导新的政策制度的制定过程，政策权威转移甚至先于政策范式转型发生，其权威地位是在与旧范式的支持者展开的争论中逐渐取得的，因此将政策权威放在政策方案一章中讨论，制定政策方案正是政策制定者之间的较量与博弈，主要讨论的是政策权威制定者所持的价值观及其主张的政策方案是否有利于政策目标的实现。

最后，在政策工具一章中讨论政策试验失败，政策试验是用旧范式解决新问题的试验，如果试验成功会使旧范式维持一段时间，如果失败会加速政策范式转型。政策工具是政策执行的工具，是与政策实施效果联系最为密切的部分，因此在政策工具一章讨论政策试验失败，主要讨论政策试验与其失败的原因，以及实验失败对政策范式转型产生的影响。

通过对政策范式转型的纵向与横向分析后，本研究在最后部分阐述研究结论，即对政策范式转型的原因与目的进行分析。利益改变是政策范式转型的根本原因，正是由于利益的改变才使得旧范式无法解决新出现的社会问题，利益的改变也影响着社会主流价值观的改变，才引起了政策范式转型的一系列改变；政策问题是利益矛盾的表现，政策目标、政策方案和政策工具共同构成的政策制度，共同维持着某种利益分配格局，可以说，利益格局是政策范式最为充分的体现，在这一章中本研究通过对政策制度的分析，揭示政策范式转型前后的利益格局，分析利益格局的构成——利益主体、利益关系及利益分配，并讨论导致利益格局改变的原因——利益如何改变、为何改变。

3、框架结构图

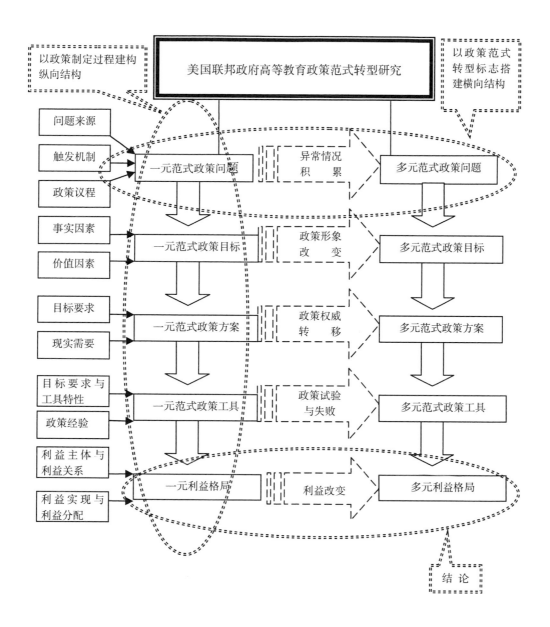

图1：高等教育政策范式转型研究框架结构

三、政策问题：从国家问题到高等教育问题

　　政策问题的改变是政策范式转型的表现之一。政策问题的界定是政策制定过程的第一步，当政策范式转型发生时，首先发生改变的必然是政策问题。政策问题的改变是由异常情况累积引起的，所谓异常情况是社会上出现的新问题，是旧的政策范式无法解决的、需要新的政策范式来解决的问题，它反映着与以往不同的利益冲突与矛盾。因此，对政策问题研究的重点就在于揭示利益冲突与矛盾，并通过对矛盾的分析来理解政策范式，理解怎样从社会问题中提取出政策问题，以及政策问题与利益分配之间的关系等，从而分析政策制定者思考、分析问题时所持的立场和观点。

　　对政策问题的研究可以通过对政策问题的来源、政策议程以及触发机制进行研究。政策问题来源于社会问题，问题是利益冲突与矛盾的外在表现，当人们产生某些利益需求或者自身的利益受到侵害时，就会采取一定的行动保障自身的利益，这些行动往往会导致利益的冲突与矛盾，从而表现为各种各样的社会问题。社会问题有很多，并不是所有的社会问题都能够成为政府所关注和要解决的问题，只有政府认为有必要采取行动加以解决的社会问题才能成为政策问题。社会问题上升为政策问题的途径就是政策议程，一般来说政策议程有两种：一种是政府议程，是由政府直接将问题提上议程的方式；另一种是公众议程，是社会公众注意到某个社会问题，他们向政府部门提出政策诉求，要求采取措施加以解决的一种方式。[54]106,113 政策议程其实就是利益主体表达利益需求的一个过程，可以认为，政府议程是政府基于国家与社

会的公共利益而将某些问题提升为政策问题加以解决的途径，公众议程则是社会中的各群体从自身的利益需求出发而要求政府采取措施、解决某些问题的途径。触发机制是政策颁布之前的一些危机事件，如政治领导、危机事件、抗议活动、媒体曝光等，起到的作用是加速政策议程。在美国，总统和国会议员等政治领导者出于某种政治考虑或者对公众利益的关切，他们会密切关注一些问题并提出解决方案；当社会上发生自然灾害、经济危机、环境变化等危机情况时，人们很容易受此影响，将一些事情与危机事件联系起来，推进政策议程；民众的抗议活动、暴力事件、媒体对某些问题的大量报道等，都会使这些问题迅速提升为政策问题。[54]113 对触发机制进行研究的目的在于准确把握利益关系。

综上所述，要想对政策问题进行深入研究，就要充分考察社会问题及其议程，结合触发机制，准确掌握政策问题反映的利益矛盾，把握政策问题的利益关系。本章将对联邦政府高等教育政策问题的改变进行分析，对一元范式与多元范式政策问题的来源、政策议程、触发机制进行研究，揭示一元范式政策问题与多元范式政策问题的利益冲突，从新旧范式政策问题的比较中展现新旧政策范式的差别。

（一）一元范式的政策问题及其形成过程

1、一元范式的政策问题：国家安全与社会公平

20世纪50年代末到60年代末的高等教育政策是一元范式高等教育政策，这一时期的政策主要解决两个问题：一个是国家安全问题，一个是社会公平问题。这两个问题是相继出现的，50年代末至60年代初以解决国家安全问题为主，六十年代中期开始以解决社会公平问题为主。这两个问题都是由美国总统提出的，是国防安全计划和伟大社会计划要解决的问题，虽然两位总统处理与解决的问题不同，但都是国家层面的问题，两个问题反映的都是公共利益的矛盾。

（1）《国防教育法》明确提出国家安全问题

《国防教育法》是美国联邦政府将国家安全作为政策问题提出的第一部立法，1957年苏联卫星事件使美国公众感到美国的国防安全出现危机，这种危机推动法案的迅速出台，法案本身以"国防"命名，凸显出国家安全问题的重要性。

保障国家安全是该法案颁布的核心目的，法案开篇就明确提出"为了加强国防，鼓励和帮助教育计划的扩大和提高，以满足国家当前紧急的需要"，在法案的总则和条款中也多次提及国防与国家安全，如"为了国家安全，要求最大限度地发展青年男女的智慧和技术"，"我国的防卫取决于掌握具有复杂科学原理的现代技术"，"国家利益要求联邦政府资助那些对于我国国防具有重要意义的教育计划"，"这部立法的目的就是给予个人和各州及其下属机构提供各种形式的帮助，以保证培养足够数量与质量的人力，来满足美国国家防卫的需要"等等。从这些对法案目的的阐述中不难发现，法案的内容与国防密切相关，无论是青年男女的智慧和技术、复杂科学原理的现代技术，还是联邦政府的教育计划与提供的帮助，都是以保障国家安全为主旨的，教育计划的颁布与实施以满足国家安全的需要为目的这一点非常明确且不容置疑，国防安全问题也正是政策要解决的问题。

1963 年《高等教育设施法》颁布时，美国的国防危机已经逐渐平息，高等教育政策的国防安全色彩也淡了许多，但保证国防安全的需要仍然是该法案颁布的目的之一，在法案的声明中写到："美国的安全和社会福利要求，确保当代和未来数代美国青年的智力能力获得充分发展的机会"，该声明清楚地表达了法案的目的，即保障美国的国防安全与社会福利，可见《高等教育设施法》仍然以国家安全为政策问题。

（2）《高等教育法》明确提出高等教育是实现社会公平的手段

60 年代初，国防安全的危机逐渐过去，社会公平的目标出现，从 1965 年《高等教育法》开始，美国联邦政府高等教育政策问题已经转变为社会公平问题，虽然在高等教育政策文本中并没有十分明确的提出这一问题，但其中的一些条款是专门为此制定的，比如《高等教育法》第一章社区服务和继续教育项目，法案阐述到，"目的是帮助美国人民解决社会问题，如住房、贫困、管理、娱乐、就业、青年机会、交通、健康、土地使用……"，解决这些问题是实现社会公平的需要，这不仅仅是高等教育政策的目的，更是 60 年代美国联邦政府所有政策的核心目的。

一元范式高等教育政策是在约翰逊总统推行伟大社会计划的背景下颁布的。60 年代初，约翰逊总统提出自己的施政纲领——伟大社会计划，目的是实现社会公平的伟大目标。约翰逊伟大社会计划的第一步是解决贫困问题，在 20 世纪 60 年代，贫困问题是美国极为严重的社会问题，对于贫困问题产生的原因，被美国公众普遍接受的是贫困群体的经济机会和教育机会不平等。为解决贫困问题，约翰逊开始着手从提供平等经济机会和教育机会两个方面解决问题。约翰逊总统本来就十分重视教育，他在公开发表讲话时表示，"我们国家所有问题的答案、世界所有问题的答案，都可以归结为教育"，"教育是我个人最主要的关注点，是我们这届政府的核心目标，也是我们伟大社会希望的核心所在"[88]44，可见约翰逊对教育寄予了非常大的期望。教育是解决贫困问题最有力的武器，教育培训是提高人力资本水平的途径，人力资本水平的提高有利于贫困群体获得经济机会，因此约翰逊将教育作为解决贫困问题的抓手，推行高等教育政策，希望通过提供平等的教育机会解决贫困问题。

1965年约翰逊颁布《高等教育法》，提出教育机会平等的政策目标，意在通过提供平等的高等教育机会，使人们获得平等的经济机会，从而摆脱贫困，实现社会公平的伟大目标。在此之后，联邦政府对《高等教育法》进行多次修订，但其目标和目的没有改变，均是以高等教育入学机会平等为目标，其最终目的依然是实现社会公平。所以说60年代的一元范式高等教育政策是以社会公平问题为政策问题。

2、国家安全问题的形成过程

1958年《国防教育法》是在苏联卫星事件后迅速颁布的，所以苏联卫星事件一般被看做是将国家安全问题提上政策议程的主要原因，但实际上并非如此，联邦政府在此前已有干预教育的打算，"很多人认为没有苏联卫星和民权运动，政府就不能提出教育的法案，但历史文件证明这种说法是错误的，联邦政府已经有了对教育干预的打算，而且计划正在制定中"[89]200,204。通过联邦政府《国防教育法》颁布之前的立法过程，以及艾森豪威尔总统的立法行动来看，确实如此。苏联卫星事件只是作为触发机制加速了政策议程，真正将国家安全问题提上政策议程的，是艾森豪威尔总统的国防安全计划。

（1）艾森豪威尔的国防计划推行受阻

1）国防安全"新面貌"战略的提出

艾森豪威尔总统国防安全计划是在美苏两国冷战的背景下提出的，当时两国正处于争夺政治、经济、军事的霸权地位，两国的军备竞赛越演越烈，已经扩展到空间技术的层面，双方的军事实力大增，但同时国家安全也遭受着前所未有的威胁。

1953 年 1 月，艾森豪威尔就任美国总统，在就职演说中艾森豪威尔强调，"要从根本上维护美国的利益，不能损害美国的价值观和经济基础，要以最小的代价，尽可能最大限度地遏制苏联，确保美国的安全利益"[90]。同年 10 月，艾森豪威尔批准了关于美国国家安全基本政策文件——"新面貌"战略，该战略充分体现了艾森豪威尔在就职演讲中提及的国家安全理念，即以最小的代价达到最大遏制效果的目的。

2）艾森豪威尔重视教育与人才培养

艾森豪威尔希望加强美国的国防军事力量，但并不希望通过支付高额的武器研究费用来实现，在艾森豪威尔看来，发展空间技术本身是一个科学问题，与教育密切相关，而且国防力量的增强最终要依赖科技人才，教育正好是一个既能提高美国军事力量，又能削减军费研究开支的有效途径，所以艾森豪威尔期望通过教育改革来加强国防力量，尤其是加强国防科技人才的培养。

艾森豪威尔重视国防科技人才的培养是由于了解到苏联的人才培养情况和美国与之的差距。艾森豪威尔就任后获得了大量关于苏联科学教育的调查和报告，这些调查与报告均认为美国在教育方面已经不存在优势了，苏联在科学教育方面已经赶超美国。

1953 年艾森豪威尔收到美国中央情报局关于苏联教育与科学培训情况评估的报告，报告称"苏联正在培养一大批科学家和技术人员，人才的规模、质量和方法都有所改进和增长，完全可以和美国相匹敌"，报告认为苏联在人才的培养方面已经可以与美国比肩了，这是因为"苏联的中学一直重视科学课程，这和美国中学中的情形完全不一样"。[91]291 显然，中央情报局认为苏联更加尊重科学，更加重视教育，对科技人才的培养从小抓起，才使苏联的人才培养赶超了美国。美国与之相比则不太重视人才的培养，美国的课程中科学教育的内容并不突出，教育的目标也不清晰，不利于培养科技人才。1956 年 MIT 发布了一份教育报告，该报告与以往的对苏联的调查结论有着相似之处，即苏联在教育方面优于美国，报告中写道："苏联的科学和技术教育预示着苏联在培养杰出的科学家和工程师方面比美国更加出色"，"美国应该质问一下，是不是美国在科学技术上真正的领先于苏联"。[91]278

接二连三的报告显示美国在教育方面的落后，是美国国防科技人才培养的瓶颈，如果美国想要在与苏联的竞争中保持优势，在两国的竞争中胜出，必须重视科技人才的培养，必须在教育方面采取行动。艾森豪威尔坚定了通过教育政策加强国家安全的决心，并开始采取行动。

3）教育政策推行受阻

1954 年 1 月，艾森豪威尔在国情咨文中，向国会传达了自己的意图，"国家的防务必须依靠训练有素的人力和对这种人力的最经济、最机动的利用" [92]177，同年 4 月，艾森豪威尔召开内阁会议，讨论关于国防科技人才培养的问题，在会议上，科学顾问们的态度非常明确，他们认为美国应该加强科学教育——"美国应该在科学教育方面胜过苏联" [91]291。1955 年，艾森豪威尔开始推动国防科技人才培养和相关的教育政策制定，但在国内的重重阻力下未能成功。

艾森豪尔威尔曾经提出派遣一万五千名美国大学生去苏联学习，以促进两国在科学方面的交流，但国务卿杜勒斯并不支持总统的建议，最终导致计划取消[93]201；1955 年艾森豪威尔提出要通过资助法案促进地方重视高等学校的建设，然而国会并没有对这项建议采取任何的行动。1956 年艾森豪威尔任命总统高等教育委员会，要求委员会对公立高等教育问题进行调查与思考，针对美国高等学校的状况，委员会提出增加大学教师、提供奖学金和贷款、鼓励大学入学的政策建议。[94]167,168艾森豪威尔非常重视委员会的调查结果与政策建议，1957 年初，在递交给国会的教育咨文中，他提出四年内赠予各州十三亿美元用于大学校舍建筑建设的方案，目的是推动各州对高等教育的支持。然而艾森豪威尔的建议立刻遭到各方的攻击，各州的议员和公众舆论都反对联邦政府插手高等教育，艾森豪威尔的计划只得暂时搁浅。[95]157

（2）苏联卫星事件的触发作用

1）苏联卫星事件的发生

就在艾森豪威尔的政策计划频频落空之际，苏联人造地球卫星发射成功，卫星事件引起了美国社会对国防安全问题的重视，美国公众开始担心国家安全问题并将国防的落后归结为教育的落后，公众舆论纷纷要求联邦政府采取行动，尽快实施教育改革，担负起保卫国家安全的责任。苏联卫星事件成为促进国家安全问题上升到政策议程的触发机制，给艾森豪威尔推行教育政策带来了转机。

1957 年 10 月 4 日，苏联成功地发射了第一颗人造地球卫星，当这个消息传到美国时，给美国带来前所未有的震动。"苏联人造地球卫星在距离地球约五百六十英里的轨道上，以每小时将近一万八千英里的速度围绕地球运行……"[95]230,231，苏联通讯社这样向世界播发了详情，然而美国国内媒体对此却进行了大肆的歪曲报道，夸大事实，评论过激，媒体还将苏联数周之前成功发射洲际导弹的消息与卫星事件联系起来，报道称"苏联人已经有足够的实力，能够把导弹发射到世界的任何一个角落"。

当时美国国内的报纸、杂志、电视等媒体是人们获知信息的唯一途径，不明真相的美国民众对夸大失实的报道信以为真，洲际导弹和卫星的存在犹如安置了一颗定时炸弹，人们开始担心自己的安全受到威胁，整个美国的安全受到威胁，甚至认为美国的防务已经崩溃。这种情绪在美国社会蔓延，艾森豪威尔总统在回忆录中写到："连同街上的群众都异口同声地说，不能再把苏联看作是落后的了，卫星是两国的科学竞争中打败美国的证据"。[95]230,231显然，美国公众认为美国在与苏联的竞争中败下阵来，苏联卫星就是苏联胜利的标志。

苏联卫星发射成功让美国联邦政府的议员和政客们大吃一惊，很多政客将此事比作是"又一次珍珠港事件"[95]230，卫星事件给美国公众也带来极大的打击，对国防失去信心，紧张的情绪在社会蔓延。一些媒体评论深刻的反映出卫星事件带给美国的影响。波特兰《俄勒冈人》报评论说："让苏联卫星在空中盯着我们，这实在太可怕了"；《时代周刊》对美国人的情绪描述得更为精准，"美国一向为自己科学技术上的能力和进步感到自豪，可现在不管做出多少合理的解释，由于一颗红色的月亮使美国人黯然失色，终于突然间在全国出现了强烈的沮丧情绪。[96]1108-1109"

2）教育落后被看做是国防落后的原因

在恐慌之后，美国人开始思考国防事业落后的原因，社会舆论将原因归结为教育的落后，人们认为美国的教育制度可能存在缺陷，当时占据主流地位的进步主义教育思潮受到严重的抨击，要求教育改革的呼声不断出现。

阿肯色州的参议员富布赖特在卫星事件后抨击了国家的教育制度和政府的作为，他说："我们所面临的现实挑战已经涉及到我国社会的根本，涉及到我国的教育制度，这是我们的知识和文化价值的来源，在这方面政府的学术复兴计划目光短浅，令人不安"。[96]1108,1112

很多著名的人士表达了教育改革的愿望，石油大王洛克菲勒认为教育不仅仅是教育领域的问题，教育关系着更大范围与领域的问题，关系着国家与社会的命运，他批评美国教育"不能再这样欺骗人民了，教育不能放心地交给所谓专业的教育者了"，呼吁应该有更多的人参与到教育当中。美国著名作家威廉·曼彻斯特也将矛头对准教育，他说："国民教育是另一个明显的攻击目标，实际上教育的确应负不少责任"。[96]1108,1112 当时哈佛大学的校长科南特表示出坚决进行教育改革的决心，以使教育能够应对苏联卫星带给美国国防领域的冲击。美国公众教育改革的要求呼之欲出。

（3）国家安全问题的确立

1）艾森豪威尔决定利用国防危机

在全国上下一致要求教育改革的呼声中，美国联邦政府开始采取行动，第85届国会议员在不到一年的时间里，提交了约1 500份关系教育问题的议案[97]155。艾森豪威尔决定利用这个机会，他一边引导社会舆论，强化公众对教育改革的要求，一边着手准备政策制定。

与美国公众和政客们的反应不同，艾森豪威尔对苏联成功发射卫星并没有感到震惊，他觉得苏联卫星并没有威胁到美国的国防安全，真正的教育危机也不存在，反而是"美国公众和政客们的反应过于歇斯底里"[95]236-238，但他认识到，这是一个绝佳的机会，是推动教育政策颁布的机会，"将国防安全危机和教育危机联系起来，可以在很大程度上获得公众对联邦支持教育的认同，减少在国会中通过的阻力"[9]23。

出于周全的考虑，艾森豪威尔特意召开会议，就国防安全的问题询问了国家科学基金会的科学家们，科学家们的观点与艾森豪威尔一致，从国家安全的角度来说，美国并没有受到这颗卫星的威胁，当下最需要解决的是消除美国社会的恐慌、推动科学的发展。从目前情况看，苏联对科学的重视程度远远高于美国，科学顾问兰德博士说到，"苏联人最值得美国学习的就是对待科学的态度，美国现在正专心于拼命生产商品，而苏联人正相反，他们处于一种先驱者的思想状态，他们把科学既看作是一种重要的工具，又是一种生活方式，科学研究在苏联几乎普遍地被认为既是一种享受，又是为了增强国家的实力"[95]236-238。兰德博士建议总统加强对青年人的科学教育，他认为如果美国设法鼓励年轻人去追求多种多样的科学冒险，整个国家将会有极大的收获。

科学家们的建议正合艾森豪威尔之意，艾森豪威尔表示，将尽一切可能来激起美国青年对科学的热情，艾森豪威尔认为当下就是一个机遇，他说："如今人们感到了恐慌，并且开始考虑科学与教育的问题了，这种反作用也许会产生好效果"[95]236-238，总统的意思是可以利用公众的恐慌情绪，推动教育政策的制定与颁布。科学家们也非常赞同总统的想法，他们表示"危机"本身并非危机，尽管被过分的放大了，但可以达到联邦权力扩大到教育领域的目的，这确实是一个好机会。[98]

2）艾森豪威尔成功推动政策议程

艾森豪威尔总统开始有意的将卫星事件与教育相联系，引导公众舆论，为推动教育政策制定进行铺垫。艾森豪威尔多次在公开的演说中指责教育的不利，表达对教育改革的期望。在俄克拉荷马州的一次讲话中，艾森豪威尔说到："我认为很多人忽视了这一点，那就是几乎每个人都有科学和工程师的天赋，如果我们尽早开始学校教育……如果教师们能让孩子们真正感受到从事科学的乐趣，即使不能每个人都成为科学家和工程师，但也将体验成长过程中的科学魅力"。[99]147-148 艾森豪威尔言外之意是只要美国加强教育，从小抓起，培养孩子们的科学素养，就能够转危为安、转败为胜。

美国社会舆论正如总统的预期方向发展，有研究者调查发现，当时的美国对联邦政府通过教育改革，保障国家安全的支持程度非常高，"70%-80%的美国人都支持联邦政府在国家安全方面所做出的努力"[100]，支持联邦教育政策的舆论逐渐成为社会主流。

艾森豪威尔也开始采取行动，接连递交咨文催促国会。在 1958 年 1 月 9日，艾森豪威尔递交了一份咨文，提出制定教育政策的要求，他提出要在接下来四年的时间里，投资十亿美元用于鼓励提供教学质量和增加学生就业机会，以便为国家安全服务。[19]51 也许是社会舆论的作用，国会并没有像以往一样拒绝总统的建议，而是很快接受了总统的咨文并开始着手准备政策制定。艾森豪威尔趁热打铁，在 27 日又提交了一份教育特别咨文，在咨文中他强调"现存教育中的不平衡导致了科学、技术、数学和外语方面人力资源的缺乏，这些对于国防来说都是很重要的"[101]60，基于此艾森豪威尔提出了教育政策的提案，这份提案在国会里得到绝大多数议员的支持，国会召开听证会、着手教育的立法程序，由此联邦政府将国家安全问题提上政策议程。

3、社会公平问题的形成过程

与国家安全问题被提出的过程很相似，社会公平问题也是在民权运动之后得到重视被提上政策议程的，当然民权运动也只是触发机制。早在60年代初，美国民众还未完全从国家安全危机的情绪中走出来，但歧视、失业与贫困等社会问题已经初现端倪，肯尼迪作为政治领导者，对社会问题有敏锐的洞察力，在矛盾还没有激化之前就对此有所察觉，提出了解决美国社会民权、贫困、教育等问题的一揽子计划——"新边疆"计划，将社会公平问题推上了美国的政治舞台，约翰逊总统继任后，继承了肯尼迪总统的政治理念，提出"伟大社会"计划，依然致力于实现社会公平的伟大目标。民权运动发生后，引起了美国国会与民众对民权问题等社会不公平问题的重视，加快了社会公平提上政策议程的速度。

（1）肯尼迪的"新边疆"计划与立法的失败

1）肯尼迪的施政纲领与政治主张

"新边疆"计划是肯尼迪总统的施政纲领，作为总统候选人时，肯尼迪就意识到，美国正处于一个机遇与危机并存的时期，"我们今天正站在新边疆的边缘……一个具有尚未为人所知的机会和危险的边疆"，"在边疆的另一侧是未经探索的科学和空间领域、未解决的和平与战争问题、未征服的无知和偏见地带、未解答的贫困和过剩问题"。[102]这是肯尼迪基于美国国际国内环境分析而来的，是美国的真实写照，当时的美国还处于与苏联的竞争中，在科学技术和空间领域的竞争还未取得胜利，而美国国内的歧视、贫困等诸多问题还没有解决。肯尼迪主张政府应当在反贫困、民权、教育和经济发展方面承担起更多的责任，肯尼迪呼吁美国联邦政府履行国家责任、采取行动，给黑人等群体以平等的权利。[103]因此提出了"新边疆"的施政纲领，旨在继续加强国防力量的同时，致力于国内经济发展、人才培养、解决民权问题与贫困问题。[19]92具体措施包括：通过减税等手段刺激经济增长；废除种族隔离制度，提出《民权法案》；颁布《人力开发和训练法》，培训失业工人；制定"阿波罗登月计划"，加强国防力量，促进科研发展等政策。[104]

教育政策是肯尼迪新边疆计划的重要组成部分，肯尼迪对于通过教育解决社会问题有着坚定的信念，他认为在美国面临的机遇与危机面前，教育是帮助国家渡过危机、迎接机遇的关键，"自由社会依赖于强有力的大学，以及其多样化的研究和探索……国家求助于高校，获得受过良好培训的科技人才、专业领域的人力资源，通过研究获得新的发展，以及咨询公共事务等"[94]175-176。肯尼迪在很多正式的场合明确表示对教育的支持，在美国历史上，总统明确表达对教育的支持是较为少见的，因为总统对教育的支持历来不受欢迎，对自身的政治生涯也是无益，肯尼迪深知这一点，"自己对教育资助的偏好对于总统来说并不是一个受欢迎的立场"[105]22。肯尼迪不仅仅把对教育的重视体现在政治理念中，更体现在他努力推进教育立法的行动上。

2）肯尼迪推进立法进程失败

肯尼迪总统"新边疆"计划的推进并不顺利，在教育政策推行上遭遇巨大的阻力。1961年2月肯尼迪刚刚上任就提出了"公立学校法案"，为了避免来自私立学校和教会学校自主办学传统对政策的抗拒和干扰，肯尼迪特意将私立学校和教会学校排除在资助范围内，而仅仅提出了对公立学校的资助方案，然而教育立法还是遭到了宗教界的反对，宗教界抗议说这是"公然的歧视"。[19]67第二年，肯尼迪再次提出给美国的教育系统提供资助的想法，他在提案中说到："新的科学和空间时代，高质量的教育为国家目标和力量赋予了新的意义，联邦适当的职责是鉴别国家教育目标，帮助地方和州政府以及私人机构建立通向这些目标的必要道路"[94]175-176。肯尼迪的这段话表明两点，一是表明教育政策的重要性：教育与国家公共利益密切相关，二是申明联邦资助的立场：联邦政府并不打算干预地方和各州以及私人对教育的管理权。肯尼迪希望通过表明教育政策的重要性和联邦政府的立场，消除各州的顾虑获得各州的支持，然而提案仍然没有获得通过。1963年，肯尼迪又一次向国会提交了教育立法建议，该建议是一项综合的"1963年国家教育促进法"，他希望联邦政府以贷款的形式，四年内每年拨款15亿美元，用于资助教师、学生和学校建筑。[19]68令人欣慰的是，国会对此提案并没有直接否决，而是提出了可行性建议和修改，肯尼迪的教育立法努力看到了一点点的希望，但就在此时，肯尼迪总统遭遇了暗杀。

肯尼迪教育立法历程不断受挫，与他个人性格有关，他本人与国会、内阁缺乏有效沟通，是立法失败不可忽视的因素，更是由于当时整个社会的观念，对于当时的美国来说，肯尼迪的教育立法没有足够的理由获得通过。

（2）约翰逊提出"伟大社会"计划

1）伟大社会与反贫困之战

肯尼迪总统被暗杀后，约翰逊副总统继任，他曾是肯尼迪总统的得力助手，也是肯尼迪未竟事业的继承者，约翰逊在继承肯尼迪政治遗产的基础上，提出自己的政治蓝图——"伟大社会"计划，这一计划明确地提出实现社会公平的目标，社会公平问题成为联邦政府未来一段时间致力解决的问题。

约翰逊心中的伟大社会是一个理想的社会，是一个超越物质世界的文明社会，在这个社会中每个人都有平等的权利和平等的机会，每个人都能分享进步与繁荣，每个人都能过上美好生活。[106]91 伟大社会计划的目标是解决由于社会不公平引起的种种社会问题，几乎涵盖了社会生活的方方面面，包括"为黑人争取民权、为老年人提供医疗保险、为年轻人提供教育援助、增加最低工资、为无家可归者提供住房、向贫困宣战、美化环境"[107]15 等等。

"向贫困宣战"是约翰逊在1964年发动的首场战役。20世纪60年代美国社会的贫困问题是实现社会公平的最大障碍，虽然美国的贫困问题自建国以来就存在，但一直被看做是个人的问题而非社会问题，直到20世纪30年代的经济大萧条加剧了美国社会的贫困，当时"三分之一的美国人都处于贫困中"[108]，贫困问题才得到美国联邦政府的重视。1935年，罗斯福总统通过了《社会安全法》，设置了针对穷人的公共援助项目，才使救助贫困者的责任由个人与民间团体、地方政府转向了联邦政府。[109] 20世纪五六十年代，关于贫困产生原因的社会结构论和经济论在美国社会产生了较大影响，该理论认为贫困的直接原因是不平等的机会，包括经济机会、教育机会、政治权利以及种族性别的不平等，贫困群体由于缺乏经济资源，阻碍了个人人力资本的发展，个人缺乏日益复杂的经济所需的知识与技能，进而降低了该群体找到好工作的能力。[110]这种理论对联邦政府解决贫困问题产生了极大的影响，约翰逊政府开始从机会平等和人力资本两个方面着手，全力解决贫困问题。

2）教育是解决贫困问题的有力武器

约翰逊对教育的偏好，与肯尼迪相比有过之而无不及，教育政策是伟大社会计划的核心所在，"我们国家所有问题的答案、世界所有问题的答案，都可以归结为——教育"，"教育是我个人最主要的关注点，是我们这届政府的核心目标，也是我们伟大社会希望的核心所在"。[88]44

约翰逊更是将教育作为解决贫困问题的武器。约翰逊认为教育不足是导致贫困的主要根源，"失去工作是导致贫困的原因，但这仅是表象，失败的根源……在于教育与训练的缺少"，因此他强调教育在解决贫困问题中的作用，提出"我们斗争的主要武器就是学校"的观点。[107]24 在"向贫困宣战"的特别咨文中，他提出实施人力训练、职业训练的法案，希望通过为每个人提供接受教育和训练的方式，为其提供社会机会来消除贫困；在《经济机会法》这一重要法案中，就业培训项目是最重要的内容，他旨在为人们提供职业培训，来"攻击美国贫困的根源"[111]。可见，教育被总统当作解决贫困问题、失业问题、歧视问题等社会不公平问题的良药。

（3）黑人民权运动的触发作用

1）民权运动的发生与发展

60 年代初，当肯尼迪总统为推行新边疆计划而不懈努力时，民权运动开始在美国全国范围内爆发，民权运动的爆发标志着争取权利的平等不仅是美国政治领导者的目标，也成为普通民众的愿望，"不仅美国的公共力量，就连个人都在努力为提高这些群体的生活机遇而努力"[88]137，很多白人群众也参与到民权运动中，为争取实现黑人民族权利的平等而努力。他们也是在用自己的行动，要求联邦政府采取行动来实现社会公平。

民权运动最早可以追溯到 20 世纪 50 年代蒙哥马利市的抵制公共汽车运动，1955 年 12 月，亚拉巴马州蒙哥马利市的黑人帕克斯夫人，因在公共汽车上拒绝给白人让座被捕入狱，黑人牧师小马丁·路德·金领导全城的五万黑人，开始了抵制公共汽车运动，经过一年时间的斗争迫使汽车公司取消了种族隔离制度，黑人的斗争取得了初步胜利。之后民权运动在美国遍地开花，该运动以消灭种族隔离和种族歧视、争取黑人平等权利为目标，以非暴力的抗议示威活动为手段，明确的目标和温和的手段，得到了全国大部分黑人和部分白人的支持，发展成为一场广泛而旷日持久的群众运动。

进入 60 年代，民权运动的声势更加浩大，仅 1960 年一年，黑人采取静坐示威的方式，迫使全国 20 多个州、200 多个城市的餐馆取消了种族隔离制度。[107]8 1961 年 5 月，美国种族平等大会、大学生非暴力协调委员会和南部基督教领袖会议等民权组织，派出由黑人和白人组成的几个小组，自称"自由乘客"，乘坐自备的公共汽车深入美国南部，向沿途实行种族隔离的车站设施挑战，这种挑衅的方式激怒了种族主义者，自由乘客遭到种族主义暴徒的殴打，当时的肯尼迪政府虽然派出执法官前往保护，但并未能阻止此事的发酵；1963年4月，小马丁·路德·金在伯明翰发动了大规模的游行、请愿和静坐示威活动，遭到伯明翰警察当局的粗暴镇压，黑人群众与警察发生冲突。[103]6月10日，单维尔城发起民权示威活动，反对该城市委员会向黑人关闭公共图书馆的决定，约100人参加了抗议活动，警察用消防水枪和警棍袭击了示威人员并拘捕了三名示威者。[112]81此时的民权运动已经冲破了非暴力抗议示威的藩篱，发展成为暴力运动。仅1963年春夏，美国全国范围内举行了大小七百五十多次的示威活动，美国社会危机一触即发。[103]1963年8月，来自全国各地约25万名黑人和白人在华盛顿举行了"自由大进军"活动，除大规模的运动外，各地的暴力冲突不断发生。1964年《民权法案》颁布后，美国联邦政府于1965年8月颁布《选民登记法》，该法的颁布标志着全国范围的大规模民权运动结束，但各地的小规模斗争仍然存在。

2）民权运动的原因与影响

民权运动的发生并不是偶然的，它是美国社会贫困与歧视问题长期积累的产物，美国黑人的歧视与贫困问题由来已久，美国内战后，虽然在法律上赋予了黑人以平等的权利，但黑人并没有享受到真正的平等权利，他们在生活中备受歧视，遭受着被隔离的苦楚，尽管在二战时期黑人群体为美国的胜利作出了不可磨灭的贡献，但他们的生活境遇并没有因此而得到任何的改善；在美国，贫困不再是一个经济问题，而是一个社会问题，美国的财富正日益集中在少数人手中，然而贫困人口中的绝大部分是黑人，他们因为贫困而遭受歧视，也因为被歧视而忍受着失业与贫困，在贫困与歧视的循环模式下寻求生存。歧视与贫困是同一事物的两个方面，正如民权运动的领导人马丁·路德·金所言，"如果你连一块汉堡包的钱都付不起，允许你进餐馆吃饭又有什么用呢？[113]"

民权运动带给美国的影响是巨大的，在社会生活方面，民权运动使美国黑人的生存状况受到关注，使民众对歧视与贫困问题的认识更加深刻，也影响了所有美国人的生活与观念，更深刻的理解了社会公平对于公民的重要意义；在政治生活方面，民权运动是"人人生而平等"理念的一次实践，它唤醒了美国民众的权利意识，开启了民众为自身权利斗争之路。除这些长期影响外，最直接的影响就是促使联邦政府颁布了《民权法案》和《选举权法》，使公民权利获得进一步的法律保障，同时也推动着高等教育政策的进程。约翰逊上任的 1963 年，正是民权运动发展最为迅速的一年，原本的非暴力抗议活动，也走上了暴力冲突的道路，全国各地的暴力事件频频发生，对于总统与国会来说都是一个巨大的压力，尽快平息运动，恢复社会秩序是当务之急，所以当约翰逊总统提出与解决民权运动相关的高等教育政策时，自然会得到国会议员的支持并迅速通过立法。

（4）解决社会公平问题的教育立法进程

1）约翰逊签署肯尼迪遗留的法案

肯尼迪暗杀事件后，约翰逊继任，其首要工作就是完成肯尼迪的立法。肯尼迪在 1963 年提交的《综合国家教育促进法》，被国会处理为《职业教育法案》和《高校资助法案》[19]68，此外还包括民权法案等其他立法都还没有通过。约翰逊委婉地敦促国会通过肯尼迪遗留下来的法案，他并未直截了当地提出要求，而是利用肯尼迪被暗杀事件婉转地提出，在国会的联席会议上，约翰逊说到：“将肯尼迪的理想和未竟事业转化为实际行动是我的职责，也是你们的职责；不要迟疑、犹豫和徘徊不前……美国必须继续前行”[107]17，在国会的一次特别会议上，他说到：“没有任何演说或悼词比尽快通过肯尼迪为之长期奋斗的法案更能寄托我们对他的哀思”[105]23。约翰逊不断的向国会议员强化意识，通过肯尼迪的法案是自己和国会议员的责任，是目前最应该完成的工作，当时国会议员还处于对肯尼迪遭遇暗杀的震惊与悲痛之中，这种不断的强化刺激，成功地哄骗了议员们，较为顺利的通过了肯尼迪遗留下来的法案，其中的《高校资助法案》最终定名为《高等教育设施法》[105]23，使肯尼迪总统生平为之努力的高等教育政策得以颁布。

2）约翰逊推进立法进程

1964 年约翰逊在大选中获胜，名正言顺地当选为美国总统后，才开始推行自己的伟大社会理想，推动高等教育政策的制定。约翰逊有着多年的从政经验，更是在国会就职多年，与国会议员保持着良好的关系，对国会的立法程序以及如何在议员之间斡旋有着丰富的经验；约翰逊继任后并没有急于组建自己的内阁，而是沿用了肯尼迪的内阁，并继续推行肯尼迪的政策，既保持了政策的连续性，也赢得了国会议员与公众的好感。1965 年在约翰逊的催促下，《选举权法》和《初等与中等教育法》先后通过，以及服务于低收入群体的保健项目的建立，为1965 年《高等教育法》的顺利通过铺平了道路。[114]

1965 年 1 月 12 日，约翰逊向国会递交了一份教育咨文，提出教育政策的提案，他在咨文中强调"应该鼓励每个孩子都接受与他的能力相适应的教育，没有比我们国家的未来更重要的事情了，如果我们没有创造和平世界的智力，武装力量也没有价值，更谈不上发达的经济以及民主体制"。[88]43-44 约翰逊认为国家的未来寄托在每个孩子身上，每个孩子都应该接受良好的教育，以便在国家的发展中发挥作用。约翰逊提出了自己的政策建议，他建议联邦政府提供大量的资助，用于四个方面，"一是给百万的弱势青年提供更好的教育，二是尽最大的努力给所有的学生提供最好的教育设备、教育观念，三是提供最好的教学技术、培训教室，四是为任何想要学习的人提供奖励"[88]43-44。虽然国会没有直接拒绝总统的提案，但对于政策建议存在很大争议。其实约翰逊提出的政策建议的内容与《国防教育法》、《高等教育设施法》的内容基本上是一致的，但从咨文的整体内容来说，约翰逊只是一般性的谈论了教育的重要性，既没有与解决民权运动问题相关的，也没有与实现伟大社会相联系的阐述，教育政策的目的性不强，也没有显示出教育政策的必要性与紧迫性，对于国会来说没有充足的理由支持这份教育政策提案。

同年 7 月，约翰逊在白宫的教育会议上提出了高等教育政策的提案，他吸取了上次提案失败的教训，在其中突出强调了教育在伟大社会计划中的核心地位，突出教育在解决贫困问题、民权问题中的作用，意在催促国会加快立法的进程。[88]44 约翰逊将高等教育提案与民权运动和伟大社会联系起来，民权问题是当时美国社会最为敏感的话题，足够引起所有人的重视，这一联系显然突出了教育政策的目的性，使得教育政策具有了紧迫性，这一联系给予国会充足的理由通过教育政策，高等教育政策制定被提上了日程。从政策问题的角度来说，民权运动也好，伟大社会计划也好，其宗旨都是消除社会中的不公平现象，实现社会公平的愿望，可以说，社会公平问题就是高等教育政策要解决的政策问题。

（二）多元范式的政策问题及其形成过程

1、多元范式的政策问题：高等教育供求问题

20 世纪 70 年代初开始，联邦政府的高等教育政策转型为多元范式高等教育政策，以 1972 年《教育修正案》的颁布为开端，高等教育政策开始以高等教育的供求问题作为政策问题，高等教育供求这一政策问题，并不像一元范

式的国家安全与社会公平问题，在政策目的的阐述或政策声明中出现，在政策文本中对高等教育供求问题并没有提及，本研究是从政策问题提出的过程判断而来的。

20 世纪 60 年代后期，学生运动成为美国社会涉及面积最广、影响范围最大的社会运动，在不断的暴力冲突和流血事件后，联邦政府开始着手解决这一问题，1970 年 6 月 13 日，尼克松总统任命了校园动乱总统委员会（The President's Commission on Campus Unrest），对学生运动进行彻底的调查，希望找出运动的症结所在与真正原因。经过三个月的调查，校园动乱总统委员会向总统递交了一份调查报告——斯克兰顿（Scranton）报告，报告指出学生抗议与反对的主题有三个：种族歧视、越南战争和大学本身。民权运动后期，联邦政府颁布了《民权法案》、《选举权法》等政策，在法律层面上进一步对公民权利平等给予保障，还制定与实施了一系列救助失业与贫困的措施，确实起到了作用，民权运动也随之平息，随着美军从越南撤军的进程推进，越南战争的问题也正在解决之中。

学生对大学本身的不满是学生运动反对与抗议的第三个主题，是尚未解决的问题，也正是需要联邦政府解决的问题。大学与学生之间的矛盾属于高等教育领域的问题，基于他们之间的关系，双方的矛盾属于供求矛盾，虽然这属于高等教育内部的矛盾，但此时的学生运动已经发展成为一个政治问题，对美国社会造成了极大的影响，而且学生与大学的矛盾还关系到国家与社会的经济发展对人才需求的重大问题，因此不能忽视这一矛盾。尼克松总统呼吁只有高等教育改革才能解决问题，于是联邦政府将高等教育供求矛盾问题提上了政策议程，成为多元范式高等教育政策要解决的政策问题。

2、政策问题的触发机制：学生运动

多元范式的政策问题是由学生运动触发的。在民权运动平息之后，学生运动成为美国社会最主要的问题。学生运动可追溯至 60 年代初，最初是从属于黑人民权运动的，越南战争爆发后，又转向了反对越南战争的抗议活动，由于大学对学生参与校外政治活动的自由进行干预，遭到学生们的反对，随着运动的发展，学生们对大学的不满也扩展到大学内部事务，学生与大学之间的冲突矛盾不断加剧，学生运动走上暴力运动的道路，并在暴力流血冲突后归于平静。

（1）学生运动发源于民权运动

60 年代初，学生运动萌发于民权运动，学生加入到民权运动的队伍中，围绕黑人的民权问题展开抗议活动。这一时期最主要的特点是产生了学生激进组织，成为日后领导学生运动的力量。

1960 年学生运动拉开了帷幕，1960 年 2 月 1 日，在北卡罗来纳州格林斯波罗城，四名北卡州农业工程学院的黑人大学生，进入一家百货公司的餐馆就餐，这家餐馆不允许黑人就餐，因此餐馆的白人服务员拒绝提供服务并命令他们离开，四名黑人大学生当即表示抗议，拒绝离开并在餐馆静坐，直到被警察逮捕；黑人大学生的静坐抗议行为，引发了该州主要城市大学生的积极响应，并得到南部黑人学生的支持，到 3 月时，静坐示威活动已经扩展到南北方的多个州，约有 5 万名学生参加；这次静坐示威活动取得的成果是迫使约 200 家餐馆取消了种族隔离制。[115]83 4 月，来自南方各州的师生成立了"学生非暴力协调委员会"，简称 SNCC，之后其成员积极投入到了民权运动中，1961 年 7 月，他们来到密西西比州组织黑人选民登记工作、参与营救被捕黑人等行动；1963 年 8 月 28 日，来自全国各地约 25 万名黑人和白人在华盛顿举行了"自由大进军"活动，SNCC 的领导人作为指挥之一参与了行动，并作为学生代表发表讲话。[116]74-76 在 60 年代初的斗争中，还有很多学生组织成立，较为著名的有"学生争取民主社会组织（SDS）"、"美国青年争取自由组织（YAF）"等，学生争取民主社会组织还发表了学生运动的纲领性文件《休伦港宣言》，他们逐渐发展成为领导学生运动的力量，但大多数学生组织过于激进，到 60 年代中后期，这些激进组织将学生运动引向了暴力运动的道路。

（2）学生运动发展期的表现形式

1）自由言论运动

1964 年自由言论运动将学生运动带入了新的发展阶段。自由言论运动开始于伯克利大学，伯克利大学是一所具有学生政治运动传统的校园，校方对学生在校内和校外的活动做出严格区分，学生在校园内的思想和言论受到严格控制，校园外则较为自由，60 年代初，随着民权运动的扩大，学生们将民权和政治活动的热情带入了校园，逐渐超越了校规的容许程度。

1964 年 9 月 14 日，伯克利大学校方发布一系列禁令，禁止学生在大学校园内进行校外式的政治活动，禁止在选举中持有党派观点，禁止募捐和招募成员等，禁令引起学生们的强烈不满，从 9 月 16 日到 29 日，学生们发起了一系列抗议活动，希望校方收回禁令，但伯克利校方态度强硬不肯让步，校方认为禁令并没有影响言论自由，学生们仍然有自由思考的权利，但是不能在校园内付诸行动，因为学生们带有政治性的行动，会破坏大学的学术自由和价值中立，还会使大学面临巨大的外部政治压力；伯克利的学生们并不认同大学的这种观点，他们认为学校是限制学生的民权、维护保守的制度，9 月 30 日，SNCC 组织学生进行签名请愿活动，要求大学撤销对抗议活动学生领袖的惩罚，校方没有理会，学生们采取了进一步的行动，他们占领了斯普劳尔行政大楼，在大楼内通宵静坐，表达对校方的不满、对禁令的反对。[117]

10 月 1 日，校园警察介入抗议活动，学生们对警车进行围堵，保守的学生们则进行反围堵，不久，发动抗议的激进学生领袖马里奥·萨维奥爬上车顶，将车顶变成了演讲台，之后的 32 小时里，各派学生领袖、教师、牧师等纷纷登上车顶，发表对民权问题、大学管理以及学生抗议的看法，学生们不断拓宽抗议的范围，将对大学的批评从具体问题扩展到制度性问题。10 月 2 日，校方与学生代表达成了暂时的和解，学生们暂停校园抗议活动；之后的 11 月、12 月份，学生们又进行了抗议活动，持续了 6 个月之久的"自由言论运动"，引起了全国的广泛关注，这是美国大学第一次大规模的校园抗议，它标志着一个学生抗议时代的到来。[118]

在自由言论运动取得一定的成果后，响应言论自由的学生们将自由的诉求扩展到了大学教育领域，1965 年春，一群研究生在伯克利校区附近开办了一个体制外的自由大学，自由大学采用的是学生们倡导的师生自由交流的关系模式，学生们希望以这种模式代替传统校园的森严的等级关系与刻板的教育制度，自由大学的开办反映出的是学生们对高等教育的美好愿望。[119]

2）反对越南战争

1964 年东京湾事件爆发，美国将对越南的战争扩大为局部战争，美国国内爆发了反对越南战争的运动，学生运动抗议的焦点也转向了越南战争。随着越南战争的深入，美国公众对越南战争反对的声音越来越大，学生们也加入了反对越南战争的队伍，最初学生参与的反战活动是在小规模小范围内开展的，1963 年耶鲁大学学生举行抗议活动，激进学生组织对吴庭艳的弟妹访美举行抗议活动，1964 年大学生发表抵制服兵役的誓言，等等。[120][21]1965 年 2 月，约翰逊卜令轰炸越南北部地区，并派出地面作战部队全面投入对北越的军事行动，越战升级引发了美国国内大规模的反战浪潮；4月17日，"学生争取民主社会组织"在华盛顿组织了第一次反越战活动，有 100 多所大学派出代表参加，人数达到 25 000 人。[115]83

随着越战升级，学生们的抗议活动接连不断，在不得已的情况下，催生了新的抗议模式——讲谈会。1965 年 3 月，密歇根大学的反战学生在当地征兵处静坐抗议，一些学生因此被捕，主张反战的教授们宣布罢课，但密歇根校方不允许师生的罢课行为，在这种情况下，教授们改变了策略，宣布以越南讲谈会的形式代替罢课，3 月 24 日至 25 日，密歇根大学的一群著名学者和年轻教师组织了关于战争的讲谈会，他们与学生们分享信息、一起讨论和思考；由于媒体的报道，讲谈会这种反战方式在美国大学校园中流行起来，1965年 5 月 15 日，在华盛顿特区的谢拉顿公园旅行社举办了为时 15 小时的讲谈会，约有 5000 人参加，而这场讲谈会影响的人群则超过了十万。[120]23-24

3）反对征兵运动

1966 年越南局势失控，约翰逊总统下令增兵十万，由于增兵计划的数量庞大，政府决定征召青年学生入伍，政府的征兵行为点燃了学生们的反战情绪，许多大学的学生举办了示威游行和静坐抗议，反对政府的同时，也开始反对大学与政府"勾结"，抨击大学为战争服务的行为。

1966 年 3 月 24 日，兵役处公布了征兵办法，使青年学生更加愤怒，1966年 5 月，为抗议政府按照学习成绩征兵的制度，芝加哥大学的学生和教师联合起来成立了"反对分等级学生联盟"，之后不久，SDS 决定在全国范围内进行一次反征兵测验，号召学生们抵制政府进行的征兵测验，加入到反征兵运动的行列。[120]27 12 月 29 日，100 余名学生领袖共同署名写给总统的信在媒体上发表，信中表达了学生们的反战心声，他们表示宁愿进监狱，也不想参与这场非人道的战争，"除非这场冲突得到缓解，不然美国会发现，她最忠诚勇敢的一些年轻人宁愿选择进监狱，也不愿拿起他们国家的武器"[120]23。

从 1967 年 1 月开始，美国许多大学成立了反征兵组织，学生们在刊物上发表请愿书，拒绝应征入伍，兴起了"我们不愿去"运动；4 月 15 日，康奈尔大学反征兵组织发起反战活动，约 30 万人在纽约参加了这次活动。[120]28 学生们抗议活动的内容，还包括反对大学帮助征兵机构征兵，学生们甚至要求取消校内后备军官训练团制度，要求大学取消与军事有关的科研项目。[121]7-9之后不久，一家生化企业——道尔公司在大学校园中进行招聘活动，该企业为美军提供部分武器，生产制造凝固汽油弹；学生们本来就反对这场非正义的战争，对武器提供者也是非常痛恨，自然对这家企业在校园的招聘行为非常不满，尤其是伯克利大学和威斯康星大学学生反应最为强烈，他们举行了大规模的抗议示威活动[119]。

（3）学生运动走上暴力之路

1968 年初，学生的和平抗议示威活动开始走上暴力革命的道路，从 1 月至 5 月发生了十起校园爆炸事件，其中 4 月下旬发生在哥伦比亚大学的暴动震撼了整个美国，并促进了全国性学生运动的爆发，形成了学生运动的高潮。

哥大暴动事件的起因是哥伦比亚大学参与国防项目的研究和购买黑人区的土地。哥伦比亚大学享有崇高的学术声誉，因此与许多政府部门有着广泛的合作，大学中有很多智囊性质的研究机构，国防部也是大学的合作对象之一，在以往与国防部的合作并不会引起学生的过度反应，但如今在学生们看来，大学俨然变成了美国战争机器的组成部分，是学生们所不能容忍的；哥伦比亚大学位于纽约，与著名的黑人聚居区——哈莱姆区相邻，哥伦比亚大学在哈莱姆区购置了一块土地用于修建新的体育馆，原先居住于此的 7000 名黑人和波多黎各人将被迫离开这里，而且新建体育馆仍然实行隔离制度，黑人的使用面积小而且不便利，在学生们看来，这是公开侵犯黑人的权利，是种族歧视的表现。[118]两个原因叠加在一起导致学生们的大爆发。

4 月 23 日，哥伦比亚大学的 300 名黑人和白人学生开始举行抗议活动，要求大学终止与国防部合作的军事研究，反对大学兴建体育馆；在激进学生组织的领导下，抗议的学生试图进入大学的行政大楼，但未能成功，继而黑人学生们占领了汉密尔顿大楼，该楼是本科学生上课的主要地点，该学院的行政办公室也在楼内，学生们的占领导致该院的代理院长在办公室滞留 25 个小时；在接下来的三天里，抗议的白人学生又相继占领了四栋建筑，在持续 8 天的抗议中，黑人学生与哈莱姆区的黑人保持着密切的联系，这种联系增强了学生抗议的影响力，增加了与校方谈判的筹码；4 月 26 日凌晨，在教师的调节下，哥大副校长宣布暂停体育馆建设，希望学生们撤离占领建筑，学生们虽然得到校方停建体育馆的承诺，也决定坚持抗议到底；很快，哥大董事会对此次抗议活动做出了回应，27 日中午，董事会主席发表强硬声明，宣布支持校长权威，不放弃警察行动；校方经过多次的努力，仍然没有劝说抗议学生撤离，因此于 30 日凌晨实施了最后的逮捕，黑人学生已经迫使学校停建了体育馆，目的已经达到，因此和平地等待警察的到来，没有与警察发生冲突，最后 86 人被捕，而其他四栋建筑的白人学生与警察发生了严重的对抗造成人员受伤，警察还对校园内的围观者发动了猛攻，导致了当晚最严重的伤亡，从凌晨 2 点到 4 点，五栋被占领的建筑全部清理完毕，共逮捕 712 人，出现 148 起伤亡报告；暴动虽然结束，但学生们的抗议活动并没有终止，从 5 月 1 日起，哥大学生进行了六周的罢课，哥大一度被迫关闭。[118]

哥伦比亚学生暴动后，全国范围内的校园抗议更加频繁，几乎每天都在发生，而且更加暴力化，约五分之一的校园发生了暴力伤害和财产损坏，到六月时发生了至少 84 起燃烧弹轰击和纵火事件[122]，1969 年全年约有 500 所大学发生暴力事件，全美三分之一的大学生卷入其中[120]34。

（4）学生运动结束于肯特惨案后

1970 年学生运动迎来了最后一次高潮——肯特事件，肯特惨案后学生运动归于平静，随即走向了尾声，持续了整个 60 年代的学生运动宣告结束。

1970 年年初，联邦政府的征兵方法改为抽签选派制，这种方法极大地降低了青年学生的入伍可能，与按照成绩征召的方式相比，貌似也公平了一些，战争看来已经不那么直接涉及到青年的切身利益了。[120]40 学生反对越南战争的一个重要原因不存在了，学生运动也应该归于平静了。然而 4 月 30 日，尼克松总统宣布入侵柬埔寨，在此之前不久，尼克松刚刚做出从越南撤兵的决定，这一出尔反尔的行径引起大学生的激烈反对，新一轮的学生抗议活动在全国展开。普林斯顿大学和欧柏林大学的学生首先发起了抗议活动，俄亥俄州肯特大学的学生也从 5 月 1 日开始举行反战集会，肯特大学校方请求国民警卫队出面协助维持秩序。在连续几天的抗议活动中，学生与警卫队的冲突摩擦不断，5 月 2 日晚，抗议活动现场比较混乱，在混乱中，肯特大学校园内一所用于预备军官训练的办公楼被点燃；5 月 4 日，学生在公共绿地聚集继续举行抗议活动，当晚学生与警卫队再次发生冲突，警卫队为驱散人群向人群中投掷催泪弹瓦斯，并向人群中开枪扫射，导致四名学生死亡、九名学生受伤。

肯特惨案发生后，激起美国大学更大规模的抗议浪潮。根据美国相关部门的调查数据，肯特惨案发生后的一个月内，大约有 2500 所大学发生了学生抗议活动，每天都有百余次的冲突发生。[123] 肯特惨案引起的学生抗议活动高潮是此次学生运动的最后一次高潮，此后学生运动逐渐走向尾声，虽然在 70

年代初的四五年时间里，学生抗议活动时有发生，但规模、范围都已经缩小，持续了整个 60 年代的学生动乱宣告结束。[124]

3、联邦政府对学生运动的调查

在学生运动发展成为全国性的运动并且暴力冲突不断的情况下，联邦政府非常重视这一问题，60 年代的学生运动给美国社会带来的巨大冲击和深刻影响，远远超过了历史上的学生事件，而且学生群体已经成为美国社会中数量庞大的一个群体，社会地位逐渐上升，其经济地位和政治作用也不容忽视。解决学生运动问题，消除其带给美国社会的不良影响，已经成为联邦政府的责任。联邦政府专门成立了校园动乱总统委员会，对学生运动进行彻底的调查，并发布了调查结果——斯克兰顿报告。联邦政府调查发现，在引起学生运动的三个原因中，民权运动与越南战争是社会问题在高等教育领域的反映，并且联邦政府已经着手解决社会层面的问题，而学生对大学的不满是高等教育内部存在的问题，是尚未解决的矛盾，而从参与运动的学生的特点来分析，可以推断，大学本身的不足是引起学生运动的主因。

（1）联邦政府重视学生运动调查

联邦政府重视对学生运动的调查，是源于学生群体在美国社会中的政治经济地位。六十年代，大学生已经成为美国社会引人注目的强势群体，在绝对数量上，学生数量庞大，增长迅速，1910 年美国在校学生约 30 多万人，六十年代开始的时候美国大学生的人数是 3 789 000 人，六十年代结束的时候注册在校生人数是 7 852 000 人；在 1962 年时，美国学生人数历史上第一次超过农民人数；在相对数量上，适龄人口中的学生比例在不断升高，1920 年只有 10%的适龄人口上学，1960 年时超过 20%的适龄人口上了大学，而到 1970 年比例接近 50%；除数量上的庞大之外，学生在美国社会的地位不断提高，60 年代美国的知识产业开始兴起，在 1962 年美国国民生产总值中的 29%来自于知识产业，到 1970 年时这一数值达到 40%，60 年代初 43%的美国工人在知识产业里工作，60 年代末时达到 50%，知识产业的兴起凸显了高等教育的价值，也提升了大学生的社会地位，大学处于知识过程的中心，而学生是知识的传承者、应用者，甚至是新知识的发展者，学生地位上升是必然。[115]48-49 学生的经济地位和政治地位也日益重要，学生作为数量庞大的消费者群体，占有极大的市场份额，据计算，到 1970 年美国青年市场份额不少于 400-450

亿美元[115]49，对于美国经济的发展至关重要；学生是正在崛起的政治力量，他们在民权运动中已经开始显露出对政治的热衷、表达着自己的政治愿望，他们作为正在成长的一代，即将踏上政治舞台发挥更为强大的政治作用。因此联邦政府不可能忽视学生群体的要求。

肯特惨案发生后，1970年6月13日，尼克松总统直接任命了校园动乱总统委员会，由威廉姆 W·斯克兰顿主持，开展对学生运动产生原因的调查，6月25日，该委员会进行第一次会议后，展开为期三个月的调查，在几个地区举行了共计13天的公众听证会，以使调查更加接近事实。委员会的调查结果形成斯克兰顿报告，对学生运动的原因进行分析，并提出包括国会立法、各州立法、大学管理等多个层面的政策建议，与此同时，其他社会组织的调查结果也源源不断地提交到联邦政府，对联邦政府解决这一问题提供了帮助。

（2）联邦政府的调查结果

1）学生运动抗议与反对的主题

联邦政府校园动乱总统委员会调查发现，学生运动反对的主题有三个：种族歧视、越南战争和对大学的不满，种族歧视和越南战争属于社会层面的问题，而学生对大学的不满，则属于高等教育领域的问题。

首先，反对种族歧视和越南战争是两个明显的主题，这两个问题是源于国家尚未解决的矛盾，长期以来，美国政府都没有兑现在独立宣言和解放宣言中公民权利平等的诺言，结束种族歧视、社会歧视，实现全面的社会公平是美国公民的核心要求，更是一直遭受着种族歧视与隔离的黑人和少数群体的迫切要求，然而联邦政府在种族平等方面的缓慢进展引起了公民的反对，因此爆发了民权运动；反越战运动与美国公民的正义观念有关，美国公民普遍认为美国发动越南战争是完全不道德的行为，是非正义的行为，发动战争本身就是一个错误，那么支持这场战争的一切行为与活动都是非正义的，包括相关的政策、军事研究与武器制造等，因此美国社会爆发了反对越南战争及其相关事务的抗议活动。[123]学生运动反对种族歧视、反对越南战争是社会层面问题在高等教育领域的反映，民权运动和反越南战争运动归根结底是社会问题，是美国公民追求公民权利平等和社会公平正义的行动，关系着所有社会成员的利益，它们属于社会运动，发源于社会，有普通民众的普遍参与。学生参与到其中使学生运动成为其组成部分，学生作为国家的一份子和社会成员，参与到行动中也是情理之中，结束种族歧视、社会歧视、文化歧视，是所有人包括黑人、黄种人和白人学生的要求，他们通过自己的行动，催促联邦政府尽快实现公民权利平等和社会公平正义。

其次，在反对种族歧视和越南战争两个主题的背后，还隐藏着一个未申明的主题，那就是学生对大学的不满。学生对大学的不满包括对大学歧视黑人学生的不满，对大学参与战争相关的武器研究不满，对大学为政府提供成绩协助征兵不满，学生们还对大学的目标、价值、管理、课程等不满。学生们对大学的课程提出批评，他们抱怨大学必修课程内容陈腐、松散，漫无目的，脱离社会现实，因此担心自己的学业、成绩和未来的职业机会。学生们原本带着美好的愿望来到大学，然而大学带给他们的却是失望，"他们想要形成自己的个人的和共同的生活，但是发现大学限制了这一点；他们想要寻求一个同伴和学者的团体，但是发现大学是一个非个人的多元巨型大学"[123]，学生们希望通过抗议活动引起大学的重视，他们希望大学做出改变，能够为学生提供令人满意的高等教育。

2）参与运动学生的特征

联邦政府调查发现学生运动的参与者与社会运动的参与者极为不同，民权运动的参与者主要是在社会中遭受歧视与隔离的黑人群体，而学生运动的参与者主要是白人学生、中产阶级家庭学生，而非黑人学生与贫困学生，而且这些学生大多来自精英大学，很少来自黑人学院和社区学院。

首先，参与运动的学生大多属于少数精英，与其他同学相比，他们具有较高的智力水平，就拿参与伯克利大学"自由言论运动"的学生来说，他们基本上是在班级排名前十位的学生，不仅学习成绩优异，而且兴趣多样，与教授保持着良好的个人关系，对追求知识有着极强的动力，未来也有较好的发展前景[125]；这些学生大多来自社会的中上层家庭，在他们的成长过程中衣食无忧，从未体验过贫穷和经济上的不安全感[125]；他们既不遭受歧视与隔离，也不来自下层阶级，他们既不遭受贫困，也无须为未来担忧，而且参与暴力冲突的绝大多数学生，既不是狂暴者也不是极端主义者，也没有任何证据能证明他们有暴力倾向或者某种精神疾病[123]。另有调查显示，参与学生运动的学生有 80%是来自于有专业的或管理的家庭背景，而蓝领、牧师、工程家庭背景的学生在反战中几乎没有什么努力。[126]22

其次，从参与运动学生所在的大学，也能得出相似的结论，黑人学生、贫困学生大多集中在小型学院、黑人学院、两年制的社区学院、选择性不高的学院，而参与运动的学生绝大部分来自大型的学校、私立大学和入学选择性高的大学，尤其是文科和社会科学专业的学生较多。据统计，1968 至 1969 学年，全美的 2 300 多所大学和学院中，有四分之一都发生过暴力和非暴力的抗议活动，其中私立大学发生抗议活动的数量是公立大学的两倍，超过三分之一的私立大学发生暴力性抗议活动，而公立大学仅为八分之一；非宗教大学发生抗议活动的数量是宗教大学的三至四倍；在两年制的公立学院中，只有二十分之一发生暴力性抗议活动，黑人学院中的抗议活动主要是小规模的宣讲和报纸辩论；规模小的学院发生抗议活动的次数较少，中型规模的学院发生抗议活动的次数最多，约五分之四的中型学院都发生了抗议活动，大型的学院有二分之一发生了抗议活动；入学选择性高的大学中，约有 85% 发生了抗议活动，而在开放性的大学中基本没有发生过抗议活动。[127]另有调查数据显示，在 1968 至 1969 学年，在校生人数超过 25000 名学生的学校，88% 有抗议行为发生，而不足 1000 名学生的学校则只有 14% 有抗议行为[128]95-96，1969 至 1970 学年，43% 的美国高等教育机构有某种程度的抗议活动，71% 的最具有选择性的学校有过暴力活动，而最不具有选择性的学校中则只有 23% 有过暴力活动[129]28-29。

（3）学生运动的主要原因

1）学生对大学的不满是尚未解决的问题

1970 年联邦政府对学生运动调查时，已经对引起学生运动的两个社会层面的原因进行了干预，经过联邦政府的努力，反对种族歧视的民权运动已经逐渐平息，1963 年开始联邦政府相继颁布了解决民权问题的立法，如 1963 年《同工同酬法》、1964 年《民权法案》、《经济机会法》、1965 年《选民登记法》等，以保障公民在政治权利和经济权利上的平等，1965 年还颁布了 11246 号和 11375 号行政令，要求在全国范围内实行肯定性行动，给予遭受歧视的黑人和少数族裔以补偿性的照顾政策，以解决民权问题这一当时"最为敏感的社会问题"[130]7-8。在一系列政策措施颁布后，民权运动逐渐平息，并且从大规模的全国性运动缩小到局部的、地区性的运动。

越南战争问题也正在着手解决，尼克松总统迫于国内的压力，开始实施越南战争越南化的策略，安排美军逐步从越南撤离；1970 年初，尼克松总统决定将征兵方法改为抽签选派制，到 1972 年时完全结束了征兵制。[120]40 此时，只有学生对大学的不满这一问题还没有解决，这一问题成为联邦政府解决学生运动问题的关键。

2）大学内的民权问题与越战问题并非主因

学生对大学的不满包括对大学中存在的歧视的不满，对大学参与战争研究、支持越战征兵的不满，还包括大学的教学、管理等方面的不满，从参与者的特征来分析，学生运动发生的真正原因，并非是大学中存在的歧视与越战相关问题。

参与运动的学生大多是精英学校的优秀学生，他们成绩优秀、前途光明，这与美国社会上民权运动与反战运动的参与者有很大的区别，民权运动的主要参与者是黑人群体，因为他们是美国社会中遭受种族歧视与隔离最为严重的对象，美国对黑人的歧视与隔离存在于美国社会的各个角落，大学校园中自然也不例外，黑人学生在大学中也遭受着被歧视与隔离的境遇，是最应该反抗的群体，如果是大学中的民权问题导致学生对大学的不满，按照这个逻辑，那么学生运动的主要参与者应该是来自较低社会阶层的黑人学生或者是黑人学院的学生，他们的抗议也应该是最为激烈的。

在反对越南战争的抗议活动中，学生运动的激烈程度超过了反对种族歧视的时候，尤其是当联邦政府决定面向大学校园征兵时，引发了学生们的暴力抗议行动。联邦政府的征兵取决于成绩，班级中排名靠前的全日制学生才能缓征，而非全日制学生、成绩差的学生即使有一门功课不合格也会面临被征兵的命运。从学生的成绩来看，黑人学生、贫困学生由于缺乏教育资源，学习成绩较差，很难在班级中名列前茅，而且由于经济的原因，他们往往会选择非全日制的学习，因此他们被征兵的可能性远远高于其他学生，由此来看，黑人学生、贫困学生的反抗也应该是最为激烈的。

但事实并非如此，学生运动的参与者是少数的精英学生，他们不是民权问题与越战的直接受害者，也不是民权运动与反战运动的既得利益者，无论从哪个角度来说，他们都不应该是抗议活动的主要参与者，"如果要分析这些学生参与民权运动与反越南战争运动的原因，那就是因为他们较为关注政治、文化相关的社会问题，他们的思想更加自由，具有极强的社会公平正义感和民族责任感，热衷投身于解决大学、社会和政治问题"[125]。但这种解释显然不足以说明学生运动的原因，这些内容显然也没有足够的推动力促使学生参与暴力运动。

3）学生对大学教学与管理不满是学生运动的主因

斯克兰顿报告指出，要想找出学生运动的原因，最好的办法就是看看学生们抗议什么，他们要求实现什么。早在1964年哥伦比亚大学学生发动的自由言论运动中，学生就发表了对民权问题、大学管理以及学生抗议的看法，学生们对大学的批评从具体问题扩展到制度性问题，随后学生们又将自由言论运动扩展到大学教育领域，在伯克利校区附近开办自由大学，提倡师生自由交流的关系模式，以取代传统校园内森严的等级关系和刻板的教育制度。[119]这说明学生对大学的管理制度、大学的教育模式有所不满，他们倡导的自由言论运动和自由大学，表达了他们希望摆脱大学森严等级关系和刻板教育制度束缚的愿望。

美国教育委员会（American council on education）对学生运动抗议的内容进行了调查，结果显示学生运动早期抗议的内容有民权问题、学生宿舍和规则、食品服务等问题，学生运动后期抗议的内容有越战、宿舍规则、学生参与校园管理等问题。[131]关于校内内容的抗议活动有更多的学生参加，学生们除了对大学生活质量、设施与食品服务提出抗议，对大学干涉政治活动与个人自由提出抗议外，还对大学课程提出批评，对大学的规章制度及学生不能参与管理制度的制定提出批评，学生们要求大学增加少数群体、黑人及弱势群体的特殊教育计划项目，要求增加学生权力，允许更多的学生参与管理委员会，要求大学改变学校纪律等等，总的来说，要求增加学生权力是最重要的主题，在发生过抗议活动的大学中，有四分之三都提出了这一主题。[127]

综合以上的信息来看，大学的教学、管理方面存在的问题，才是真正引起学生不满的原因，也就是学生运动发生的主要原因。

4、高等教育供求问题的政策议程

从供求关系的角度来说，学生对大学教育与管理的不满实际上是高等教育供求矛盾的体现，学生运动不仅反映着个人供求矛盾，也反映着美国社会与高等教育的供求矛盾。经过调查分析，联邦政府认识到任何惩罚性的措施都不利于问题的解决，只有高等教育改革才能解决问题，联邦政府最终将帮助高等教育改革作为自己的责任，并将高等教育供求矛盾问题提上政策议程。

（1）学生运动反映出高等教育供求矛盾

1）学生与大学的高等教育供求矛盾

学生运动中，学生对大学的不满主要来自大学的内部，学生们"对大学的教学与管理不满，对大学的目标、价值、课程等提出批评"[123]。实际上这是学生与大学之间供求矛盾的体现。

学生与大学的供求矛盾属于个人与高等教育的供求矛盾，是"高等教育机会的供求矛盾"[132]。高等教育机会是接受高等教育机会，包括入学、过程、结果三个层面的高等教育机会，"入学"层面是指学生进入高等学校的机会，"过程"层面是指学生在接受高等教育的过程中获得的机会，"结果"层面则是指在教育效果、学业成就上的机会。入学机会的矛盾是学生日益增长的接受高等教育的需求与高等教育供给不足的矛盾，由于高等教育资源有限，不能满足所有人入学的需求导致了矛盾的产生。"过程"层面机会的矛盾是学生在接受高等教育过程中，个人的需求没有得到满足引起的，学生接受高等教育的目的不同，比如获得高深知识与接受职业培训，对高等学校的需求就会不同，前者会要求知识的系统性而后者则更注重知识的实用性，高等教育不能满足学生的需求就导致了供求矛盾的产生。

在 20 世纪 60 年代末期，学生与大学之间的供求矛盾属于"过程"层面高等教育机会的矛盾，在 60 年代初，联邦政府实施的扩大高等教育机会的政策，满足了美国公众不断增长的对高等教育入学机会的需求，大量的学生涌入大学接受高等教育，学生个人的高等教育入学机会得到满足。随着学生数量的增长，学生的多样性程度也在增加，学生需求的层次不断提高，学生的需求更加多样化。"学生进入大学学习，不仅是学习知识，还在于兴趣的满足、职业培训的需要，高等教育文凭成为人们社会地位提升、经济收入的保证，高等教育已经取代西部，成为人们社会地位提升和改变经济状况的条件"[133]。学生入学人口的增长，对大学的教学设施、师资力量、生活服务等提出了更高的要求，而学生来源与需求多样性的增加，则对大学的教学模式、教学内容、学生管理等方面提出了更高的要求。然而大学对学生的多样化需求并没有积极的回应，才导致 60 年代学生运动的发生，其实学生运动就是学生要求大学满足自己的需求而采取的行动。

2）社会与大学的高等教育供求矛盾

学生在运动中表达了自己对未来的担忧，"他们抱怨大学必修课程内容陈腐、松散，漫无目的，脱离社会现实，因此担心自己的学业、成绩和未来的职业机会"[123]。学生的担忧并不是没有道理的，在60年代末期的美国，大学毕业生失业问题已经非常严重，大学生失业问题的出现，实际上是社会与高等教育供求矛盾的反映。

社会与高等教育的矛盾是指高等教育无法满足社会对高等教育人才的需求。社会经济的发展产生了对不同层次高等教育人才的需求，高等教育所培养人才的数量、结构、质量都会影响高等教育产品的供求，如果高等教育供给人才数量过大，会产生供过于求的矛盾，导致学生就业难，如果高等教育供给人才的结构与质量不符合社会的需求，会出现结构性失业，在某些领域出现供大于求的现象，而另外一些领域则出现供不应求的局面。

60年代末，美国大学毕业生失业、不充分就业的现象严重，大学生刷盘子、博士生开出租车的现象非常普遍，尤其是物理、化学、历史等领域的博士生过度教育问题比较突出，毕业生很难找到和他们的教育水平相称的工作岗位。[134]79-80 与此同时，在社会急需的一些领域，比如能源、卫生与健康领域的人才却供不应求[135]27。获得就业机会是很多学生上大学的目的所在，而在他们即将毕业时，面临的却是毕业即失业的情况，大学文凭普遍贬值，接受高等教育不再是得到就业机会的保证，这对于学生来说无疑是令人沮丧的，学生将这归因于大学的不足，大学的保守和课程僵化，大学的教学和管理都令学生对大学不满。学生的不满正是社会需求与高等教育矛盾的反映。

3）解决学生的供求矛盾是关键

综合来看，无论是个人供求矛盾还是社会供求矛盾，都需要通过解决学生与大学的供求矛盾来实现。

学生与大学之间矛盾的解决，需要大学在教学、管理、课程等方面做出改革，而改革应该以学生的需求为依据，既然学生的需求更加多样化，大学就应该给学生提供更加多样化的教学与服务，才能满足学生的需求，才能解决学生与大学的矛盾。

在20世纪60年代末，美国社会的失业属于结构性失业，换句话说是高等教育培养的人才在数量、质量与结构方面与社会的需求不符，这一矛盾的解决需要社会将高等教育人才的规格、层次、水平以及专业领域等信息反馈给大学，大学依据社会的需求进行专业、学科的调整，以使它们与社会需求保持一致，同时要提高人才培养的质量。社会需求通过学生反馈给大学，学生接受高等教育的目的之一就是就业，就业的难易程度、薪资水平会影响学生对专业与学科的选择，学生会选择容易就业、薪资水平高的相关专业进行学习，不会选择不易就业和薪资水平低的专业学习，而就业的难易程度、薪资水平往往是反映该行业内人才需求情况的指示灯，当人才供不应求时，容易就业、薪资水平高，当人才供过于求时，不易就业，薪资水平低，所以通过学生的选择会快速、准确地将社会经济发展对人才的需求反馈给大学，从而使大学在专业、学科、课程等方面做出调整，以满足社会对高等教育人才的需求。

社会提高高等教育人才质量的要求，要通过提高学生质量来实现，社会与大学之间的供求关系是通过学生建立起来的，学生作为受教育者，在大学中接受高等教育，使自己成长为高等教育人才，换句话说，学生是社会需求的对象，学生的质量决定高等教育人才的质量。60 年代，学生与大学之间的矛盾影响了高等教育人才的质量，学生在接受高等教育过程中，其多样化需求没有得到大学的满足，学生自身没有获得充分的发展，自然会影响到社会对高质量人才的需求。所以解决学生与大学之间的供求矛盾，是解决美国社会与大学供求矛盾的关键。

（2）联邦政府将高等教育供求矛盾提上议程

1）大学的改革与联邦政府的措施

在学生运动发生后，很多大学迫于压力，在校园暴力冲突发生后，根据学生提出的要求做出改变，比如改变种族政策，在发生过暴动事件的大学中，有超过五分之二改变了种族政策，发生过抗议活动的大学中，有二分之一改变了种族政策，甚至没有发生过校园动乱的大学，也有四分之一改变了种族政策；如在课程方面的适当改进，设置了黑人研究的课程或院校，采取对少数群体的特殊宽松入学政策，等等；在学生管理方面，很多大学给予学生更多的学生权力，学生管理的一些规则有所改变，允许学生参加更多的管理委员会，允许学生发出更多自己的声音；此外还有一些大学终止了政府的预备军官项目，中断了校内的军事研究，禁止校园内的招聘活动或对其进行组织化管理等；一些大学对学生动乱采取了惩罚性的措施，15%的大学开除了参加暴力性活动的学生，8%开除了抗议活动的学生。[127]

联邦政府也采取了一些措施，在 1968 年对《高等教育法》进行修订时，对参与学生运动的大学采取了一些惩罚性措施，取消了一些大学获得联邦资助的资格。[105]38 在 70 年代初，联邦政府再次讨论这一问题的解决时，仍有议员提出对参与动乱的大学和学生取消联邦资助资格、采取惩罚性措施的建议；当时尼克松总统表示反对，他认为要解决这一问题惩罚性的措施是万万行不通的，惩罚性的措施是"将暴乱的责任推及到暴乱中的每一个人，而不是暴乱者"。[105]38

2）高等教育改革的要求被提出

在调查后，联邦政府认识到，大学的这些改变是远远不够的，惩罚性的措施也不能从根本上解决高等教育问题，反而会激化矛盾，高等教育供求矛盾的解决，还需要通过高等教育内部的改革来实现，"粗暴的遏制学生抗议而不采取任何的弥补措施最终都将是无用的，学生已经指出了许多必须要更正的错误"，"我们已经看到了一个去人性化的教育经历，大学必须重塑自己，大学必须进行课程新体验的改革……"[88]172，而且高等教育的改革要依据学生的需要来进行。

但是美国大学并没有做好改革的准备，"他们没有合适的计划、规则，一些管理人员和教师的回应也犹豫不决"，所以从外部推动高等学校内部的改革，是解决问题的关键，"大学的改革不可能依靠自上而下的改良或者制度本身的自我调整，主要是依赖外部对制度的激进压力"。[136]15-16 这一责任就落在了联邦政府的肩上，斯克兰顿报告指出，"在解决战争和种族歧视方面的缓慢行动，扩大了美国社会内部的分歧，助长了学生抗议和暴乱行动，总统应该出面结束战争，尊重社会的公平公正，最重要的是总统要借助个人支持和资助，帮助美国大学完成改革和改变"[123]。尼克松总统非常认可委员会的政策建议，他发表教育咨文，呼吁用适当的方法解决学生动乱，呼吁高等教育进行改革，在尼克松总统的呼吁下，高等教育改革得到重视，高等教育供求矛盾问题被提上政策议程。

（三）政策问题改变：学生运动引起利益矛盾转变

1、学生运动导致政策问题的改变

学生运动的发生使高等教育政策问题，从一元范式的国家层面问题，转变为多元范式的高等教育问题。用政策范式转型的相关理论来解释，社会出现新的问题并积累到一定程度时，政策制定者会采取一些措施来解决问题，当问题无法解决时就需要新的政策范式来解决。学生运动发生后，联邦政府的政策措施无法解决这一社会问题，才使联邦政府重新思考问题产生的原因，学生运动将联邦政府的注意力从国家层面转移到高等教育领域，从而使联邦政府解决高等教育领域的问题。

（1）联邦政策无法解决学生运动问题

学生运动发生后，联邦政府并不是没有采取措施，在 1965 年的《高等教育法》中，颁布了保障学生权利的相关条款，专门对学生作为公民身份所拥有的一般性权利予以保障，《高等教育法》中明文规定，"保护学生演讲和集会的权利"、"高等学校不能取消学生参与集会活动的权利"、"直接或间接接受联邦资助的高等学校，不能使用包含种族、宗教、性别和民族歧视的合同"[137]等。在 1968 年对《高等教育法》进行修订时，对参与学生运动的大学采取了一些惩罚性措施，取消了一些大学获得联邦资助的资格。[105]38

然而无论是保障性的措施还是惩罚性的措施，都没有阻止学生运动的继续发展，显然是因为联邦政府没有找到学生运动产生的原因。其实早在 1965 年，约翰逊总统就意识到学生运动产生的原因可能是高等教育内部的问题，"不能将学生校园动乱问题看做是一般性的社会问题，它产生的原因可能在于教育问题"；在 1967 年对高等教育法进行修订时，约翰逊总统提出制定教师专业发展法案的建议，该法案的建议与肯定性行动极为相似，它建议强化教师培训，让教师和职员提供更好的补偿性教学和服务；1968 年 2 月，约翰逊再次向国会提交教育咨文，要求健康、教育和福利部对现行的高等教育政策进行调查评估，以调整高等教育政策来适应新的情况。[88]152 但遗憾的是，约翰逊的建议并没有得到国会的重视，调查行动也未能开展。

（2）联邦政府调整思路解决学生运动问题

其实稍作分析就能发现，联邦政府是将学生运动发生归因于学生权利问题，联邦政府解决学生运动的思路与解决民权问题是一致的，学生运动随着民权运动发生，使联邦政府认为它是民权运动的一部分，是从属于民权运动的，只要民权问题得以解决、民权运动得以平息，学生运动自然会销声匿迹，因此将全部注意力放在解决民权问题上。虽然约翰逊总统意识到问题产生的原因可能在于高等教育内部，但约翰逊总统提出的政策措施，依然遵循着一元范式政策的轨迹，即使政策成功颁布，可能也无法从根本上解决学生运动问题。然而在法案颁布后，在民权运动平息后，与预期不符的是，学生运动并没有像民权运动一样逐渐平息，而是转向了新的焦点，越南战争升级后，学生抗议的焦点又转向反越战，学生成为反越战的主要力量并将学生运动推上了暴力运动的道路，发展成为全国性的暴力运动，受到全国的关注。

这一变化使联邦政府认识到，学生运动也许并不是美国社会状态的反映，学生运动并非社会运动的从属，其发生发展另有原因。1969年尼克松总统上任时，学生运动已经发展成为全国性的暴力运动，成为任何政府都不能小觑的政治事件，联邦政府成立了学生动乱调查委员会，开始重新审视学生运动，准备调整思路来解决学生运动问题。经过调查，联邦政府将学生运动的发生归因于高等教育内部，于是将高等教育改革提上了议程。正是由于学生运动的发生、政策措施的不力，才使联邦政府的注意力转移到高等教育领域，审视高等教育的问题，重新界定政策问题，通过新的政策范式来解决问题。

2、一元范式政策问题所解决的利益矛盾

一元范式政策无法解决学生运动问题的原因在于一元范式政策问题的本质与学生运动问题的本质是不同的，从政策问题本身来判断，一元范式政策问题是国家层面的问题，是国家利益与社会利益的矛盾，是公共利益的范畴。

（1）国家安全与社会公平是国家层面的问题

国家安全和社会公平问题被提上政策议程，是经由美国总统的施政纲领提出的，通过高等教育保证国家安全是艾森豪威尔总统国防计划的组成部分，通过高等教育解决贫困问题、最终实现社会公平是约翰逊总统伟大社会计划的核心。

施政纲领是美国总统提出的关于国家发展的基本计划，关于社会发展与管理的根本办法，提出施政纲领是总统的使命与职责。总统是国家的象征，总统是美国国家的实权元首，是美国联邦政府的最高代表，美国宪法赋予总统行政首脑的地位和权力，要求其领导政府工作、做出相关决策，可以说美国总统在处理国际、国内事务及安全事务方面，负有不可推卸的责任；美国总统还具有全民选举的背景，是唯一的全民代表，其权力具有全民委托的象征性，这使得总统在为全体公民利益决策时拥有极大的合法性。[138]宪法的授权与全民的委托，要求总统为国家事务和关系社会全体公民的事务谋划，这是总统不可辱没的使命与职责，也是总统存在的合理性所在。因此从总统权

责的角度来说，无论是出于某种政治优先权的考虑，还是因为对公众利益的关注，总统都会密切关注国家与社会上的一些特定问题，将它们提上日程并提出解决方案。

艾森豪威尔提出的国防安全计划，就是密切关注国家问题的情况下制定的，艾森豪威尔提出国防安全计划，积极推动高等教育政策制定的时间，远远早于苏联卫星事件，国防安全的危机还没有发生，而艾森豪威尔总统是基于对国家长远发展的考量，将国防科技人才培养的问题提出，是防患于未然的措施。肯尼迪总统和约翰逊总统提出自己的施政纲领时，美国社会的种族歧视和贫困还是潜藏的危机，民权运动尚未爆发，但两位总统已经对其严重性有了认识，这些问题的存在对于美国社会来说是巨大的危机，因此提出解决这些问题的施政纲领，是富有预见性的社会计划。可见国家安全与社会公平问题都是从国家的需要，从全局性的角度提出的问题，是美国国家层面的问题。

（2）国家安全与社会公平反映公共利益的矛盾

国家安全和社会公平问题是关系着国家利益和社会利益的矛盾体现，它们也是美国社会全体成员的公共利益。这是从政策议程和问题本身反映的利益关系来判断的。

首先从政策议程的角度来说，一元范式的政策问题是由政府议程提出的，政府议程是政府认为有必要采取行动解决某些问题，并将问题直接提上政策议程的方式，这些问题是政府职能范围内的、能力所及的社会问题，并且是政府深切关注的社会问题。政策议程是利益主体表达利益诉求的途径，政府议程是政府利益的表达途径，联邦政府提出政策问题就是因为这一问题关系到了公共利益。

追求公共利益实现是政府的职责所在，联邦政府会为了公共利益的实现而提出政策问题，这是由其职责产生的要求。国家安全和社会公平社会契约论者认为"国家和政府建立的目标是为了保护人们的公共利益"[139]48，美国政策科学家詹姆斯·E·安德森也曾经说过，"政府的任务是服务和增进公共利益"[140]13-14，政府不仅要管理社会事务，还要承诺维护社会的公共利益，对公共利益负有不可推卸的责任。根据社会契约论，国家与政府的一切权力来源于公民与公民之间的契约，或是来源于公民的委托，主要目的是为了全体社会成员的公共利益，维护公共利益是政府的责任，否则就是政府责任的缺失，政府责任缺失就意味着权力合法性的丧失，所以政府使用公共权力的出发点和最终归宿必须着眼于实现最大限度的公共利益。[141]可见，联邦政府存在的合法性前提就是维护公共利益，公共利益是联邦政府利益的重要组成部分，当公共利益受到威胁、不能得到实现时，联邦政府必然会将公共利益矛盾问题提上政策议程。

其次，国家安全与社会公平问题本身也确实是关系着公共利益的问题。国家安全是一个国家生存和发展的最根本条件，维护国家安全永远是一个国家根本的、首要的公共利益，国家安全也是国家利益其他方面的基础，只有一个国家的安全得到保障时，才能维护政治、经济以及文化利益。国家安全是国家范围内社会全体成员最基本的利益，只有国家安全得到保障，才使公民个人最基本的生存需要得到保障，公民个人才能追求自身利益的实现。社会公平是一个社会利益关系的概念[142]，本质上是合理利益划分的问题，当私有财产出现以后，随着人们之间的利益逐渐分化，在相互交往中的利益冲突也逐渐增多，这时就产生了合理划分利益的要求，这种要求就是社会公平的要求[143]，即"社会公平意味着每个人在社会经济领域里得其应得"[144]。国家安全与社会公平是所有社会成员都能共享的、共有的利益，只要国家安全与社会公平利益存在，就能够使全体成员从中受惠，不能将一部分人排除在外。

3、多元范式政策问题所解决的利益矛盾

在学生运动的推动作用下，联邦政府将高等教育供求矛盾问题提上政策议程，学生运动本质上是由高等教育供求矛盾引起的，这一问题属于高等教育问题，学生与高等教育的供求矛盾，是学生个人利益矛盾的反映。

（1）高等教育供求矛盾是高等教育问题

学生运动的发生发展给美国社会造成极大的影响，使其成为美国联邦政府不可忽视的问题，但学生运动产生的原因归根结底还是属于高等教育问题。

学生运动表现为社会问题，问题通常泛指实际状态与期望之间的差距，所谓期望就是主体对利益需求的期望，当社会现实没有满足主体的利益需求时，问题就产生了，人们往往通过一定的行动来表达自身的利益需求，人们的行动会造成彼此间的冲突，表现为一种客观事实或问题情境[54]94-96。学生运动就是学生个人的利益需求没有得到满足的情况下，采取行动来表达自己需求的行动。学生的利益需求没有得到满足是高等教育供求矛盾的原因，学生

是受教育者也是需求者，大学是教育者也是供给者，高等教育供求矛盾是学生与大学之间的矛盾，矛盾的产生是学生在学校接受高等教育的过程中，是学生的"过程"层面高等教育机会的供求矛盾，无论是矛盾双方的身份、矛盾产生的时间、矛盾产生的地点，还是矛盾产生的原因，都是高等教育内部的问题。

（2）高等教育供求矛盾是个人利益矛盾的反映

学生与大学之间的矛盾属于个人利益矛盾，这一点从政策议程和问题本身都能够反映出来。

首先从政策议程来说，学生运动促使高等教育供求矛盾成为政策问题，属于公众议程。公众议程是某个社会问题引起社会公众的普遍关注，他们认为这些问题应当由政府来解决并采取行动要求政府来解决，迫于压力，政府也会将这些问题提升为政策问题加以解决，当然公众大都是基于自身利益需求而采取行动，所以由公众提出的问题代表着公众的利益需求。[54]106,113 学生运动就是学生自身的利益需求的表达，他们通过各种形式的抗议活动，甚至暴力冲突，表达自己不满的同时，也希望通过自己的行动引起政府对自己需求的重视，学生希望政府解决自己与大学的矛盾，使自身的利益需求得到满足。

其次，就高等教育供求矛盾问题来说，是关系着学生个人利益的问题。学生与大学形成供求关系，学生是高等教育的需求者，有接受高等教育机会的需求，大学是高等教育的供给者、生产者，为学生提供高等教育机会。学生个人对高等教育机会的需求是自身生存与发展的需要，它不仅包括获得入学的机会，还需要在教育过程中得到良好的教育体验和经历，不仅包括当下的要求，如学习高深知识、提高精神素养，还涉及到以后的个人利益，获得职业培训以谋求职业发展等等，这些需求都与个人利益密切相关，是未来生活水平、社会阶层、工作收入等方面的利益。

从以上分析可以看出，学生运动问题的本质与一元范式政策问题的本质是不同的，从政策本质是利益选择与分配的角度来说，政策总是以某种利益关系为调节对象，以某种利益分配为最终目的，一元范式政策以调节和分配公共利益为目的，自然无法调节个人利益。

四、政策目标：从入学机会平等到发展机会平等

    政策目标的改变是政策范式转型的第二个表现。政策目标是解决政策问题的一种预期目标，是"对决策者解决政策问题的前景的一种展望、设计和构想，是期望通过制定和实施政策所要达到的效果"。[55]116 正是由于目标与问题之间的密切关系，所以政策问题改变时，政策目标必然会发生改变。但政策目标并不仅由政策问题决定，它是事实因素和价值因素共同作用而形成的。事实因素是政策目标形成的客观条件，具体来说，事实因素就是当时社会所存在和决策者所要解决的一些具体问题，政策目标是解决政策问题的目标，因而政策目标的提出离不开对社会问题及其成因的深入考察。

    价值因素是指政策制定者的价值观，是政策目标形成的主观条件，它作为先决条件影响着政策目标的形成，使政策目标表现出某种价值观的倾向。政策制定者的价值观绝不是一己好恶，它会受到社会主流价值观的影响。政策制定者的价值观之所以要与社会主流价值观保持一致，是因为这关系到政策形象，关系到公众对政策形成的是支持还是反对的态度：如果公众对政策中的价值观赞同，就会支持政策的颁布与实施；反之则会反对政策。所以，当社会主流价值观改变时，政策制定者的价值观也会受到影响，政策目标也就会有所改变。因此，在分析政策目标的改变时，还应重点考察社会主流价值观的变化，而且政策范式作为一种与价值观、利益观紧密相关的观念框架，它本身就是价值因素的综合体现，因此，对政策目标中的价值因素进行研究，有助于深入探讨政策范式本质特点。

综上所述，事实因素与价值因素共同作用才能形成政策目标，单从任何一个因素都无法完整理解和认识政策目标。本章正是从以上的视角出发，对美国联邦政府高等教育政策的政策目标改变进行分析，分别研究一元范式与多元范式政策目标形成的事实因素与价值因素，并力图揭示政策制定者价值观改变的影响因素，以探讨新旧政策范式的差别。

（一）一元范式的政策目标及其形成过程

1、一元范式的政策目标：入学机会平等

一元范式的政策目标是入学机会平等。在政策文本中，政策目标的表述并不是入学机会平等，而是教育机会平等。教育机会平等可以分为两个层次，入学机会平等和发展机会平等，从一元范式政策的内容与实施情况看，一元范式政策目标是高等教育入学机会平等。

（1）教育机会平等的层次

教育机会平等是美国联邦政府教育政策的目标，该目标是社会公平与正义目标在教育领域的体现与延伸，教育机会平等本身是社会公平的一部分，同时也被视为实现社会公平正义的手段，因此本研究采用社会公平的角度而非教育公平的角度来分析教育机会平等。

机会平等是社会公平的一个方面，分为平等进入和平等起点两个层次，平等进入层次是指在进取和升迁方面没有歧视，为平等的能力提供平等的利用机会，需要强调的是平等进入是"为平等的能力"，而不是为一切人，至于能力上的不平等是如何产生的，是先天的还是教育的结果，并不是平等进入能够解决的问题；平等起点是一个完全不同的问题，平等起点是如何平等地发展个人潜能的问题，一旦每个人被给予最大可能的公平起点，即允许他发挥全部潜能，在这个起点之后就应当让个人通过自身的功绩和能力争取上进。[145]380 从机会平等实现的程度上来说，平等进入层面的机会平等只是形式上的平等，而平等起点层面的机会平等是实质上的平等，平等进入和平等起点这两个层面之间没有矛盾，不过从理论逻辑关系上来讲，平等起点应该先于平等进入，但是在现实世界中这个顺序被颠倒过来了，从政策的角度来说，平等进入的政策实施要比平等起点的政策容易得多，因为形式的平等比实质的平等更容易实现。

根据机会平等两个层次的内涵，本研究将教育机会平等分为两个层次，平等进入层面的教育机会平等是指高等教育入学机会平等，强调的是为平等的能力，平等起点层面的教育机会平等是指高等教育发展机会平等，强调的是发展个人潜能。

（2）入学机会平等目标的政策内涵

1）强调向优秀者提供教育机会

从一元范式的政策文本内容来看，联邦政府在法案中尤其强调面向优秀的、有能力的学生提供高等教育机会，符合平等进入层面的教育机会平等。

《国防教育法》法案中明确提出，"我们必须更加努力识别和教育更多的我们国家的天才，确保一切有能力的学生不会因为经济需要而丧失高等教育机会"，"（获得联邦资助的学生要）具有优秀的学术背景，在科学、数学、工程或一门现代外语方面有出众的能力"[146]；《高等教育法》中也规定，获得教育机会助学金的学生，"应该已经被某一所大学录取，在学术和创造性方面具有发展潜能、有能力保持学习成绩优秀"，显然联邦政府反复强调优秀、有能力，是强调教育机会平等是提供给优秀的、有能力的学生的。

除此之外，联邦政府在《高等教育法》中设置了教育机会助学金，该助学金面向中学毕业生提供，在目的声明中写到，"本节的目的，是通过高等学校提供'教育机会助学金'，以帮助那些经济特别困难的合格中学毕业生接受高等教育并能从中获益。由于学生个人或者家庭缺乏经济来源，如果没有这样的帮助，他们就不可能获得这样的利益。[19]85"从这点规定可以看出，其实联邦政府所强调的教育机会是入学机会。

2）扩大优秀者的教育机会

从政策实施情况看，联邦政府的教育机会更多的提供给了优秀学生。一元范式的政策中学生资助项目设立的意图是消除贫困优秀学生的经济障碍，帮助贫困学生中的优秀学生获得高等教育机会，因此受助学生的标准应该是优秀与贫困，即只有贫困的优秀学生才能获得联邦政府提供的资助。换句话说，联邦政府本意上是提供教育机会给优秀的贫困学生的。实际上学生资助项目的实施是由高等学校来完成的，学生首先要被一所高等学校录取才能获得申请联邦资助的资格，然而高等学校录取学生的标准往往是学术标准，经过高等学校录取标准的筛选，再筛选贫困的优秀学生，使得联邦资助发放的贫困标准大打折扣，有调查显示，联邦资助较多地流向了中等收入学生甚至高收入学生，而贫困学生获得资助的比例很小。可以说，一元范式扩大高等教育机会的对象原则上是贫困的优秀学生，而实际上更多的是为优秀学生提供了高等教育机会。

向平等的能力提供平等的机会，而不是为一切人，是平等进入层面机会平等的主要特征，一元范式的政策以"优秀"为选拔受助学生的标准，在政策实施中，高等学校发放资助的方式，也确实是向"优秀"学生提供教育机会，所以本研究认为一元范式的政策目标是入学机会平等。

2、入学机会平等目标形成的事实因素：人才匮乏与人力资本短缺的要求

入学机会平等目标的形成离不开事实因素，国家安全与社会公平问题的成因，提出了扩大高等教育机会的现实要求。从艾森豪威尔总统提出国防安全计划时的背景来看，对国家安全问题的担忧是由于国防科技人才的匮乏，而大量的天才由于经济的原因而丧失了高等教育的机会，是国家的严重损失，扩大高等教育机会，避免天才的损失是解决国家安全问题的要求；在约翰逊总统的伟大社会计划中，解决贫困问题是解决社会公平问题的关键，而贫困问题的产生是由于贫困群体的人力资本短缺，这些事实都要求联邦政府扩大贫困群体的高等教育机会，为贫困学生提供平等的高等教育机会。

（1）国家安全问题产生的原因：国防科技人才匮乏

1）科技人才供给不足

自二战以来，科技人才匮乏的问题在美国就已经出现，美国科技人才的供给主要有两条途径——移民和美国大学培养，二战的爆发使这两条途径都受到影响，战争爆发大大减少了向美国境内移民的人数，移民中的科技人才自然也随之减少。

外国留学生是美国潜在的科技人力资源，单从外国留学生移民美国的人数就能看出一些端倪，1929年入境美国的外国留学生仅有1898人，经济危机爆发后外国留学生人数明显减少，1932年只有1266人入境，而且在美的留学生在1924年至1932年期间回国的学生数占54.94%，之后留学生人数骤减，直到二战后才有所回升。[147]可见通过移民途径获得的科技人才，在数量上无法满足二战期间美国对人才的大量需求。

由于需要大量的军人参战，本该读大学或继续深造的青年人不得不放弃学业去参军，美军人数增长消耗了大量的大学生源，自然影响科技人才的供给。根据美国商业部人口调查局的调查数据，美军人数在 1940 年为 45.8 万人，到 1945 年跃升至 1212.34 万人，短短五年时间暴涨了 26 倍之多，在增长的美军中，18 岁至 29 岁的大学适龄军人占 75%以上，而在此期间大学授予学位人数减少，五年间全美大学授予学士学位的人数减少近 33%，硕士学位人数减少约 50%，博士学位人数减少 30%以上。[148]

时任美国科技研发办公室主任的万尼瓦尔·布什对美国停止人才培养的做法提出了批评，他说到："在战争时期无论是美国的盟国还是敌国，都没有完全中止在科学方面的教育活动，他们都维持甚至增加了训练科学家和工程师的国家计划，但是美国却没有这样做，除了那些从事军事研究的人以外，所有体格健全的大学毕业生均被征召入伍，征兵政策没有考虑国家对科学家和工程师的需要，导致战争期间几乎完全停止了科学技术领域的人员训练，由于这些停顿，直到战争结束至少六年以后，才能培养出相当数量的接受过研究训练的科学家；公民的智力是一种珍贵的国家资源，它的重要性程度胜过所有其他的自然资源，然而为了国家的利益，很多人穿上了军装，他们的天赋才智没有得到充分的利用，是美国对公民智力资源的巨大浪费。"[149]

1945 年，布什对人才短缺的情况进行调查发现，当时美国理工科学士的短缺已经达到 15 万人左右，科学博士短缺达到 16000 人，而且这种人才短缺将持续很长一段时间，据估计即使在十年后，美国在化学、工程师、地质学、数学、物理学、心理学和生物科学等学科领域，具有高级学位并能够进行独创性工作的年轻学者空缺人数仍有 1.7 万人。[149]73

1951 年，美国国家科学基金会强调，美国大多数的科学专业都存在不同程度的人力短缺，尤其是具有原创性和概念化能力的科学家严重不足。艾森豪威尔总统发现美国的国防科技人才培养不及苏联，"尽管美国人不愿承认在科技人才培养方面落后于苏联，但这却是一个必须要承认的事实"，有议员举例说 1954 年苏联培养了 40000 名工程师，而美国只培养了 23000 名[150]204，也有议员认为苏联现在和几年内培养的科学家的数目是美国的两倍还要多[9]37，尽管单纯从数量上比较不能作为唯一的标准，但可以说明的是美国科学人才短缺的事实。

二战后，美国大学的人才培养逐步恢复，理工科专业人才培养力度加大，进入到前所未有的新阶段，毕业生人数在1947年至1956年间达到32万人，是1932年至1941年毕业生人数的2.6倍以上。[148]但是战争期间几乎耗尽了科学知识与科学人才，这样的增长并不足以改善长期的人才匮乏局面。

2）科技人才需求迫切

随着战后两国竞争的展开，科技人才的重要性越来越突出，美国科技人才匮乏的局面也越来越明显，对科技人才培养的需求越来越迫切。人的因素在战争与国防安全中的地位越来越重要，科学史学家将一战称为"化学家的战争"，而将二战称为"物理学家的战争"。[151]102军事技术创新、先进武器创制，无不需要大量的国防科技人才作为后盾，先进的军事技术需要科技人才来掌握，先进的武器也需要科技人才来应用。这些足以说明科技人才的重要性。

然而美国科技人才匮乏的情况越来越凸显出来，人才的匮乏还导致美国国防技术的落后，"正因人才的缺乏，才导致美国没有在技术领域取得任何的进步，哪怕是国防安全所需的技术"[152]。联邦政府的一些部门和议员纷纷要求采取行动，美国国防动员局强调，"国家安全已经处在危险中，与我们潜在的敌人相比，我们在科技方面已可能无法保持优势了"[153]，艾森豪威尔政府劳工部部长詹姆士·米切尔提出，"美国在冷战中的优势地位正在一步一步地丧失，为了阻止这种状况，我们必须开发和利用我们的技能，提高人力的储备和利用水平是十分必要的"[154]60-61；1956年原子能联合委员会呼吁"联邦（需要）花费资金培养足够的受过良好培训的工程师和科学人才，以保持我们在这个重大科技进步时代的安全"[150]205。

（2）国家安全问题的解决途径：增加国防科技人才培养

1）美国教育系统存在的问题不利于科技人才培养

美国对国防科技人才的迫切需求，使教育被提升到国防的高度，"国防将不再是武力和人数的较量，而会转变成人才的竞争……教育才是真正的国防"[9]34。国防科技人才的培养、人力资源的开发，归根到底取决于充分发挥教育的功能，而当人们的目光集中到教育系统时，却发现美国教育系统存在两个方面的问题，一是没有充足的国家立场，二是辍学率过高，这样的现实不利于国防科技人才的培养。

第一，美国教育系统存在的一个不足就是国家目标不清晰。苏联卫星事件发生后，美国公众开始反思美国教育系统，认为美国的教育系统不及苏联教育制度之处是：苏联教育有着较强的为国家服务的目的性、有服务于国家的意识，而美国教育系统过于自主，美国教育理事会认为，"苏联的教育制度缜密而强有力，相比之下，美国的各级教育中过分强调自由化、兴趣化和以学生为中心的教育模式，造成了学生浮躁的风气和畸形的知识结构"[155]76。具体来说是美国教育系统的课程内容中，与国防科学技术密切相关的基础性学科受重视程度不足，基础性学科薄弱，削弱了国防科技的发展与人才的培养。有数据显示，在1900年时，有56%的高中学生学习代数，而在五十年代中期时，这个比例仅有 24%，比五十多年前少了近一半，几何和物理学科的情况也是如此，甚至更糟。[152]

第二，美国教育系统中存在的另一个严重的问题是辍学率高的问题。20世纪四十年代，布什调查发现，由于经济和地理方面的原因，美国的辍学率很高，每千人中只有 72 人能够完成大学教育，致使很多智力发达的年轻公民未能获得适当的训练，这对国防科技人才的培养是极为不利的。"美国有着较高的入学率，美国 95%的五年级学龄的男孩女孩们都在上学，国民们可能会为这么高的入学率感到自豪，但是五年级以后入学人数的下降却不能令人满意，每一千名五年级学生中有 600 人在高中结束之前就失学了，而除了 72 人以外，几乎所有的人在完成大学教育以前就停止了正规教育。[149]76" 布什认为在辍学的几百名学生中，一定存在具有科学才能的人，这些学生由于各种原因没有完成中学学业，不能进入大学学习，是人才的极大浪费。

正是因为教育系统存在的不足，美国教育系统难以保障国防科技人才的培养，"即使是从国防安全的角度去考虑，也有充分的证据证明，美国没有有效的培养、训练科学家和工程师的途径，无论是现在还是将来，美国的教育系统都还不能为社会提供数量充足的、受过良好教育的科学家和工程师"[152]。

2）增加国防科技人才培养需要扩大高等教育机会

在美国科技人才匮乏的情况出现后，扩大高等教育机会的目标就被提出，20世纪40年代，针对高等学校辍学问题，布什提出了扩大高等教育入学机会的目标，"为了扩大特别有资格（科学才能）的男女们的队伍，有必要增加进大学的人数。这包括提高中学教育水平，改进帮助个别有才能的学生完成中学学业的措施，增加更有能力和前途的中学生进入大学的机会。做不到这些事就意味着高等教育的严重浪费和人力资源的忽视"[149]77。美国教育系统过高的辍学率会导致大学毕业生数量不足，从中产生的科学家和工程师也就更少，所以要增加国防科技人才的培养，必须要增加高等教育的入学机会，联邦政府应该关注的焦点是"天才的流失"，主要目标应该是帮助这些最有能力的学生，让他们获得高等教育入学机会。

在苏联卫星事件前夕，科学家们再次提出扩大高等教育机会的目标，他们表示，如果美国要解决在科学领域已经存在的人才缺乏的问题，联邦政府需要做大量的工作来加强中学和高等教育，在高等教育方面采取的措施就是扩大高等教育入学机会，"在高等教育领域，最大的困难和极大的机遇都摆在我们面前，高中进入大学的学生比例必须要提高，很多非常优秀的、合格的青年男女不能接受高等教育，是我们在科学和工程领域面临严重问题的原因，也是其他领域面临发展困境的原因"……"美国要想迎接来自苏联的挑战，唯一的办法就是增加个体的受教育机会"[152]。

苏联卫星事件后，众议院提交了一份教育政策建议的报告，在报告中申明要加强美国教育系统的立场，"美国正面临着来自集权主义的挑战，在科学、工业、管理、军事力量、国际关系等许多领域的严重和持续的挑战，要迎接这些挑战，需要美国教育承担这勇敢的责任，不夸张的说，美国在很多领域的进步，可能都极大的依赖于我们为我们的年轻人所提供的教育。[156]35" 很多议员也非常支持联邦政府扩大高等教育入学机会的政策，支持者之一马萨诸塞州议员菲尔宾认为，美国教育系统由于成本的不断增加，妨碍了许多有理想、努力奋斗的青年获得自己想要的教育机会，联邦政府扩大高等教育机会的政策，标志着美国教育向前迈出了明显的、必要的一步。[9]37 可见，扩大高等教育入学机会在联邦政府内部已经获得普遍的支持，这为一元范式政策目标的提出奠定了现实基础。

（3）社会公平问题产生的原因：结构性失业导致的贫困问题

1）失业是美国社会贫困问题的主要原因

60年代初，贫困问题被视为妨碍社会公平的最大障碍，从理论上来讲，贫困问题产生的原因有众多的解释，其中一类是结构、经济论，认为贫困与社会结构和经济有关，社会结构论认为贫困的直接原因是不平等的机会，包括经济机会、教育机会、政治权利以及种族性别的不平等；经济论认为贫困群体由于缺乏经济资源，阻碍了个人人力资本的发展，个人缺乏日益复杂的经济所需的知识与技能，进而降低了该群体找到好工作的能力。[110]

20 世纪 60 年代美国的贫困问题主要是由失业引起的，一旦失业就会陷入贫困，这就是 20 世纪 60 年代美国的贫困与失业之间的联系，对于普通的工薪阶层来说，一旦失业就意味着与贫困为伍。据统计，20% 的美国家庭和 40% 的个人贫困原因均是缺少工作，1961 年美国就业者的平均收入为 3700 美元，失业 5-6 个月的平均收入仅为 2300 美元，而失业达到 6 个月以上的平均收入仅为 1433 美元，当时美国的贫困线标准是 3000 美元，根据这一标准，个人只要工作就不会贫困，而一旦失业就会陷入贫困。[113]

美国黑人的贫困率极高，1959 年美国社会所有人口的贫困率是 22.4%，白人的贫困率为 18.1%，黑人的贫困率则达到了 55.1%。[108]12 黑人群体的失业情况更加严重，黑人失业率一直处于较高水平，从 1940 年到 1960 年，黑人失业率不断增高，1940 年黑人失业率为 16.8%，白人失业率为 14.2%，相差并不悬殊，1950 年白人失业率为 4.9%，而黑人达到 9%，已经开始出现两极化的趋势，到 1960 年，两极化趋势加剧，白人失业率为 4.9%，与十年前相比基本没有变化，而黑人的失业率则继续增高达到了 10.2%，1961 年，20 岁以上的白人失业率为 5.1%，黑人为 12%，16-19 岁的白人失业率为 15.3%，黑人为 27.6%。[108]14

2）科技发展导致结构性失业

20 世纪 60 年代美国失业率的增长是由科技的发展带来的，也可以说正是科学技术在使更多的人变穷。战争期间美国进行的以军事研究为目的的科学研究，产生了大量的科技成果，战后这些科技成果被广泛应用到美国经济与社会生活中，带来了 50 年代初的美国第三次科技革命，这次科技革命以原子能、计算机、空间技术以及自动化为标志，在工农业生产中应用控制论、系统论和信息论，实现了生产过程的自动化、集约化和序列化；科技革命推动了美国产业结构和经济结构的变化，第一、二产业比重下降，第三产业上升，新兴工业迅速崛起，对技术、知识要求更高的电子计算机、原子能、半导体、宇航、激光、人工合成材料工业等新兴部门发展迅速，钢铁、采矿、纺织、汽车等传统工业停滞。[157]8

美国产业结构和经济结构的改变，给 60 年代初美国劳动力市场带来的冲击越来越明显，生产制造业在美国经济发展中的比重下降，工厂职位数量从占就业职位总数的30%下降到20%，制造业新增就业机会锐减，1958年至1962年间减少了100多万，农业、建筑采矿业等其他行业，就业机会出现锐减的情况，尤其是自动化的应用，正在"以每周35000人的速度排挤工人"。[157]8

麻省理工学院教授诺伯特·维纳在1948年出版的著作《控制论》中讨论了自动化带给社会的影响，他认为机器可能会以前所未有的速度代替劳动力，自动化会使那种简单重复性的工作减少，对这类劳动力的需求降低，直至完全消失，30年代经济危机时发生大面积的失业，但是与此次自动化带来的失业相比，经济危机带来的失业只不过是儿戏而已。他强调，新工业革命是一把双刃剑，它可以造福人类，也可以毁灭人类，如果不能理智地利用它，就有可能很快地发展到毁灭人类的地步。[158]维纳教授自动化能毁灭人类的言论有些耸人听闻，科技进步、工业革命毕竟是社会进步的表现，它给人们带来很多的福祉，但是不能否认的是科技革命带给劳动力市场的冲击，对于失业者来说却是致命性的打击。

结构性失业最突出的表现就是，在失业率上升的同时，大量职业岗位无人可用。1963年美国经济顾问委员会在写给总统的经济报告中提出，"结构性失业问题，即技术与就业需求之间的不平衡问题长期存在，而且很严重"。[155]68在制造业就业机会锐减的同时，美国经济中的服务产业比重不断上升，职位数量从12%增长到15%，1957年至1961年间，美国新增就业机会由每年的70多万减少至17.5万，平均每年减少75%，四分之三左右新增的就业机会都来自服务业，这种变化说明美国就业市场的失业是结构性失业，那些无需太多技术的产业及产业工人被逐渐挤出生产和技术市场，而大量技术性职业岗位，如科学家、工程师、医师、教师和办公室职员等岗位无人问津。[157]8

在《另一个美国》中，哈林顿也说到了结构性失业问题，"新近变穷的人当中，一些非熟练工人和半熟练工人，他们年轻力壮的时候很幸运，还能在贫困线以上生活，但在以后，生活情况则一年不如一年，……有些曾经有过工资不错、劳动条件也不错的日子，但是以后，他们便处于科学技术发明的集中围攻之下。"……"科学技术使他们在经济上成为多余的人，因而只适合于进入经济底层。"[159]127-128科学技术发明使生产自动化的程度大幅提高，一些简单的重复性劳动的工种被机器取代，从事这类劳动的工人只能下岗重新就业，但是由于科学技术发明，使劳动的知识技能含量提升，对工人的知识技能有了更高的要求，而失业者并不具备这些能力，只能陷入贫困。

（4）社会公平问题的解决途径：提高人力资本水平

1）人力资本理论有利于解决贫困问题

20 世纪 60 年代初，人力资本理论兴起，它为联邦政府的政策提供了理论依据，为解决失业与贫困问题提供了解决路径。1960 年，美国芝加哥大学教授西奥多·W·舒尔茨在美国经济学会年会上发表了《人力资本投资》的演讲，使人力资本理论进入了普通大众的视野并流行起来。舒尔茨将人力资本界定为凝集在劳动者身上的知识、技能及其所表现出来的劳动能力，人力资本水平的形成是投资的结果；舒尔茨把人力资本投资的范围和内容归纳为以下五个方面，第一方面是卫生保健设施和服务，第二方面是在职培训，第三方面是正规的初等、中等和高等教育；第四方面是有组织的成人教育计划；第五方面是个人和家庭因就业机会的原因进行的迁移。[160]31

人力资本理论的核心思想就是教育投资能够提高个人的知识、技能，提高劳动能力。舒尔茨研究发现，在 1940 年至 1958 年间学完一至四年中学课程的工人所占的比例从 38%上升到 52%，受过一些高等教育（学完一至四年以上课程）的工人在美国劳动力中所占的比例从 13%上升到 19%。[160]59 可见，教育投资在劳动力市场上的需求呈逐年升高的趋势。对于贫困问题，舒尔茨认为贫困落后的根本原因不在于物资资本的缺乏，而在于人力资本存量的匮乏和长期以来对人力资本投资的忽视。[161]3 对人力资本投资的忽视，其实就是对教育的忽视，由此造成人的知识与技能的匮乏。有数据显示，1962 年，接受过一年及一年以上高等教育的白人男子的失业率只有 2%，而接受教育总计不足 8 年白人男子的失业率则达到 8%以上[113]，6%的巨大差距是教育的缺失导致的。由此推论，增加教育投资有利于贫困问题的解决。

2）提高人力资本水平要求扩大教育机会

人力资本理论正好为约翰逊重视教育的做法提供了理论基础，"失去工作是导致贫困的原因，但这仅是表象，失败的根源……在于教育与训练的缺少"[107]24，约翰逊将教育不足视为导致贫困的主要根源，并提出将学校作为武器来消除贫困。约翰逊总统的经济顾问赫勒在 1963 年 11 月递交给约翰逊总统的建议中指出，"没有受过任何教育的文盲在贫困中所占的优势地位令人震惊"，正因如此，所以"教育在任何反贫困战略中都是核心"。[113]

得到顾问科学家的认可，约翰逊总统更坚定了利用教育与培训解决贫困问题的决心。在 60 年代，教育机会与经济机会的不平等是贫困产生的主要原因，这一观点在美国社会被普遍接受，良好的教育机会对于一个人的发展至关重要，受教育程度越高，在日后就业和发展中的机会就越大，可以说，扩大教育机会与扩大就业机会是相辅相成的。如果能够通过投资教育来补足差距，那么失业率就会有所下降，贫困自然有所减少。人力资本理论之所以能够成为联邦政府解决失业与贫困问题的理论基础，正是因为教育投资能够提高劳动者的劳动能力，而个人的知识、技能与劳动能力，与其在劳动力市场中的就业机会和工资水平有着正相关的关系，个人的知识技能水平越高，在劳动力市场中找到好工作、获得高收入的机会越大。通过教育和培训，提高劳动者的知识能力，能够使失业人口再次进入劳动力市场，从而获得收入摆脱贫困。正是因为扩大就业机会有着提高人力资本水平的要求，联邦政府才提出了扩大高等教育机会的目标。

3、入学机会平等目标形成的价值因素：精英主义原则

从一元范式的政策问题出发，人才匮乏与人力资本缺乏的事实的确有助于提出扩大高等教育机会的政策目标，但却不能提出入学机会平等的政策目标。入学机会平等强调为平等的能力提供平等的机会，即便国防安全需要优秀的人才是合理的，但解决贫困问题依然强调平等的能力则是不合理的。这是因为政策目标中包含着价值因素的作用，仅仅从事实因素出发是无法形成政策目标的。入学机会平等目标的形成，有着价值因素的参与，美国政治文化具有二元价值观，在精英主义原则的影响下，一元范式才形成入学机会平等的政策目标。

（1）美国政治文化中的二元价值观

美国政治文化中一直存在着二元的价值观，即普遍主义原则和特殊主义原则的价值观，普遍主义原则是指普遍平等的自由主义原则，特殊主义原则是指白人新教的精英主义原则，精英主义原则也指保守主义原则，两个貌似相悖的原则并存与相互矛盾是美国政治和社会发展的动力之一。

普遍主义原则与特殊主义原则在美国的政治中发挥着不同的作用，对于两者的关系及作用有着这样的论述："前者是明示的，后者是潜在的，前者为美国的政治动员和政治社会化提供了主要价值理念，后者则是相当长时间内作为精英与民众默认的共识，规范着人们的行为，并且在处理一些具体的政治社会矛盾时发挥作用。两者既相互矛盾，又相互补充。[162]"所谓前者是明

示的，是指普遍主义原则是非常明确提出的，体现在美国《独立宣言》中的"人人生而平等"原则，作为普遍主义原则的"人人生而平等"，其作用是为人们提供平等的权利保护，使每个人都能以平等的公民身份追求自己的权利和利益，这一原则使美国政治体制具有开放性，它存在的意义在于能够为人们反对现实生活中存在的各种不平等、排斥和歧视提供合法性的依据；所谓后者是潜在的，意思是特殊主义原则并没有像"人人生而平等"一样被明确提出，但却是存在的，确确实实发挥着作用的。

在美国的政治实践中，普遍主义原则只是政府坚持的一个立场——公民自由平等的立场，这个立场说明政府存在的目的是保护人人平等的权利，这并不是政府的行为准则，在政治实践中，美国政府奉行的是特殊主义原则，即白人新教精英主义原则，强调理性在社会生活中的指导作用，强调智慧有德之士管理公共事务的正当性和必要性；从政府实践的层面来说，重视精英、选拔精英是政府进行管理的需要。美国政治二元表现在两方面，一方面是政府坚持公民自由平等的立场，另一方面是公众必须接受政府的引导和指导。共和制政府是对公众进行管理的形式，也就是由民众选出的具有"正直的意图和正确的判断"的、"见解高明、道德高尚"、"能走出局部偏见和不公正的计划的代表"。[162]杰斐逊也说过，"最佳政体就是那种能够把自然贵族（即智识与道德杰出之士）最有效地推选到政府职位之中的政体"[162]，其实两者表达的意思是一致的，即共和制政府需要杰出的、优秀的精英代表执行管理的任务。即使从实践的层面来说，政府管理公众并不是任何人都能胜任的，必须要兼具理性、道德与智慧的人才能胜任，而资质平庸的人是不行的，所以政府必然重视对精英的选拔与使用。

（2）精英主义原则对政策目标形成的影响

美国政治文化二元性对一元范式政策目标的形成有着深刻的影响，教育机会平等是联邦政府提出政策目标的文字表述，教育机会是公民享有的一项基本权利，联邦政府提出这一目标，意在说明教育机会是联邦政府提供给人们的、人人都能享有的平等的权利，这一目标在政治动员上是非常有利的，每个公民都不会反对与否定个人的基本权利，也就不会反对联邦政府的政策，但是在政策实践层面上，联邦政府的精英主义原则在其中起着更大的作用。

精英主义原则认为社会中的特定阶级的成员，在心智、社会地位或是财政资源上具有优势，是社会中的精英，他们的能力和智慧适合于管理公共事务，对社会的发展有重要的影响和作用，所以他们生来就应该作为管理社会的统治者。[163]早期的精英主义者是阶层化的，精英主义者位于社会阶层的顶端，如今随着社会阶层的流动，精英已经不再局限于某一阶层，但精英统治社会的规则并没有改变，社会的管理仍然依赖于精英，只不过精英可以从各个阶层中选拔出来，代替绝大多数来管理社会。

在精英主义原则的影响下，教育机会平等的政策目标在内涵上会趋向于面向精英、面向优秀者提供平等的教育机会，可以说精英主义原则是政策目标形成的先决条件，联邦政府在分析问题时，精英主义是先入为主的观念，所以凡是涉及到人才的问题，都会自动地注重精英。

有了精英主义原则的影响，入学机会平等的目标具有了合理性。从解决政策问题的需要来看，国家安全问题的解决确实需要大量的国防科技人才，国防科技人才的选拔以优秀为标准是无可厚非的，如果说从这一问题推出入学机会平等的目标，是较为合理的，精英主义原则的影响并不明显，但是在社会公平问题上，精英主义原则的影响就比较明显。在60年代初的美国，贫困问题是妨碍社会公平的最大障碍，通过教育与培训提高贫困群体的人力资本水平，使贫困的失业群体在就业市场中获得立足之地，从而使其摆脱贫困，是联邦政府政策的立足点，尤其应该面向贫困家庭学生扩大高等教育入学机会，但现实情况是贫困群体不仅存在入学的经济障碍，而且由于缺乏教育资源，贫困学生很难取得优秀的学业成绩，联邦政府的政策目标依然强调为平等的能力提供教育机会，显然从事实来说是不合理的，但是受到精英主义原则的影响，联邦政府在考虑教育机会扩大的对象时，依然会重视精英的选拔，面向能力的平等，所以才会形成强调平等进入层面的入学机会平等的政策目标。

（二）多元范式的政策目标及其形成过程

1、多元范式的政策目标：发展机会平等

多元范式高等教育政策的政策目标，在法案中的表述依然为教育机会平等，但其层次已经发生改变，一元范式的政策目标之所以是平等进入层面的教育机会平等，在于以学生学业成绩优秀作为资助标准，符合为平等的能力提供平等的教育机会，多元范式的政策做出了两点改变，使多元范式政策体现出平等起点层面的基本特征，所以多元范式的政策目标是发展机会平等。

（1）发展机会平等目标的政策内涵

1）以"需要"为核心的学生资助体系

多元范式政策形成了学生资助体系，为学生提供多种资助项目，并且消除了对家庭收入的限制，不再以优秀作为选拔学生的标准，这些变化说明联邦政府学生资助体系的关键词是"需要"，无需考虑学生的学习成绩，无论学生的家庭收入情况如何，只要学生个人需要联邦的资助，就都可以提出申请。

第一，联邦政府向学生提供多种形式的资助，在1972年《教育修正案》中，联邦政府设立了基本教育机会助学金项目，1965年《高等教育法》中设立的教育机会助学金更名为补充教育机会助学金，并与勤工助学项目、学生贷款项目一同形成了学生资助体系，在1978年、1980年分别进行了调整，形成了以基本教育机会助学金为主体、补充教育机会助学金为辅，勤工助学项目和学生贷款共同构成的学生资助体系，为学生提供不同形式的资助。

第二，联邦政府对家庭收入的限制不断提高，直至取消了对家庭收入的限制，资助覆盖了中高收入家庭学生，任何学生都可以获得学生资助。1972年《教育修正案》将学生贷款申请标准的家庭收入由15000美元提高到25000美元；1978年基本教育机会助学金，将家庭收入的标准从1500美元提高到2500美元，同时取消担保学生贷款对学生家庭收入标准的限定，不论家庭收入或资产多少，在校大学生均有获得联邦担保贴息贷款的资格；1980年建立面向大学生家长的无贴息担保贷款项目，本科生家长贷款项目，家长可为每位孩子贷款3000美元。低收入家庭学生可以申请教育机会助学金，而中高收入家庭学生可以申请联邦贴息贷款。

第三，不再以"优秀"为受助学生选拔标准。多元范式政策改变了受助学生的选拔标准，优秀与贫困是一元范式的政策文本中不断出现的标准，在政策执行中更是按照优秀的标准来执行，但在多元范式政策资助标准的规定中，只有基本教育机会助学金的资助标准中提到了"必须在中学后教育中保持令人满意的学业进步"，但这一标准与优秀相比大大不同，优秀是与其他人比较的优秀，而学业进步是个人自身角度的进步，是完全不同于优秀标准的。

第四，资助不再限制学生类型和学校类型，在一元范式政策中，公立学校的全日制学生是联邦政府资助对象，1972年的《教育修正案》中，联邦政府将资助的范围扩大到包括职业教育、社区学院、商业学院的学生，甚至扩大到兼职学生，私立学校的学生也有资格申请参加联邦资助项目，1976 年的《教育修正案》中，联邦政府将资助学生的范围扩大到"没有高中毕业文凭但是有能力从高中后教育中获益的学生"。[164]

2）联邦政府直接面向学生提供资助

在多元范式政策中，联邦政府采用直接面向学生提供资助的方式，受助学生资格也由联邦政府统一认定，这一改变实际上是对以"需要"为特征的学生资助体现的保障。

在一元范式政策中，学生获得联邦资助的路径是"学生——高等学校——联邦政府"，学生首先需要被一所高等学校录取，然后通过高等学校申请联邦资助，而能否获得资助不只取决于学生本人的成绩和家庭收入情况，还有很多高等学校设置的隐形条件，此外，只有与联邦政府签订了协议的高等学校才能申请联邦资助，这使学生获得资助的范围大大缩小。

在多元范式政策中，学生获得联邦政府资助的路径是"学生——联邦政府"，学生直接向联邦政府申请资助，当然也可以通过高等学校申请，由联邦政府审核学生资格，联邦政府掌握同一个标准，与各个高等学校的多重标准比较来说，更加公平公正，而且资助金可以直接发给学生个人，由学生个人进行支配。这种资助方式使联邦资助更加透明，标准统一，这样做的效果就是让学生了解自己能够获得的资助情况，结合自身的条件，选择有兴趣的学校入学，获得适合自己的高等教育，使自身的能力获得发展。这样的资助路径消除了高等学校的干扰，学生所选择的学校、专业对学生获得资助与否并无太大影响，学生可以更加自由地选择学校与专业。

多元范式政策内容上的这些改变，实际上改变了平等利用层面教育机会平等的存在条件，资助形式多样、资助范围扩大，改变"优秀"标准等特征，说明多元范式政策目标已经改变为平等起点层面的教育机会平等，"给予每个人最大可能的公平起点，允许他发挥全部潜能"是平等起点层面教育机会平等的特征，联邦政府的政策调整，是将所有学生都放在了同一起点，联邦政府对所有人都一视同仁，而学生在获得高等教育机会后，应当通过个人的能力争取上进。这显然体现着平等起点层面的教育机会平等，即发展机会平等的政策目标。

2、发展机会平等目标形成的事实因素：解决高等教育供求矛盾的要求

多元范式的政策目标是解决大学与学生供求矛盾的目标，这一目标的形成必须要对供求矛盾产生的原因进行分析，并根据解决供求矛盾问题的需要来确定政策目标。大学与学生的供求矛盾是"过程"层面高等教育机会的矛盾，这一矛盾是学生在接受高等教育过程中，大学侵犯了学生的权利，从而导致学生没有获得充分的高等教育机会。要解决这一问题就需要大学作出改革，保障学生权利，保障学生获得充分的高等教育机会。

（1）供求矛盾产生的原因：学生权利受损

1）大学侵害学生的受教育权和公民权

第一，重科研轻教学现象侵害学生受教育权。学生在大学中拥有受教育权，教育教学活动是大学的基本活动，学生作为受教育者是教育活动的主体，没有学生，教育就没有意义，受教育权是学生作为受教育者最基本的权利，它包括"上课的权利、参与教育教学活动的权利、选择教师的权利"[165]等，然而60年代的美国大学并没有保障学生的受教育权，教师重视科研轻视教学使学生的受教育权受到侵害。

60年代的美国大学，面临着大量学生入学引起的容纳力不足情况，教室紧张，教师也相对短缺，尤其是优秀的教授更是少之又少。由于美国大学实行终身教职制度，再加上研究经费管理制度的原因，导致教师注重科学研究轻视本科教学，"研究才是他赢得学术圈名声的资本，同时也和他的工资等级直接挂钩"[166]，而教学只是无足轻重的任务，在学生的记忆中，"他们（教授）主要的兴趣一定是在研究"，教授上课时，"其讲台高高在上，远离学生，如果你幸运，在人山人海中你能在教授面前露一下脸，如果你不幸运，只好从隔壁房间的电视里一睹教授的尊容"[166]，这也是60年代很多美国大学的真实写照。

研究生代课现象也非常普遍，由于教授热衷研究，所以常常分身乏术，便将较为次要的任务——本科教学交给了研究生，研究生作为学生本身有着繁重的学习任务，而且研究生的知识储备毕竟有限，因此本科课程的质量下降也是在所难免。[118]12 这样的教育过程与经历，带给对高深知识充满渴望、对大学课堂充满崇敬之情的学生极大的失望、失落，甚至愤怒。这是对学生受教育权利的极大损害。

第二，参与社会事务损害学生受教育权。大学参与的一些社会事务，也使学生的受教育权受到侵害。二战期间，美国很多大学都参与了联邦政府的后备军官训练（ROTC）计划，这是联邦政府通过地方的非军事院校培养军事人才的计划，在二战期间国家危难的关头，大学生们对这一计划并没有太多的抵触情绪，越南战争爆发后，联邦政府开始通过在大学生中征兵以补充兵源，很多大学开始强迫学生参加这一计划。学生们反对大学中实行这一计划，一方面是由于一部分学生为了逃避服兵役而选择上大学，另一方面是因为越南战争的非正义性，所以学生们非常抵制加入这个计划，但是大学却没有充分考虑学生本人的意愿，为了完成政府下达的任务，大学强迫学生参加该计划。

在伯克利大学，一名叫做弗雷德里克的学生被校方要求参加这一计划，弗雷德里克自己反对杀戮、反对与战争相关的一切活动，他向校方表达了自己的立场，伯克利大学向他出示了可以不参加计划的例外情况，包括身体残疾、参加过军事训练或者服过兵役、外国公民等，弗雷德里克并不符合这些情况，因此校方告诉他，如果想要上伯克利大学，就要参加训练计划，否则就不能留在伯克利。[126]29-30 在学生们看来，大学的做法无疑是在做联邦政府的帮凶，是这场非正义之战的帮凶。大学的做法严重损害了学生接受高等教育的权利。

第三，大学的管理侵害了学生的公民权利。美国宪法赋予美国公民基本权利，美国宪法第一修正案规定，"国会不得制定法律限制公民的言论、出版及宗教自由，或者剥夺公民和平集会及请愿的权利。美国人把宪法赋予他们的各项权利看作是至高无上的，无论是立法机构还是执法机构，都不能侵犯他们的权利"。[167]

学生作为美国公民，在学校中也享有与其年龄与智力相适宜的公民权利。[168]大学与学生的传统关系中，学生是受教育者，是被管理者，大学则是教育者和管理者，学生必须要服从大学的管理。大学对学生进行管理的主要目的是维护教育教学活动的进行，为教学提供服务，为学生和教师提供服务，但是大学的管理往往超越了这一目的。学生运动开始后，为了保证大学校园的管理秩序，很多大学对学生们的抗议活动做出种种限制，或者规定禁止学生进行校园内的抗议活动，学生们对校方的禁令很不满，认为这是对他们基本权利的剥夺，大学无视学生公民身份，肆意践踏学生的基本权利，侵害了学生的公民权利，甚至受教育权。

大学管理有着代父权威传统，大学生应该享有的权利被作为"家长"的大学所无视，连隐私权也常常被损害，大学管理者随意检查宿舍、监视宿舍、检查学生刊物，禁止学生言论，限制学生组识，规定学生穿着打扮，在貌似合理合法的校规下，对学生的评价不顾及学生的人格个性与尊严[169]；学校由行政人员、董事管理一切事务，他们不让学生参与管理，也不倾听学生的声音，学生在关系着自己的生活、课程与未来发展的管理制度、管理过程方面，丝毫没有发言权。大学对学生行为的过度限制，是对学生自由权利的限制，是对学生公民权利的侵犯。

2）学生权利受损是高等教育机会不平等的体现

大学对学生受教育权和公民权利的侵害，从根本上说是对学生的高等教育机会的损害，"每个学生都应该在接受高等教育的过程中，平等的享有接受其所选择的高等教育的机会"[170]31，从学生个人的角度来说，每个学生都应该获得平等的高等教育机会，这个平等的机会不仅仅是高等教育入学方面的平等，也是高等教育过程中的平等。在学生接受高等教育的过程中，学生的权利受到侵害是学生没有获得平等高等教育机会的体现。

联邦政府的另一个调查小组——纽曼调查小组也为学生与大学供求矛盾的定性提供了有力的证据。纽曼调查小组发现，美国大学生辍学现象非常严重，数据显示，在美国每年有超过一百万的青年进入大学，然而只有不到一半的学生能够完成两年的学习，只有三分之一能够完成四年的学习。举例来说，德克萨斯大学只有不到 30% 的学生能够毕业，即使五年之后毕业率也不超过 50%；加州州立大学系统最近报道，各个校区平均来说，只有 13% 的大学新生四年后会从大学毕业，最好的时候是 17%，最糟糕的时候仅有 8%。大学学生的辍学率是非常重要的指标，它能够反映出高等教育的一些问题，经过参考大量辍学学生的调查研究，纽曼小组发现学生辍学的原因有很多，比如女孩要结婚、男孩要找工作、许多学生并不适合大学教育等等，学生离开大学可能是个人的原因，比如缺钱、希望找到一份工作，但是可以确定的是，大量的辍学很大程度上反映出的是教育问题而非个人问题，大学没有抓住大多数学生的注意力，没有吸引学生的热情，对于很多学生来说，学生对大学不满，是因为上大学是一个很不愉快的经历，于是学生因为对人生目标与兴趣的重新规划而离开大学。纽曼报告指出，社会只履行了尽可能多的入学机会，但是却没有保障上大学成功的机会，高辍学率与扩大入学机会是不相符的，需要再次重申的是社会的责任不仅仅是提供入学的机会，而是一个有用的、对于个人来说非常重要的教育过程与教育经历。[171]1-3 纽曼报告指出了学生辍学是因为学生没有享受到美好的教育过程与教育经历，学生运动与纽曼的调查都显示出，大学与学生的供求矛盾是教育过程的不平等引起的高等教育机会不平等。

（2）供求矛盾的解决：提供平等的发展机会

1）大学教育与管理改革

要解决学生与大学之间的供求矛盾，需要大学为学生提供平等的教育机会，首先是要在教学与管理方面进行改革，具体来说，大学要为学生提供符合学生要求的多样化的课程，增强学生的权力，允许学生参与管理，给予学生自由选择权。

第一，提供多样化的教学方式和课程。大学要提供多样化的课程、灵活的教学形式，以及多样化的学习环境，供学生自由选择。对于中小学来说，给予学生平等的受教育机会，可以通过给予同样的课程来实现，这时学生之间的差距并不是很大，但是到高等教育阶段，由于教育经历、家庭收入、社会阶层、以及民族、种族等关系，学生之间的差距已经十分明显，平等的教育机会不能再以同样的课程来判断，而应该是不同的课程，多样化的课程。

60年代以来，学生群体的多样性带来了学生需求的多样性。学生们上大学的目的不同，如由于社会的压力、联邦资助金的刺激、工作招聘、获得文凭，或者延迟入伍；学生们想要大学提供多种多样的不同的学习方式与课程，比如增加学位课程的弹性，延长学习时间，更加自由的入学和退学等，非学位课程可以更加便利，转学更加简单，临近大学可以互相听课等；大学课程内容、科目与学生生活的关联性应该加强，学生要求和值得拥有的教育是能够为他们提供知识——有效的成为有责任的社会成员所需要的知识，大学应尝试将过去的经验、传统知识和学术方法与问题和现代社会的状况联系起来，达到更好的教育状况，那些深奥的、传统的、高度抽象的科目应该不能被忽视或者减少，但是必须要增加直接或具体的以现代世界为焦点的课程。尽管没有大学能够满足所有人的要求，但是应该提供更加多样化的教学形式和课程，激发学生的挑战和兴趣，使他们更加努力。

第二，增强学生权力，让学生参与管理。高等教育过程的平等也是参与的平等，"如果学校没有赋予每个学生充分参与教育过程的平等机会，使得一部分学生始终或者长期被安排在课堂教学、课外活动及班级管理的中心位置，其他学生则始终或者长期处于次要位置乃至边缘，甚至成为学校教育过程的局外人，就不能说后者完完全全地享受到了平等的教育权利"。[172]要使学生获得平等的教育机会，就要增强学生的权力，扩大学生在管理中的作用，包括参与学术事务、一般制度制定、参与学生生活管理规则制定等，让学生在参与管理的过程中，表达自己的意图，使大学的教育过程更加符合学生的要求。

第三，要给予学生自由选择权。"选择权是一种权利状态，选择的范围、主动性、多样性充分表现了个人所拥有的自由状态，选择代表了个人的利益，是个人利益的外在表现，个体也必须为选择承担责任。[173]"给予学生自由选择权是实现学生高等教育机会平等的基础，学生可以根据自身的特点，选择适合自己的、令自己满意的高等教育，从而使自身得到充分的发展，同时也可以促使高等学校为学生提供更好的教育。

2）给予学生平等的发展机会

高等学校提供多样化的教学方式和课程、允许学生参与管理、给予学生自由选择权等，是保障学生平等的高等教育机会的必然要求，从学生个人的角度来说，高等学校提供多样化的、可供自由选择的教育机会，是为学生提供了平等的发展机会。

发展机会的平等是"给予每个人最大可能的公平起点，允许个人发挥全部的潜能，通过自身的功绩和能力争取上进"[145]380，这也是实质层面的高等教育机会平等。个体差异说认为，每个人都是不同的，不同的人接受不同的教育才是真正的公平，就比如说为精英提供平庸的教育或是给庸才听精英的教育都是不公平的。[174]给予学生公平的起点，是要求承认学生的个体差异，并保护和发展学生的个性，"满足人的不同层次需要和不同人的不同层次需要"[175]37，使每一个人都能接受到适当的教育、适合每个人特点的教育。

要求大学提供多样化的教学方式和课程，允许学生自由选择，实际上是要求大学最大程度地给予学生公平的起点，学生个人的基础不同，需求不同，能力也有差异，多样化的选择是承认学生之间的差异性，并且以差异性为基础，将不同程度的起点展现给学生，让学生根据自身的条件和需要进行选择，多样化的选择在一定程度上消除差异性对学生高等教育机会的影响。对于学生来说，他们之间是平等的，处于平等的起点，他们的教育过程是公平的，能够接受到符合自己要求与能力的高等教育，允许学生发挥全部的潜能，获得最大程度的自我发展，这是在实质层面上保障了学生获得平等的高等教育机会，获得平等的发展机会。

3、发展机会平等目标形成的价值因素：普遍主义原则

发展机会平等目标的形成离不开价值因素，一直以来，联邦政府政治文化的二元价值观，是以普遍主义原则作为政治动员的主要价值理念，以精英主义原则作为政府实践的行为准则，对政策制定发挥着影响作用，但在20世纪60年代末70年代初，这种二元价值观有所改变，联邦政府的政治实践更多的践行着普遍主义原则，所以政策制定也深受普遍主义原则的影响，多元范式的政策目标才形成了平等起点层面的发展机会平等。

（1）普遍主义原则的特点

普遍主义原则有两个方面的特点，一个是普遍主义，它意味着在规范意义上，美国政治体制超越文化、种族和宗教等因素存在，或者说不要求国民在这些方面的同质性，甚至鼓励多样性，拒绝任何因文化、种族和宗教等因素产生的歧视与排斥。其实普遍主义的核心是重视多样性，美国是一个多元异质的社会，政体是建立在此基础之上的多元政体，多样性是美国政体存在的基础，"从制宪者的基本考虑来说，利益、观念与价值的多样性而非同一性，以及代表和追求这些利益与观念的各种群体的存在与竞争，乃是宪法原则的出发点，甚至是美国政治体制能够正常有效地运转的基本前提"。[162]保护人与人之间的差异性、多样性是美国政治体制有效运转的前提，只有具有多样性才能产生竞争，才能维持多元政体在竞争中的运转。

第二个特征是个体主义，个体主义意味着美国宪法的基本立足点是抽象的个人权利，个人作为单独的个体争取自身的权利，个体主义有助于每一个人以平等的公民身份追求自己的权利和利益。普遍主义原则强调对个人权利的重视，主要原因在于政府权力来源于个人权利。个人权利的让渡形成政府权力，"造物主赋予人们某些不可剥夺的权利，其中包括生命、自由和追求幸福，为了维护这些权利，于是在人们中建立政府，换个角度来说，政府的正当权力来自被统治者的同意，一旦政府破坏了这些目的，没有维护好人们的权利，人民有权改变或将其废除，并成立一个新的、其原则及组织权力的方式在人民看来最有可能实现其安全与幸福的政府。[162]" 所以政府若要好好的行使政府权力，就必须要重视个人权利，维护个人权利，否则人们将会重新选择一个政府。

普遍主义和个体主义在本质上是一致的，对于政府来说，是要求政府对人们提供平等的权利保护，政府必须给予每个人同等的地位和同样的重视。

（2）普遍主义原则对政策目标形成的影响

普遍主义原则强调的是对个人权利的重视，鼓励多样性，它对政策目标的影响，会使政策制定者在考虑政策目标时，着眼于个人权利，重视保护个人权利的平等，保护差异性与多样性。

解决学生与大学的供求矛盾这一事实因素所提出的政策目标是高等教育机会平等，从学生获得的高等教育机会来看，在60年代扩大高等教育入学机会政策的推动下，学生只是获得了高等教育入学机会，由于大学本身存在的不足，学生没有在教育过程中获得平等的高等教育机会，从高等教育机会本身来说，平等包括形式的平等和实质的平等两个层面，形式的平等是指入学机会平等，实质的平等是指教育过程与教育结果的平等，解决高等教育供求矛盾实际上是要求实现实质层面的高等教育机会平等，即教育过程的平等。由于家庭收入、社会阶层、民族种族等因素的影响，学生在接受高等教育之前不同教育经历的影响，学生在进入大学时的基础是各异的，如果大学为所有学生提供统一的课程、统一的评价标准，显然对于基础各异的学生来说是不平等的，实质的平等要求学校承认学生的个体差异，为学生提供多样化的课程、多样化的评价标准，即提供不同的、适应个人的差异性教育，适合个人起点与基础的教育，才能实现实质层面的高等教育机会平等。

普遍主义原则重视个人权利，强调多样性，可以说实质层面的高等教育机会平等目标，与普遍主义原则的要求是一致的，只是两者的立足点与角度不同，实质层面的高等教育机会平等是从宏观的角度、从高等教育的外部对高等教育机会的审视，而普遍主义原则更强调个体主义，以个人权利为立足点，以平等的视角来看待高等教育机会平等，可以说普遍主义原则对政策目标的最终形成起到了一定的修正作用，使政策目标的立足点调整到了个人的层面，高等教育机会是每个人的基本权利，每个人都应该受到公正的对待，这其中也包含着联邦政府在解决高等教育供求矛盾中的态度，即对所有人都一视同仁，所以联邦政府多元范式的政策目标，更加强调平等起点层面的发展机会平等目标。

（三）价值因素改变：社会主流价值观改变

1、公众态度改变反映出社会主流价值观改变

美国社会主流价值观的改变使政策目标的价值因素，从一元范式的精英主义转变为多元范式的普遍主义。用政策范式转型的相关理论来分析，社会主流价值观的改变会影响公众对政策的态度，政策总是与某种理念结合在一起的，比如爱国、公正等，当公众对政策的理念信服时，就会支持政策，当社会上产生新的理念并成为主流时，新的理念会影响公众对旧政策的理解，如果公众对原来的政策理念不再信服，就会反对政策。所以公众对政策态度改变，能反映出社会主流价值观的改变。在20世纪60年代末，原本对一元范式政策持有支持态度的公众，不再支持一元范式政策，这种态度的改变从60年代末公众对高等教育的质疑、对高等教育政策的质疑中反映出来，说明美国社会主流价值观发生改变。

（1）美国社会高等教育信念的建立与瓦解

1）高等教育有益于社会与个人的信念

公众对一元范式政策的支持态度，与美国社会的高等教育信念有关，高等教育有益于社会、有益于个人的信念支撑着人们对高等教育政策的支持。

高等教育有益于社会的信念在一战后就已经逐渐形成，高等学校参与战争的研究工作，为美国军队提供技术支持与保障，帮助了美国在战场上的胜利，美国的胜利不仅带给美国公众对国家政府的信心，也带给美国公众对高等教育有益于社会的信念。高等教育有益于个人信念的建立，是源于教育机会对经济机会的影响，高等教育在个人就业机会的获得中发挥着越来越重要的作用，1944年联邦政府颁布的《退伍军人权利法案》，正是利用教育机会对经济机会的影响来解决退伍军人再就业问题的，当大量的退伍军人涌入校园不仅改变了人们对高等教育的看法，也建立了高等教育有益于个人的信念。60年代初，人力资本理论在美国社会流行起来，该理论强调教育投资是提高人力资本水平的途径，人力资本水平高低关系着个人的就业机会、经济机会，换言之，教育是有益于个人就业机会和经济机会获得的，这一理论的流行，更加强了高等教育有益于个人的信念。

2）美国高等教育遭遇信任危机

高等教育有益于社会、有益于个人的信念，使人们对高等教育的期望无

限放大，好像国家社会所有的问题都能够由高等教育解决，在这样的信念基础上，高等教育建立了良好的形象，收获了良好的社会信誉。然而随着学生运动的发展，校园暴力事件不断，学生吸毒等现象，毁掉了大学的良好形象，很多人认为是大学放松了对大学生行为的控制，才导致了这些问题，许多人士呼吁恢复大学的秩序，同时公众对高等教育明显失去了信任。[176]69-70

1966 年美国社会学家科尔曼发现美国公众对高等教育的信任程度呈下降趋势，一个全国性的调查显示，美国公众对大学领导者的信任度下降，由"1966 年的 61%下降到 1972 年的 33%"[177]226。沃德、谢里夫斯等学者声称美国高等教育正在遭受着三大危机之一的信任危机，美国人对高等教育的信任处于衰败期；学者顿汉姆指出，几乎高等教育的所有方面都引起了公众的不满，包括"学生无心向学，课程不合时宜，教学没有激情，固执地坚守可能已经过时的传统，教授缺勤，过高的科研和研究生教育费用"。[177]69-70

3）高等教育信念遭到质疑

1964 年开始，高等教育毕业生失业成为一个较为普遍的讨论话题，60 年代初大量学生进入大学，美国高等教育规模开始迅速扩张，与此同时，学生们经受的却是"教育质量下降、教学过程支离破碎的状况"[178]221，质量下降最直接的体现就是大学生失业，毕业生很难找到和他们的教育水平相称的工作岗位，最富有戏剧性的是博士的过度供给，经过几十年的短缺，博士培养呈现井喷状态，物理、化学、历史和其他领域的博士失业、或者是从事一些不适合他们资历的工作[135]26-27。与此同时，在社会急需的一些领域，比如能源、卫生与健康领域的人才却供不应求。失业与不充分就业问题达到了前所未有的程度和新的高度，劳动力市场的不景气、学术市场的严重萧条、大学文凭的普遍贬值，这些情况说明接受高等教育已经不再是得到令人满意的就业机会的保证。

这种现象引起美国社会公众对高等教育的极大不满，一直以来高等教育所宣称的使社会受益、使个人受益的理念，受到严重质疑，很多立法者和公共领导人对高等教育的社会价值和经济价值表示怀疑，公众质疑科学和技术课程将国家引向何方，"高等教育和研究能够为国家的问题提供答案"似乎已经不再清晰。保守主义经济学家米尔顿·弗里德曼认为，高等教育所宣称的这种利益是"模糊和笼统的"，不能被测量，因此也不应该想当然的认为它的存在。[135]27

（2）对高等教育政策的支持与反对

1）信念一致赢得公众对政策的支持

美国社会的高等教育信念影响着人们对高等教育政策的态度，在人们相信高等教育有益于社会和个人时，体现着这一信念的政策得到人们的支持，一元范式政策正是因此得到人们支持的。

苏联卫星事件后，联邦政府将国防安全与高等教育相联系，国防安全取决于高等教育及其对国防科技人才的培养，是联邦政府向人们灌输的观点，其中体现出高等教育有益于社会的理念。在20世纪50年代末的美国，人们对高等教育有益于社会的信念还是坚信不疑的，联邦政府将高等教育附上了国防安全的标签，自然与人们的信念相符，《国防教育法》也因此得到美国公众的普遍支持。

进入60年代，约翰逊总统开始推行伟大社会计划，打响向贫困宣战的战役。向贫困宣战是以人力资本理论作为理论基础的，约翰逊总统受到该理论的极大影响，况且他本人也非常热衷于教育，于是推行教育与培训政策，通过教育投资来提高贫困群体的人力资本水平，以期达到消除贫困的目的。高等教育有益于个人的信念在人力资本水平理论的影响下得到强化，而约翰逊总统的政策以此为理论基础，得到人们的支持也是预料之中，而作为其中一部分的一元范式高等教育政策，自然也得到人们的支持。

2）政策不力引起公众对政策的反对

随着美国高等教育信任危机的出现，人们对美国高等教育有益于社会与个人的信念瓦解，这一基础性的信念坍塌无疑对高等教育政策也会产生影响，人们开始质疑一元范式政策，对高等教育政策支持的态度也转变为反对的态度。

引起美国公众反对一元范式政策的直接原因是没有实现它所承诺的扩大高等教育机会的目标。1964年，联邦政府请科尔曼对全美范围内的教育机会情况进行调查，旨在了解联邦政府的大量拨款能不能促进教育机会平等、能不能更有利于促进教育机会平等，联邦政府对政策很有信心，认为政策在美国教育机会平等上是有利的，联邦希望通过调查来证实自己的预期。调查的结论却使国内舆论一片哗然，结果显示联邦政府增加学校投入，对解决学校中教育机会不平等问题所起的作用微乎其微。这一结论意味着联邦政府对高等教育投入的意义大打折扣。[179]28

反对联邦政府资助高等教育的人士开始趁机要求叫停联邦政府的一些补助计划，认为联邦政府对大学的资助，是在浪费纳税人的钱，纳税人和政客要求大学控制花销，他们认为大学在用公共资金丰满自己的巢穴，但却没有提供任何的利益，官员罗纳德·里根在与加州大学辩论时呼吁要让纳税人的钱花得值，引起了全国普遍的反响。[135]26

美国公众也对联邦政策不满，不满不仅来自贫困家庭，还来自中产阶级家庭。20世纪60年代开始，高等教育学费的增长已经非常明显，由于高等教育成本不断增加，虽然各个学校都在努力控制成本，但经过扩建的校园的运营仍然需要庞大的开支，所以增加学费是很多大学的选择，学费增长给中产阶级家庭带来的影响是极大的，"随着高等教育学费的提高，对低收入家庭而言，学费意味着教育机会问题，对中高收入家庭而言，则是降低生活质量的经济承受性问题"。[180]中产阶级由于家庭中子女多花销大，虽然收入没有达到贫困线以下，但是生活的状况却是在贫困线附近挣扎。联邦政府资助学生的项目，以家庭收入水平作为资助的基本条件之一，以家庭收入情况来看，中产阶级家庭收入高于联邦政府的规定，并不属于联邦资助对象。在经济压力不断增大的情况下，中产阶级的不满也逐渐积累起来，他们认为联邦政府将他们排除在外、特殊对待，感觉被抛弃。

2、学生反主流文化运动及其影响

美国社会主流价值观的改变是由学生运动带来的，美国学生运动带来的不仅是美国社会的广泛关注，更是深层次的思想、文化价值观的改变，它不仅是一场社会运动，也是一场文化运动，被称为反主流文化运动或反正统文化运动。它向美国社会传统的价值准则和文化体系发起了有力的挑战，彻底动摇了美国社会传统文化，产生了以个人主义价值为核心的新理念并逐渐被人们接受，引领人们为争取自身权利和利益的实现更加积极地采取行动。

（1）反主流文化运动

顾名思义，反主流文化运动是青年学生以自己的方式反对传统文化的价值观念和道德观念的运动，它有两个分支组成，一个是"新左派"运动，一个是"嬉皮士"运动，前者以青年学生的政治运动为主，他们被称为"强硬的政治活跃分子"，他们试图通过自己的努力改变美国的政治民主，后者是年轻人文化与生活的反叛运动，他们是"激进的狂放者"，他们强调自我的生活方式，试图超脱美国社会。[181]

学生运动倡导的反主流文化，是对传统文化的不妥协，全面的否定、全面的抗议、全面的反叛、全面的希望，是反主流文化运动的写照与信念。[182]他们的理想方向是："关心人的自我意识、解放自我，从传统社会中解脱出来，自己主宰自己的生活。它关心的是人的自我意识，即试图改变自我、他人和社会在人们心中的根本概念。"[183]

反主流文化不是偶然的社会现象，它是战后十几年来，美国社会政治、经济、文化等方面的飞速发展和巨大变化与人们的思想意识和价值准则之间产生矛盾的结果，反主流文化是矛盾的不断扩大和总爆发。[183]它是美国青年一代对美国社会主流文化的反叛和背离，更是他们在经济繁荣发展所带来的文化失范状态下探索建立一种新的文化价值体系的尝试。[184]

（2）反主流文化运动产生的原因

1）学生与父辈价值观的矛盾

青年学生的家庭环境、学校环境对反主流文化运动的产生有最直接的影响，学生与父辈的矛盾，与大学教育的矛盾，催生了反主流文化运动。

学生与父辈之间成长环境、生活经历的不同，导致了他们文化价值观上的差异。20世纪60年代的学生大多是出生于二战后的，当时的美国社会经济繁荣、物质丰富，他们生活富足衣食无忧，有可以随意支配的零花钱，他们在儿童时期接受的是放纵式教育，父母允许他们独立思考，要求他们相信自己的感觉，在青年时期大多接受了高等教育，经受着各种文化、思想、观念的洗礼与碰撞。从时间上推算，父辈们大多经历了二战和经济大萧条，他们经历着破产、失业、生活水平骤降，他们成年之前受着成年人的控制，从属于成年人，接受成年人的教育，学习传统成年人的生活方式，也遵循着传统的生活方式与价值观念生活，他们中很少有人接受了高等教育，他们的教育大多来自传统家庭。[184]

在文化价值方面，学生们更容易接受新事物与新变化，更加开明、更加崇尚自由，注重多样化；父辈们则相对固执、保守，强调工作、清醒、俭省、节欲和严肃的价值观。[185]学生无法理解父辈克制、勤俭的生活方式与价值观，而父辈也无法理解学生，虽然父辈培养了他们独立思考的习惯，但是当学生真正独立时，他们又无法接受，极力想要重新控制他们，造成了激烈的冲突与矛盾，双方缺少沟通与理解，更加重了这种价值观的冲突。总统学生动乱委员会在对学生运动的评论中说到，"学生运动反映的是一场理解的危机，正因为两辈人所经历的生活与经历的苦难截然不同，相互之间缺乏沟通交流与理解，致使两辈人之间出现了无法逾越的鸿沟。在不同于父辈的生活方式与经历中，青年人产生了自己的文化，这种文化是对父辈生活方式的抗议，也是对自我生活的向往"。[123]

青年学生渴望自由，渴望摆脱父辈的控制，他们重视个人权利，重视个性发展，希望每个人都应该自由的、以自己的方式生活，青年学生强调解放人性意识，注重个人经历的质量，崇尚理想主义，在他们心中，除了忠于自我，真实地感受人性外，再没有什么神圣的东西了。[186]

2）大学生活压力与大学教育分裂

大学生活给学生们的影响是深刻的，学生承受着大学生活带来的压力。从个人的角度来说，上大学是激烈与残酷的代名词，并不是每个想要上学的青年都有机会上大学，他们需要经过大学的考核和挑选，只有大学认为优秀或合格的人才能获得机会，上大学后，他们经历着另一种痛楚——大学教育地位下降带来的压力，在以往，上大学是一种身份的象征，上大学就代表着优秀和与众不同，但如今越来越多的青年进入大学，大学身份识别的标志弱化，只有接受更高层次的研究生教育，才能更加突出身份，一些好的大学中，85%以上的学生都会接受研究生教育。[184]教育层次的提高对于学生而言，代表着更为激烈和残酷的竞争。

大学的教育也是分裂的，大学一边给学生自由，一边又控制他们，一边鼓励学术自由，一边将其工具化。在生活上，大学给了学生自由，学生可以按照自己的意愿安排学习与生活，不必向父母交代，学生很享受摆脱父母的自由，但同时大学的管理却是"代父权威"的传统，监视宿舍、检查刊物，干涉言论自由，甚至严格限制穿着。在学习上，除了学习必要的课程外，学生还可以发展个人特长，可以与同学彻夜不眠地谈论哲学，也可以接受激进思想家的理论，但同时大学的教育却是完全不同的，课程注重技能，缺乏对人性修养的培养，大学正在将他们变成技术和知识的奴隶，成为工业生产线上的机器；这样矛盾、分裂的大学生活使学生们聚集起来，共同探求解放个性、寻找生命的意义，在这个过程中有意无意地发展了自己的文化与价值。[184]

3、美国社会传统价值观及其影响

（1）美国新教伦理是传统价值观的文化基础

1）人人平等

美国社会主流价值观是以美国白人新教伦理为基础的，新教主张个人责任、克制、勤奋、诚实和守信[162]，这种价值观影响着美国公众的思维方式和生活方式。

在宗教文化中，信仰是最大的虔诚，也是最大的善，敬畏上帝是美国文化价值中最为重要的特点，美国民众熟读《圣经》，按照上帝的旨意规范自己的思想行为，在美国民众心中，世间唯一的权威是上帝，所以只有在上帝面前人人平等，每个人都有追求自由与平等的权利，都有追求幸福的机会；新教伦理鼓励人们多多赚钱，清教徒们把辛勤工作和积攒财富视为己任，通过个人的辛勤工作、积攒财富可以增添上帝的荣耀，清教徒希望通过勤劳、节俭和禁欲等现世行为，来表征自己的选民身份，尽管自己并不知道自己是不是上帝的选民，在新教徒看来，只有经济上的成功才能够获得上帝的青睐；从新教伦理的视角来看，人是财富的创造者和守护者，无论是创造财富还是积累财富都是上帝赋予的使命；财富积累既源于清教徒的辛勤劳动，又要节俭与克制，新教禁欲观反对奢侈浪费，反对个人享受，于是产生了清教徒奇特的现象，在崇尚劳动生产的同时又不奢侈消费。[188]

2）精英主义传统

虽然新教伦理强调上帝面前人人平等，每个人都有追求自由与平等的权利，都有追求幸福的机会，但新教在美国社会中处于"公民宗教"的地位，"新教文化凌驾于其他民族种族文化，显示出优越性、神圣性和排他性"。[188]这是其内在的精英主义传统的体现，这种传统影响着美国公众的行为方式，人们在信仰上帝面前人人平等的同时，也自觉地抵制其他文化与宗教，维护这种独特的精英主义文化传统。

人们对精英主义传统的维护，体现在美国社会中的歧视现象。美国虽然包容多元种族与多元文化的存在，政府甚至鼓励人们追求多元化与多样性，但是美国社会的接受程度并不高，白人种族及白人文化具有极大的优越性，而其他种族则被视为低等的、下等的种族，虽然各个种族都有历史悠久、丰富多姿的文化，但白人种族并不接受其他种族的文化，美国虽被誉为大熔炉，但实质上这个熔炉并不是将各个种族的文化融合在一起，并不是取精华去糟粕的提炼过程，而是各种族文化被白人文化同化，是各个种族被美国化的过程。[162]本质上是精英主义价值观的体现。

3）平等观

在人人平等和精英主义传统的双重影响下，形成了美国社会独特的平等观，人们在理念上承认人人平等，每个人都有追求自由、幸福的机会，但人人平等并不是社会现实，平等只在精英群体——白人种族中存在，弱势群体并不是平等的对象，美国建国后很长一段时间，享有公民权利的人并不包括印第安人、黑人、甚至不包括妇女，即使联邦政府颁布相关法律给予弱势群体平等的权利之后，社会上仍然存在歧视现象。

（2）反主流文化带来平等观改变

反主流文化运动是对美国社会传统文化价值观的反叛，学生提出的新文化被人们普遍接受，自由，解放人性，重视个性与个人权利，是这场文化运动的目的，也是这场运动带给美国社会的新文化价值理念。

反主流文化提出了新的自由平等观，平等与自由是一致的，是互为补充的，只有最大程度的实现平等，才能保证每个人自由地发展个性，过上他所期望的生活。在自由言论运动后发布的《休伦宣言》中，学生宣称："我们认为人是最宝贵的，具有获得理性、自由和爱的无限潜力……我们反对损害人的个性，反对把人贬低到物的地位"；"我们寻求的作为一种社会制度的个人分享民主制，是由两个主要目标决定的，一是个人参与那些决定他的生活特性和方向的社会决策，二是社会被组织起来，旨在鼓励人的独立性，并为他们的共同参与提供手段"。[189]

从宣言中发现，学生的自由平等观是从个人的角度提出的，它强调个人的参与，强调个体的独立性、强调个体存在的价值，他们希望依照自己的内心，以独立的个体生存、生活，而不受其他外部条件的束缚，学生们的愿望实际上是对平等提出的一种要求，作为独立的个体不依附于权威，不受制于权势，是最大限度的平等。只有达到最大限度的平等，才能过上自由的生活。青年学生提出的新的自由平等观，被人们逐渐接受，人们开始重视自身的权利和利益，并积极采取行动主动追求。

4、社会主流价值观改变影响联邦政策价值选择

在反主流文化运动的冲击下，美国社会传统价值观日渐式微，学生提出的新的自由平等观被人们接受并逐渐成为美国社会的主流价值观。这种改变对联邦政府制定政策时的价值选择是有影响的，因为政策中所包含的价值观要与社会主流价值观保持一致，其目的在于获得公众的普遍支持。政策总要与某种理念相结合，如果这种理念与价值正好与公众的价值观一致，就会容易获得人们的支持，如果与公众的价值观相悖，往往会遭到公众的反对，对于政策制定者来说，政策的颁布与实施更加重要。美国社会主流文化从传统的精英主义价值观转变为新的自由平等观，也使联邦政府改变了政策的价值选择。

（1）一元范式政策目标价值观与传统社会价值观

在一元范式政策目标中，发挥着影响作用的是精英主义价值观，这种政策价值选择与当时美国社会的主流价值观是一致的。在 20 世纪 50 年代末 60 年代初，美国社会还处于传统价值观的主导之下，人们虽然承认人人平等，人人都有追求自由、平等和幸福的机会，但真正影响人们生活的却是精英主义价值观，平等只存在于精英主义者中，只存在于白人群体中，人们在生活中是维护着精英主义传统的。

联邦政府的一元范式政策体现了价值二元性。在《国防教育法》中，联邦政府强调的是高等教育有益于社会的信念，在《高等教育法》制定时，联邦政府将人人平等的理念与之相结合，作为政治动员的理念，高等教育有益于社会、人人平等都是符合人们的价值观的，而且有苏联卫星事件和民权运动的推动，强化了人们对政策理念的认可。但从联邦政府的政策内容上看，实际上是体现着精英主义价值观，强调的是给优秀的、有能力的学生提供平等的教育机会，而不是给所有人提供教育机会。这完全符合社会主流价值观的要求，因为人们在生活中也维护着精英主义传统。正是联邦政府的价值观与美国社会主流价值观的契合，才使一元范式政策得到美国公众的普遍支持。

（2）多元范式政策目标价值观与新的自由平等观

美国公众对一元范式政策的支持度下降，实际上是向联邦政府发出了预警信息，社会主流价值观已经改变，联邦政府的政策价值应该改变，保持与社会主流价值观的一致。

新的自由平等观注重个性、权利、自由与平等，强调个性独立与个人参与，说明新的平等观是立足于个人的，强调从个体的感官出发，依据个人的感受来判断自己是否得到了平等的对待，而不是用外界的标准衡量。在这种平等观的要求下，联邦政府改变了原本的价值二元，采用了普遍主义原则，普遍主义原则是人人平等的原则，重视个人的权利，保护多样性与差异性，在多元范式政策中，普遍主义原则不再是政治动员的理念，而是需要落实的原则，普遍主义原则的运用，作用在于为人们提供平等的权利保护，使每个人都能以平等的公民身份追求自己的权利和利益。

这一价值观决定了联邦政府在多元范式政策制定中，更加重视学生的权利，强调联邦政府对公民个人教育机会的责任，在学生资助方面，取消了受助学生选拔的"优秀"标准，给所有有需要的学生提供联邦资助，给予他们公平的起点，使他们获得最大潜能的发展。这正是新的自由平等观平等要求的体现。

五、政策方案：从资助院校为主到资助学生为主

　　政策方案的改变是政策范式转型的第三个表现。政策方案是决策者用来解决政策问题、达到政策目标的手段、措施和办法的总和。从政策制定的程序与过程来说，如果说界定政策问题是为了发现问题"是什么"，确立政策目标是为了确定"做什么"，那么研制政策方案就是解决"怎么做"的问题。[54]141政策方案与政策问题、政策目标的密切联系，决定了当政策问题和政策目标改变时，政策方案也必然发生改变。政策方案的形成取决于两个条件，一是政策目标的要求，二是社会现实条件，"政策方案要符合政策目标的要求，又要与现实状况相吻合"。[56]153政策目标是政策方案设计和选择的基础依据，政策方案要围绕政策目标设计和选择，政策目标中实际上已经规定了政策方案的方向，隐含了所要采取的行动过程；政策方案必须以现实状况为基础，不能脱离客观实际。

　　政策方案的形成过程是一个利益博弈的过程，各个利益群体、利益集团的利益要求都会在争论中体现出来，但最终形成的政策方案取决于政策权威。政策权威是政策制定的权威，对政策问题更有控制能力和解决能力，它主导政策制定过程，在利益博弈过程中，符合政策权威政治主张的方案往往会被选择出来成为最终的方案，在政策权威看来这些是更有利于政策问题解决与政策目标实现的方案。所以当政策权威改变时，对政策方案及其形成过程都有影响，会使政策方案发生较大的改变。

综上所述，政策方案的形成过程离不开政策目标与社会现实条件的决定性作用，从这一视角出发，本章将对联邦政府高等教育政策的政策方案改变进行研究，对决定政策方案的政策目标的要求和现实需要进行分析，对政策制定者在制定方案过程中的争论焦点和备选方案的利弊进行分析。

（一）一元范式的政策方案及其形成过程

1、一元范式的政策方案：资助院校为主

一元范式高等教育政策的政策方案，是以资助院校为主、资助学生为辅的政策方案，《高等教育法》明确阐述了立法的宗旨是"为了强化我们的学院和大学的教育条件，并对接受高等教育的贫困学生提供经济资助。"虽然联邦政府的方案中均有对高等学校和学生拨款的项目，他们均是联邦政府的资助对象，但从资助金的分配与管理来说，联邦政府重视对高等学校的资助，有研究者统计发现，在60年代联邦资助分配的比例上院校资助占68%，学生资助占 32%[190]71，资金分配上明显侧重高等学校；虽然对学生的资助已经形成了多样化的学生资助体系，但都是基于学校的项目（Campus-Based Program），即联邦政府将所有的资助金拨发给高等学校，由高等学校管理与分配学生资助，学生能否获得联邦资助，学生能够获得多少联邦资助，决定权都掌握在高等学校手中，所以说一元范式高等教育政策是以资助高等学校为主，资助学生为辅的方案。

（1）院校资助方案

1）对校园设施建设的资助

20世纪50、60年代，美国联邦政府对高等学校的资助主要是为校园设施建设提供的拨款和贷款，其目的在于增强高等学校的容纳力，以应对大量的学生入学对高等学校教学设施的要求。

在50年代末，联邦政府的资助主要针对与国防相关的一些学科领域，《国防教育法》第三条规定："向各州教育机关拨款，用于购买适用于科学、数学或现代外语教育的设备和进行小规模改造装修"[191]269；《高等教育设施法》向所有的四年制高校、初级学院及技术学院提供资助，用于科学、语言和数学教学所需的图书馆和教室建设[15]，用于新建或改善研究生学校[192]，用于本科生学术设施建设的拨款，主要用于特定的自然和物理科学、数学、现代外语、工程学科和图书馆建设[193]。

在 60 年代中期后，资助的学科与范围有所扩大，《高等教育法》规定继续向大学院校提供用于改进本科教学设施的拨款，学科范围扩大到科学、数学、外语、历史、地理、管理、英语及其他人文学科、艺术和师范等学科的本科生教育，拨款可以用于这些教育所需的视听材料、教室或视听中心设备和书刊等材料的购买、装修与改造。[191]284,285

2）对困难院校的资助

除对普通高等学校提供资助外，联邦政府尤其注重对发展中的学院、对存在明显不足的学院给予特殊的关照，加大对这部分院校的资助力度，为他们提供更多的资金用于教学设施建设，以便他们能够维持基本的生存条件，提供基本的教育教学环境，以求达到在一定区域范围内高等教育资源配置的平衡。

在《国防教育法》和《高等教育法》中都包含了联邦政府提供拨款用于本科教学设施改善的条款，法案规定联邦政府提供大约百分之五十的费用，用于购置实验室等设备和闭路电视，如果大学院校能够证明资源的不充足，联邦拨款可能会提高至所需费用的百分之八十。[193]

《高等教育法》第三条是"加强发展中的学院"，联邦政府将发展中的学院定义为"有愿望和潜力为国家的高等教育资源做出贡献，但是挣扎在生存线上（财政和经济的原因），脱离学术生活主流的院校"。联邦政府不仅为发展中的学院提供补助金，用于交流教师或学生、提高教师水平和管理水平的计划、新的课程和教材、图书馆和实验室合作使用等等，还提供教学奖励金，面向愿意到这些学院教学的高质量的研究生及学员和大学的初级教师发放，鼓励他们到发展中的学院教学。

（2）学生资助方案

1）学生资助项目

联邦政府对学生的资助，目的在于消除学生获得高等教育机会的经济障碍，一元范式的高等教育政策已经形成了由联邦助学金、奖学金、贷款和勤工助学项目构成的学生资助体系。

第一，贷款项目。《国防教育法》第二条第五款规定，任何一所高等学校可以根据自己确定的条件和规定向任何一名学生提供贷款，每学年最高贷款1000 美元，在校期间累计最高 5000 美元。[194]32《高等教育法》设立联邦担保学生贷款项目，为那些不能合理地从州或非营利私立组织的学生贷款项目获得资助的学生提供联邦担保学生贷款项目，联邦政府拨款 100 万美元用于学生贷款担保基金，给各州和非营利私立机构拨款 1750 万美元，作为建立学生贷款担保项目储备金，每学年每名本科学生最高贷款 1000 美元，在校期间累计最高贷款 7500 美元，每学年每名研究生或专业学院学生最高贷款 1500 美元，在校期间累计不超过 15000 美元。[194]50-51

第二，奖学金项目。《国防教育法》授权联邦政府向研究生发放国防奖学金，1959 年财政年度颁发 1000 份，以后连续三年颁发 1500 份，每名学生在三年中分别获得 2000 美元、2200 美元、2400 美元的资助，其赡养者每年可再得到 400 美元，每有一名奖学金获得者，联邦政府将对其所在高等学校发放最多 2500 美元的款额。[194]33-34

第三，助学金项目。《高等教育法》设立教育机会助学金，旨在帮助那些经济特别困难的合格中学毕业生，高等学校向本科生支付第一学年的教育机会助学金，资助金额由高等学校自行决定，但不能超过 800 美元或者不能超过一名学生所获得各种资助总额的一半，学生个人要向高等学校申请，申请以高等学校的规定方式提出。[194]48-49

第四，勤工助学项目。《高等教育法》规定教育部接管《经济机会法》的勤工助学项目，规定大学生可以在高等学校或其他非盈利机构从事部分时间工作，每周工作时间不超过 15 小时，一年可获得 700-800 美元的教育费用，联邦政府将相应的资金分配给高等学校，高等学校根据学生的经济需要测算，并对申请参与此活动的学生进行审查。[194]53

2）受助学生标准

一元范式政策以有经济困难和优秀作为学生受助的条件，对此，政策文本中有明确的规定。

《国防教育法》第二章第二款规定，"在选拔学生给予贷款时应对以下学生优先考虑：学习成绩优良、有志于从事中小学教学的学生；其学习背景表明在科学、数学、工程或一门现代外语方面具有较高能力或良好准备的学生；第五款规定，贷款只应借给以下学生：需要贷款在高等学校学习的学生；根据高等学校的判断，在学习期间能够保持良好学习成就的学生；已被高等学校接收为全日制学习的学生，已在学的学生应该是全日制学习、成绩优良的本科生和研究生。"[19]54

《高等教育法》第四章关于"'教育机会助学金'获得者的选拔"规定，高等学校向学生发放"教育机会助学金"的条件是：该学生已作为全日制学生在本校注册，并且其学习成绩优良；能够表明他具有取得良好成绩和既有创造力的潜能，并且有保持成绩优良的能力；"'联邦担保学生贷款'学生借贷的条件及偿还"规定：贷给合格院校所录取的学生，以及已在这样的院校就学并取得了良好成绩的学生。[19]86,88

2、一元范式政策方案形成的决定性因素之一：政策目标的要求

一元范式资助院校为主、资助学生为辅政策方案的形成，是由高等教育入学机会平等的目标和当时美国高等教育的状况共同决定的。政策目标对政府所采取的行动有着内在规定性，这种内在规定性就是对政府责任的要求，"政府责任涉及政府应该干什么、不应该干什么，当政府责任得到有效、清晰定义后，才能界定政府责任的重点、方向以及运用什么手段加以实现"。[195]教育机会平等政策目标对政府责任的规定，是由其内涵决定的，教育机会平等概念自出现以来到 20 世纪 50 年代，其内涵虽然不断演变，但其内在逻辑是一致的，教育资源的平等意味着教育机会的平等，教育机会平等的评判标准是教育资源的投入是否平等。教育机会平等目标对政府责任的要求是提供平等的教育资源和消除入学的经济障碍。

（1）教育机会平等概念内涵的演变

1）所有的儿童学习同样的课程

教育机会平等概念发展的第一个阶段是从 19 世纪开始的，这时的教育机会平等意味着所有的儿童必须在同样的学校学习同样的课程。工业革命的到来催生了教育机会平等的出现，在此之前，家庭作为社会组织的基本单位，既是经济单位也是教育培训场所，儿童只属于家庭，在家庭内接受教育，培养生产能力，之后便会子承父业，作为家庭生产企业的成员，终生为家庭生产服务。他们几乎没有家庭外的职业选择，不具有职业的流动性，儿童是否接受教育，是否具有生产力并不会影响其他家庭，因此也没有人关心自己家庭之外子女的教育问题。这时的教育机会平等概念是没有任何存在意义的。

工业革命的来临改变了这种状况，随着家庭之外的经济组织崛起，儿童开始在家庭之外就业，儿童的教育问题也逐渐成为全体社会成员共同关心的问题，儿童是否接受了良好的教育，是否具有生产力，将会对社会其他成员产生影响，因此公共教育出现，开始免费向所有家庭的子女提供普通教育。

在这一时期，教育机会平等包括四个方面，一是向人们提供达到输出劳动力水平的免费教育；二是为所有的儿童提供普通课程；三是让具有不同背景的儿童进入同样的学校；四是由于地方税收为学校提供资源，所以在某一特定地区范围内提供平等的机会。[196]对于教育机会的提供者——政府来说，做到这四个方面就意味着提供了平等的教育机会。实际上课程是教育机会平等初期决定教育机会平等与否的关键，获得机会平等的程度取决于儿童接受课程的水平，课程水平越高意味着机会越多。

2）不同的儿童学习不同的课程

教育机会平等概念发展的第二个阶段从20世纪初开始，如果说第一个阶段教育机会平等的概念起源于初等教育，适用于初等教育阶段，那么第二个阶段教育机会平等的概念则是在中等教育阶段的发展，这一阶段教育机会平等的内涵是："不同的儿童有不同的职业前景，机会平等必须向每种类型的学生提供不同的课程"[196]。

最初美国中等教育是按照初等教育的教育机会平等的要求实施的，美国中等学校基本都实施统一的古典课程，这种古典课程适合于升学，然而随着中等教育的逐渐普及，中学毕业生不能升入高等学校的人数逐渐增加，课程的矛盾逐渐显露出来，最终在20世纪初，遭到了美国公众的挑战。人们认为从教育机会的角度来说，课程为升学而设置，对于就业的学生而言，教育机会是不平等的，课程为就业的学生设置，升学的学生所获得的教育机会也是不平等的。人们抨击古典课程，要求课程向着更适合大多数人的方向改革。1918年全国教育委员会发布报告《中等教育的基本原则》，敦促美国中等学校进行课程改革，以适应大多数人的新需要。报告影响了美国中等学校的课程改革运动，在许多学校中，以往的课程是修完一门再修一门的单一课程，新近的改革表现为以多样化的课程取代以往单一课程。在人们看来，学习专业课程，对于一位不能上大学的学生来说，会比学习一门为升学设置的课程获得更多平等的教育机会。

美国中等学校的课程改革，体现出教育机会平等观念的改变，这种改变实际上源于多种前景的问题，即选择就业还是选择继续升学的问题。在初等教育阶段，并不存在多种前景的选择，课程所展现的全部内容就是适合于所有儿童的读、写、算的能力的培养，学习同样的课程，从课程中获得的教育机会，对于每个儿童而言都是平等的。在中等教育阶段，对前景的选择是通过选择课程来完成的，学生带着对未来的期望选择课程，这样课程就具有了分流性，把学生与课程相匹配，学生选择了哪种课程，意味着接受了哪种职业前途定向。正是由于包含着多种前景问题，中等学校的课程应该符合学生的预期，对不同类型的学生提供不同的课程，对于不同的学生来说，才是获得了平等的教育机会。随着教育层次的提高，原本在中等教育阶段的多种前景选择的问题上移到了高等教育阶段，而且前景的选择更加复杂，所以高等教育阶段课程的矛盾也更加突出，更加尖锐。

3）不同儿童进入同样学校

教育机会平等概念在 20 世纪 50 年代发展到了第三和第四个阶段，第三个阶段教育机会平等的概念发展较大，增加了原本概念中没有的方面——教育效果，但是这个概念只是萌芽，还没有对政府行动产生重要的影响，反而是第四个阶段的概念对政府行为产生了较大的影响。自 19 世纪以来，美国南部各州的学校都实施隔离制度，白人和黑人在不同的学校上学，隔离制度的实施实际上否定了教育机会平等概念的第三条：为不同社会背景的儿童提供进入同样学校的机会。

1954 年联邦最高法院公布"布朗案"宣判的结果，裁定种族隔离一定会产生机会不平等。最高法院的裁决颁布后，人们开始认识到即使有同样的设备、师资，种族隔离的学校也不存在真正的教育机会平等，原因在于种族隔离学校或许会有不同的教学效果，于是机会平等概念开始转向注重教学效果的观念，这一观念的形成给教育机会平等的概念引入了一个新的层次，即教育机会平等有赖于学校教育的效果，而非单纯的教育资源投入。注重教学效果的观念虽然形成，但并没有成为评判机会不平等的标准，也没有成为政府行动的依据，反而成为种族合校的理由。

种族合校将教育机会平等概念带入到了第四阶段。联邦最高法院一直将"布朗案"的关注点集中在论述种族隔离学校的不平等，既然隔离意味着不平等，那么取消隔离、种族合校就可以保障教育机会的平等。种族合校实际上是教育机会平等概念的回归，并不包含教育效果层次的内涵，强调同样的课程、同样的学校提供的平等教育机会。

（2）提供平等的教育资源是政府的首要责任

从教育机会平等概念产生到 20 世纪五十年代，教育机会平等的内涵从同样的学校、同样的课程到不同的课程，再回归到同样的学校、同样的课程，其内在逻辑是一致的，就是教育资源的平等意味着教育机会平等，教育资源的投入是否平等成为评判机会平等的标准，相同的学校、课程、师资等是保障教育机会平等的教育资源。

在教育机会平等概念出现的初期，教育机会是由政府提供的，政府作为教育机会的提供者，提供平等的教育资源就意味着提供了平等的教育机会，这一内涵已经对政府的行动方向做出规定，即对政府责任的规定：政府的责任在于提供平等的教育资源，政府的行动方向是平等的分配教育资源，促进教育资源的平等。所以政府一般会以提供拨款作为政策方案，虽然高等教育的教育机会并非由政府提供，但涉及到教育机会的目标，提供平等的教育资源也就成为政府行动的基本方向。

（3）消除入学的经济障碍是政府的另一个责任

除了平等的教育资源是教育机会平等目标规定的政府责任外，教育机会平等目标中还隐藏着另一个政府责任，那就是消除学生入学的经济障碍。公共教育开始是由政府向所有家庭的子女提供免费的普通教育，其中包含着一个没有明确提出但实际存在着的假设，即免费学校的存在消灭了机会不平等的经济根源，在教育机会平等的要求下，即使政府不能提供免费的教育，也应该尽力消除机会不平等的经济根源，因此消除入学的经济障碍也成为政府提供教育机会的另一个责任。

经济根源是自教育机会平等概念出现，就一直存在的实现教育机会平等的主要障碍，在教育机会平等概念刚刚出现，公共教育刚刚出现时，儿童教育的主要责任在家庭，儿童在家庭中接受教育与职业培训，政府通过提供免费的学校教育，吸引儿童入学，在当时，教育机会的主动权是掌握在学生手中的，儿童及其家庭有权力决定是否入学，是否获取政府提供的教育机会，政府与学校的作用相对被动，只能提供地理位置便利的学校、提供免费的课程。

但实际上即使政府提供免费的学校教育，对于儿童及其家庭来说，教育的费用也并不为零。从入学的可能性来说，免费的学校教育对所有人都是免费的，无论学生及其家庭的经济水平如何，政府对所有人都是一视同仁的。但对于经济水平较低的家庭来说，儿童的劳动是必不可少的，他们会较早地参与到劳动生产中，虽然儿童入学是免费的，但对于家庭来说儿童入学是家庭劳动力的减少，也是经济收入的减少，而且儿童入学会影响其接受家庭的职业培训，有使其丧失从事家族职业的可能，失去就业机会。所以虽然可以做到免除学费，但并不意味着所有儿童的教育成本为零，直到如今这仍是影响机会平等的主要根源。中小学教育作为公共产品由政府提供教育资源，但高等教育属于准公共产品，不能免费提供，需要消费者付费使用，到高等教育阶段，儿童已经长大成人，接受高等教育需要放弃工作或减少闲暇，也就放弃了其中隐藏的机会收入和闲暇福利，导致接受高等教育机会成本的增加，所以即便高等教育是免费的，接受高等教育的费用也不可能为零。既然妨碍机会平等的经济根源一直存在，那么政府作为教育机会的提供者，就需要克服经济障碍，因此消除经济障碍也是教育机会平等对政府行为的内在要求。

3、一元范式政策方案形成的决定性因素之二：客观现实条件

政策方案形成的第二个决定性因素是客观现实条件。实现政策目标需要一定的客观条件为基础，而客观条件的不足需要政策方案来补足。一元范式高等教育入学机会平等的目标实际上是扩大入学机会的目标，这一目标要求的现实条件首先是高等学校要具有足够的容纳力，高等学校需要有足够的教室、设备、宿舍以及充足的师资力量，来迎接即将到来的大量学生。1965 年参众两院的议员们痛苦的意识到了这一点，婴儿出生高峰即将引起高等学校入学人数的剧增，对于高等学校的容纳能力是一个严峻的挑战。[20]5 其次是要求学生有一定的经济基础来支付高等教育的学费及其他费用。然而美国的现实状况并不具备这样的条件，经过战争的高等学校校园残破、师资不足，而高等学校本身并没有充足的资金来完善设施建设，美国贫困现象严重，来自贫困家庭的优秀学生根本没有能力支付高等教育学费。

（1）美国高等学校容纳力不足的状况

1）教学设施不足

二战后，校园残破不仅是高等学校的现状，而是整个美国教育系统学校的普遍情况，从 50 年代中期开始，美国教育相对于繁荣的经济来说落后不堪，"1944 年《军人权利法案》实施以来，高校学生爆满，教室严重短缺，新建的高校已不见美观典雅的传统建筑，许多高校甚至以简易帐篷充作临时教室之用"；根据卫生、教育及福利部的统计，当时美国大概短缺十五万九千间教室。[19]66

战后的婴儿潮带来的入学人口的快速增长，远远超出了美国教育系统现存教室的容纳能力。20 世纪开始美国青少年的入学率持续不断地增加，1900

年，5 至 19 岁年龄人群的整体入学率为 51%， 1940 年时增加到的 75%，之后也一直呈上升趋势。[9]12-13 中小学入学人数剧增，对学校的师资、教室、实验室及其他教学设备的承受能力是一个不小的考验。美国中小学入学人数的增长也说明等待进入高等学校的学生数增长，高等教育入学的需求增长。从美国当时的情况来看，1940 年美国人口有 1.32 亿人，约 150 万名美国大学生，分布在 1708 所高等学校中，高等学校教师共计约 146930 名，按照当时的欧洲标准衡量，这些学校的大多数规模都非常小，在经费上仅是刚能敷出的水平，图书馆的图书和实验室的设备配备的很不充分，学术水平低，经常被讥讽为欧洲的"高中"教育水平，而非"高等"教育。[197]31

就是在这样的基础上，到 50 年代末、60 年代初，对于高等学校来说，要接受扩大高等教育入学机会的任务，吸收婴儿潮时期的适龄青年入学，对高等学校的容纳能力是一个极大的挑战。况且战后美国高等学校注册入学的人口呈持续增长的趋势，有数据显示在 1968 年时注册人数接近七百万，而与十年前相比已经翻了两番，比 1940 年时则翻了四番。[135]15 如此快速增长的入学人口，足以让美国高等学校教室紧张。

2）教师短缺

教师短缺也是高等学校的现实状况。这一问题并不是新出现的问题，二战以来，美国公立学校系统就面临着历史上最为严重的危机——教师短缺，学校都在努力的寻找各个学科的教师来充实教师队伍，不断提高的学术标准和增长的学生入学人数，已经使这项工作越来越难了。[198]14,15 1950 年美国高校学生总数为 2659000 人，到 1960 年时增长到 3582700 人，而 1959 年时，美国高校教师总数为 28.2 万人，不到大学生总数的 10%。[199]16

教师工资低是教师短缺的原因之一，"教师工资低廉，有才华的人都不愿意从事教师职业，缺少负有责任心的高质量教师"[19]66；"美国政府对学校的投入少，教师的工资低于卡车司机、环卫工人，甚至是酒吧招待，所以很少有学生愿意在毕业后从事教师工作"[200]6-7。

另外是教师流失的问题，由于战争的原因，很多大学生被征召入伍，甚至很多男性教师也参军，再加上工业革命的来临，美国社会工作机会增加，受到更好工作机会的吸引，很少有人愿意从事教师工作。"工业入侵了校园，不仅仅是即将毕业的年轻人，也会劫走一些男性教员"。[198]54 "由于战争或者更好的工作，已经有 350000 名教师离开了公立学校，公立学校仍然有 70000

名教师岗位的空缺，60000 名教师仅有高中学历甚至更低"。[200]6-7 各级教育都存在教师短缺的问题，1958 年的一项调查显示，小学教师需求数量为 32432人，但实际供给数量只有 17229 人，短缺 15202 人。[201]10

（2）贫困学生无力承担高等教育费用

1）贫困学生入学率低辍学率高

经济障碍是美国学生接受高等教育的主要障碍。20 世纪五六十年代，美国联邦政府的调查证明，经济障碍是贫困学生不能获得高等教育机会的主要原因。二战后美国高等教育入学人口的增长主要来自于中高收入家庭，贫困家庭的学生入学人数有限，在贫困学生中间有很多优秀的学生，仅仅因为家庭经济困难、无力承担高等教育费用，而不能获得高等教育机会，经济困难不仅造成贫困学生入学困难，还导致大量的辍学。

1960 年，家庭收入在 3000 美元以下的高中毕业生，只有 33%能够进入大学学习，而家庭收入达到 12000 美元以上的高中毕业生，有 78%能够进入大学学习。[202]17 1965 年联邦政府教育署人才工程项目组（Project Talent）调查表明，家庭年收入在 3000 美元以下的学生，入学机会明显低于中高收入学生，在所调查的高中毕业生中，学习成绩在前 50%的男生中，有 37.5%的学生因为家庭收入低将无法升入高等学校学习；女生的情况更为糟糕，成绩前 50%的学生中，有 57.9%因家庭收入的原因无缘大学之门。[19]77

美国教育统计中心（NCES）的数据显示，1940 年至 1950 年间，甚至到 50 年代末，美国 25 岁以上人群完成四年制大学学业的人数比例并不是很高，占 25 岁以上人群总人口的 10%左右，而在同期美国超过一半的年轻人完成了高中学业，这就意味着毕业生人数不到入学人数的 50%，美国高中毕业生没有进入大学或大学中途辍学的比例较高，高中生和大学生的总流失率较高。[9]14 在 60 年代初，美国联邦教育署调查显示，在 186 万名高中毕业生中，尽管 42%的学生进入高校学习，但在大学一年级结束时，28%的学生因为缺少资金而辍学；很多学生尽管在夏天从事全职的工作，在学年期间从事兼职的工作，但是他们仍然支付不起上大学的费用或者无法完成学业，很多学生也不能从私人来源获得贷款。[20]5-7

2）高等教育学费过高

从 20 世纪初开始高等学校的学费开始上涨，从学生学费占公立高等学校收入的情况看，1927 年学生学费占高校收入的 12%，1940 年上升到 20%，二战后的一段时间里仍持续上涨，到 60 年代时，学费的增长速度高于全国总体通货膨胀率和收入增长率。[20]60-61 有研究者对高等学校收入与学费之间的比例关系进行了统计，数据显示 1939-1940 学年，学费占高等学校总收入的 37%，其中家庭承担的份额占到 35%，1949-1950 学年，学费收入占总收入的 40%，其中家庭承担 37%，1959-1960 学年学费收入占 26%，其中家庭承担 22%。[20]75 从这组数据中不难看出，家庭所承担的学费比重是比较大的，这对于贫困家庭来说是一项较为沉重的经济负担。

4、围绕一元范式政策方案的博弈过程

政策方案的形成取决于政策目标和客观现实条件，入学机会平等目标要求、美国高等学校与贫困学生的现实条件，两者共同为政策方案规定方向，要求联邦的政策方案应该注重两个方面，一是资助高等学校的设施建设，增强容纳力，二是消除贫困学生的入学经济障碍。虽然基本方向确定，但可供选择的方案仍有很多，国会参众两院议员在准备政策草案时，提出了多种方案，并对方案进行了讨论，总的来说讨论主要集中在两个方面，一是要不要资助的问题，二是如何资助的问题。要不要资助的问题是联邦政府要不要干预高等教育、联邦政府要不要资助高等教育的争论。如何资助的问题，也是资助方法的问题，体现在对院校资助和对学生资助两个方面，对院校的资助是一般性的资助还是特定项目的资助，对学生的资助是奖学金还是贷款。经过利弊的比较，最终形成了一元范式资助院校为主、资助学生为辅的政策方案：向高等学校提供拨款、贷款用于设施建设，多种资助方式消除学生的经济障碍。

（1）关于联邦政府要不要干预高等教育的争论

1）反对联邦干预的观点

在联邦政府每部政策颁布之初，参众两院议员们对于联邦政府要不要干预高等教育、要不要资助高等教育的争论是必不可少的。美国宪法将教育权赋予各州和地方政府，联邦政府无权管理高等教育，一旦联邦政府想要干预高等教育，这一条款就会成为反对者的主要依据，首当其冲地被提出来，但实际上随着联邦政府不断干预教育，这一条款在很大程度上已经失去了对联邦政府的约束。虽然联邦政府对高等教育的干预是历史发展的必然，但依据宪法对其的反对，代表的却是一种立场，所以该不该资助是首要的问题，其次才是如何资助的问题。

第一，反对者质疑联邦的目的，反对联邦政府干预高等教育。反对联邦干预的议员们认为，国防危机只不过是联邦政府用来进行教育立法的借口。加州的众议员布朗松以国家教育委员会近期的一份调查报告为证据证明这个观点，"从1918年起，这些人就开始用各种危机等为其立法目的之造势"，报告认为倡导联邦资助教育的人，多年来一直声称美国面临危机，接连不断的危机只不过是想为教育计划的制定提供证据而已；乔治亚州众议员弗林特认为，这次也不过是想借着国防的名义制定一部教育法而已；犹他州众议员德瓦松认为，法案设计的真实目的并不是用来纠正美国教育体系的缺点，而是为了联邦政府扩大其在教育界的影响，为控制学校系统打开方便之门。[9]31-34-35

第二，反对者从财政投入的角度提出反对意见。反对者认为联邦政府已经对教育投入大量资金，况且来自美国社会的私人、基金的捐赠很丰富，联邦政府无需再增加投入。亚利桑那州参议员格德沃特认为联邦对教育的投入已经很多，他举例说，以美元不变价格计算，从1930年到1956年，全国的人口增加了36.5%，美国的教育支出上涨了2倍，而学生的注册人数只上涨了21.3%，1952年到1956年，各级政府在教育上的财政投入增加了48%，但在其他公共项目的财政支出只增加了24%。[9]50-51 威斯康辛州众议员拉里德列举了联邦政府对大学科研和试验的投入情况，在1940年投入将近1500万美元，到1958年财年末（6月30日），投入的资金约为4.4亿美元，已经占到美国大学和学院研究活动经费支出的三分之二。[9]30 两组数据都表明联邦政府已经向高等学校投入了大量财政资金，没有必要继续增大对教育的投入，继续增加投入只会增加美国的财政赤字。印第安纳州参议员詹纳说到："联邦政府并不富裕，法案授权的拨款，每一笔都会成为国家财政赤字的一部分，法案继续生效，赤字就会越来越大"；弗林特也认为联邦政府资助高等教育，将会增加美国的财政赤字，会扰乱美国的经济状况，造成金融混乱。[9]30 议员们从财政的角度考虑联邦政府的教育投入，只考虑了投入，却没有考虑产出，没有比较联邦教育投入给美国国家与社会及个人的回报，显然是片面的观点。

第三，反对者从保护州政府教育权的角度提出反对意见。反对者认为各州和地方政府能够处理好州内的教育事务，无需联邦插手。这也是议员们提出反对意见时的主要观点，西弗吉尼亚州众议员尼尔、宾夕法尼亚州众议员加文、弗吉尼亚州众议员阿比特等人都认为联邦政府不应该卷入到地方教育事务中，各州能够在地方层面解决教育问题，不需要联邦政府插手；纽约州众议员罗伯逊认为如果法案通过，联邦政府在教育体系中的影响会与日俱增，不断侵蚀地方政府的教育权。[9]35-36 伊利诺伊州众议员艾伦担心联邦的控制会尾随联邦的拨款而至，各州都小心地保护着对教育的管理权，不希望联邦的干预与控制，况且每个州的经济状况都足以满足教育当地居民的需要。[9]34 南卡罗莱纳州参议员瑟蒙德指出，州和地方政府能够在地方层面满足国家当前的需要，州和地方政府不需要联邦的帮助，对联邦的资助也不感兴趣，教育是各州的职责，州和地方政府在教育领域仍需保持一定的权威。[9]51 议员们来自各州，对州权的维护、保护各州的利益是其职责所在，因此从这个角度出发反对联邦政府的干预，是很多议员提出的反对理由。但是议员们丝毫不考虑现实需求——各州的经济状况，有些州根本没有财政能力资助高等教育发展，而且客观条件也不允许慢慢改革高等教育。

2）支持联邦干预教育的观点

尽管反对者从多个角度提出反对意见，支持联邦资助高等教育方案的议员们，只从一个方面，即联邦政府的责任、职责方面，对反对者进行了反驳，就赢得了大多数议员的支持。

在苏联卫星事件的背景下，美国社会被国防危机带来的恐慌笼罩着，美国公众呼吁通过高等教育改革来保障国家安全，议员们认为，当前所面临的问题已经不是单纯的教育问题，而是事关国家安危与社会稳定的问题，联邦政府有责任、有义务干预高等教育。阿拉巴马州参议员希尔指明，国防和外交是联邦政府的责任，联邦有责任考虑加强国防建设，促进加强科学和教育工作。[9]44 明尼苏达州的议员奥哈拉虽然赞成地方政府应该对教育问题负有主要责任的观点，但是基于美国教育当前存在的问题，他认为联邦政府有必要帮助州和地方政府履行好自己的义务，帮助其完善职能，促进美国高等教育质量的提高，联邦政府的介入是必要的。[9]36 参议员莫尔斯还引用赠地学院的例子，来证明联邦的资助并不会导致联邦的控制，他指出通过莫里尔法案新建大量的学校，联邦政府并没有控制哪所赠地学院，对联邦控制的担心是没有必要的。[9]48

虽然资助高等院校的阻力很大，但这种阻力被全国要求教育改革的压力抵消，在苏联卫星事件引发的美国国防安全危机的面前，教育改革被看做是保障国家安全的唯一途径，而反对教育改革、反对资助教育的做法无疑是与全国民众作对，是不符合当时社会需要的，联邦干预高等教育，资助高等学校的方案在争论中逐渐得到大多数议员的支持。

（2）关于如何资助高等学校的争论

1）基本立场的明确

对于如何资助高等学校的方案，提出较多的是传统资助方式，一是通过给州政府拨款的方式，二是通过给父母减税的方式。给各州拨款是以税收分红的形式对学校资助，这种形式的弊端是加强了各州对高等教育的支持，却没有和国家的目标相联系；减税方式是很多议员支持的方式，支持者称减税能够资助高等教育，并免除受控于政府的危险，也不会引起宗教问题，但反对者认为减税的方法对于贫困家庭接受高等教育来说是没有任何帮助的，高等教育的代表也表示这种方式将会使高等学校继续提高学费。[135]39-41

在关于是否应该资助私立院校、宗教学院问题上，参众两院的意见也不统一、是直接拨款还是贷款也有分歧，但参众两院议员明确表示，有责任帮助高等学校提高容纳能力，法案必须要制定帮助高校提高接纳能力的计划。[20]5最终在一个被广泛接受观点——联邦政府应该帮助学院和大学适应入学人口的猛增——的调和下，党派偏见、宗教问题等都逐渐平息了，对公立和私立院校一视同仁的立场再次被确认，才使得方案的讨论顺利进行。[135]10-11

2）限制资助学科方案的确定

在一元范式的政策方案中，最初仅资助了部分学科，之后资助学科的范围逐渐扩大，在《国防教育法》的政策方案形成过程中，关于对科学、数学、外语等学科的特别资助，出现了较多的争论。议员们在讨论资助是否局限于特定的学科上时出现了分歧。

一种意见是限制学科领域，商务部部长威克斯认为所有的项目都"应该限制在对我们国家的安全必要的领域"，他强调联邦的资助只是为了现在的紧急情况，所以只能是限制在紧急的需要中；另一种意见是不限制学科领域，国防部长、前教育部部长认为应该在所有的领域都获得成就，才能更好的为国家安全服务，而不仅仅是科学领域，过于强调科学可能会导致对其他学科的忽视，而其他学科对于自由社会来说也是很重要的；艾森豪威尔总统本人在经过考虑之后，最终选择了限制学科资助，他担心过多的科目会使联邦资金分散，无法弥补科学和数学造成的落后。[89]190,195

至于哪些学科应该首先获得资助，议员们使用了大量的事实数据来证明，比如外语。参议员奥尔特引用前健康、教育和社会福利部部长马里昂·富尔瑟姆的话，说明资助外语教学的重要性，前部长说："美国在外国语教学方面比世界上其他主要国家都要落后。……我国高中学生和大学生学习外语的比例都不超过其人数的 15%，我国一些优秀的大学在授予大学学位时竟然对外国语没有任何要求，1956年全国高中新外语教师短缺将近25%，1957年毕业的有资格在公立学校担任外语教师的大学生中，只有1.4%的人专业是外国语，国务院外国服务办公室的新员工中，只有25%精通一门外语"。[9]47

加利福尼亚州众议员罗斯福特也用数据来说明资助外语的迫切要求，美国约有三百万人在海外生活、旅行及工作，但国内只有少量的机构能够提供外语教学服务，大学生中不超过15%的人在大学期间学习现代外语，1957年毕业的大学生中，只有1.4%的学生专业是外语，而美国的竞争对手苏联，不仅设有专门的语言学校，还规定十年制学校的学生学习外国语的时间为六年，60%的大学生都学习英语。[9]39 阿拉巴马州参议员希尔支持联邦政府资助外语学科，他指出美国学校外语教育非常落后，美国驻海外的外交代表，缺少必要的外语训练，成为美国外交上的一个重大缺陷，驻外代表很难与当地人交流，这对于美国外交来说是一个障碍，急需采取补救措施。[9]44

《国防教育法》的方案体现出与国防安全紧迫性密切相关的特点，尤其是对特定学科的资助方面，带有较强的目的性，《高等教育法》的方案中则将资助学科的范围扩大，这说明政策问题的迫切程度对政策方案的形成也有所影响。

（3）关于要不要资助学生的争论

1）反对学生资助的观点

对于资助学生的方案，首先要讨论的也是要不要资助的问题，议员们的反对意见与反对联邦的意见如出一辙，他们认为美国社会私人、基金会等为学生提供的资助已经足够，不需要联邦政府额外增加，联邦政府提供资助对私人、基金会等是不利的。

联邦对学生资助的一个原因是经济障碍的存在，贫困学生没有上大学的希望，所以高中学习并不努力，使很多人才埋没。西弗吉尼亚州众议员尼尔认为联邦政府不需要为学生提供资助，因为很少有高中毕业生为获得奖学金而去努力学习，那些真正有能力并且希望接受高等教育的学生会主动寻求帮助，来自私人、社会、企业或基金会的捐赠很慷慨，足以支撑目前的学生资助；众议员百瑞认为苏联卫星被用来当做某些人的借口，这些人把苏联卫星事件的影响放大，然后向美国公众灌输美国教育存在问题的思想，继而提出美国迫切需要设立各种各样奖学金的要求，每个州都有大量私人或团体设立的奖学金，每个教育研究机构都有助学贷款项目，全国还有大量的基金会，完全可以资助学生，实际上 1930 年美国有 12% 的年轻人进入大学，1957 年有 39% 的年轻人进入大学学习，上进的年轻学生在没有联邦捐助的情况下，仍然能够获得自己想要的教育，所以不需要联邦政府介入到高等教育教育领域内。[9]31

2）支持学生资助的观点

支持联邦资助学生的议员们认为联邦政府有责任避免国家天才的流失，所以有必要资助教育，他们从目前学生贷款不足、大学生辍学严重等方面，陈述了支持学生资助的理由。

阿拉巴马州众议员埃利奥特认为，现今大约一半左右的美国大学都没有贷款基金或者类似的项目，全国 1860 所大学中，一半至今都没有贷款体系。[9]32 众议员哈斯克尔也认为美国大学贷款项目数量不足，学生贷款金额也不足，这些大学的注册人数占全国大学生总人数的 30%，即使学生获得贷款，也不能满足一个大学生读完大学课程的需要。[9]33 犹他州众议员迪克逊用学生辍学的数据说明大学贷款项目的不足，犹他州立大学教师进行了一个联邦援助需要性的研究，调查了一定范围内在 1957 年毕业的成绩排名前 25% 的高中生，结果显示在调查的高中毕业生中，有 50% 最终进入大学，排名前 25% 的学生中，有 80% 最终进入大学，其中 33.94% 的学生在大学里仍有经济困难，迫使他们提前毕业而无法继续读大学，20% 没有进入大学的学生表示，如果他们有足够的资金，他们也愿意去大学学习。[9]33

（4）关于如何资助学生的争论

1）资助方式的争论

如何资助的争论是对资助方式的争论，在高等教育阶段消除学生入学的经济障碍一般有两个办法，一是资助院校，使高等学校有充足的经费以保持较低的学费水平，并为学生提供丰厚的奖学金以抵消学费等费用，二是资助学生，分为间接资助和直接资助两种方式，通过政策法规直接拨款资助学生，学生使用资助金直接支付学费，或者通过国家干预税收、税费减免的间接方式。

一元范式的政策方案中包含了奖学金、助学金和贷款的学生资助项目，贷款是议员们较为推崇的资助方式，在《国防教育法》中首创了国防学生贷款项目，奖学金项目是为应对国防危机而提出的资助方式，在方案形成过程中议员对这两种资助方式的争论比较突出；《高等教育法》的政策方案主要是围绕如何有效资助贫困学生展开讨论，该法案颁布的教育机会助学金项目是争论的焦点，焦点在于项目是否有助于贫困学生解决经济障碍。

2）学生贷款的不同意见

《国防教育法》政策方案制定过程中，学生贷款项目的利弊是争论较多的问题，反对者提出贷款的弊端，支持者则指出贷款的益处。反对向学生提供贷款的议员认为贷款对于学生来说形成了压力，会影响入学和学习，毕业后偿还贷款也是一个负担，所以联邦政府应该提供助学金、奖学金等资助。伊利诺伊州众议员艾伦认为贷款会给学生及其后代带来沉重的还贷压力，法案计划在七年时间里提供总计 10.7 亿美元的贷款，数额如此巨大，会导致学生们一生都处于还贷之中。[9]32

明尼苏达州众议员尤德赞成提供贷款，他认为对学生的帮助应该更多的通过贷款，而不是奖学金，一是用于贷款的资金可以循环帮助经济困难的学生，对联邦政府和纳税人都有利，二是能提高学生学习动力，根据国内外学生贷款的经验看，学生为自己投资的借款，会促使他们更努力的学习，为获得好的就业机会、还贷款做准备，有助于培养学生自力更生的精神与自尊心，总的说来对学生有利。[9]42

议员沃尔特·贾德的观点与尤德很相似，他提出贷款优于奖学金的三个理由，首先对于政府、纳税人和未来的学生而言更好，因为政府可以收回钱然后反复使用；第二，对于学生本人更好，以往拨款和贷款的经验显示，一个人从贷款中得到更多的帮助可以获得更多的利益，如果能获得贷款，说明他们是优秀的学生，他们学习会更加地努力；第三点也是最重要的一点，通过贷款的形式提供帮助，对于我们的国家和社会而言更好，它完全符合美国人的方式；对于反对者所提出的对贷款偿还的担忧，有支持者的言辞比较激烈，称如果毕业后连偿还贷款的能力都没有，那么这个学生就是不优秀的，说明学生没有获得联邦资助的资格。[150]225

3）奖学金项目的争议

《国防教育法》中设立了奖学金项目，在讨论联邦提供奖学金时，印第安纳州参议员詹纳提出反对意见，他认为提供奖学金对于加强国防的作用很小，因为奖学金对学生的约束力小，学生可能选择与国防无关的学科，并且法案授权的每一笔拨款都会成为国家财政赤字的一部分；俄亥俄州参议员劳斯奇作为反对者之一，提出的反对理由有两个，一是会给已有的私人奖学金带来毁灭性的打击，二是会使美国的优秀学生从中小型学院流向少数著名大学。[9]50-51

肯塔基州参议员库珀虽然同意联邦提供奖学金，但他建议将奖学金的额度从 500 美元降至 250 美元，如果获得奖学金的学生仍需要资金援助，可以申请贷款 750 美元；科罗拉多州参议员奥尔特反对减少奖学金额度，他认为库珀误解了制定奖学金项目的初衷，奖学金是为了鼓励更多的学生进入大学，进而减少优秀学生的辍学问题，如果国防奖学金额度减少，学生所获得的激励、鼓舞和荣誉感将大大降低，奖学金的激励作用会大打折扣。如果必须要控制成本，可以把奖学金的数量砍掉一半，金额增加一倍，这样能增加奖学金的重要性和荣誉价值，引起学生的兴趣。[9]52

4）教育机会助学金性质的争论

《高等教育法》颁布时，联邦政府的政策问题已经转变为社会公平问题，采用什么方式资助贫困学生成为议员们讨论的焦点问题，设立教育机会助学金项目时，议员们对项目名称是采用奖学金还是助学金产生争论，项目名称决定着学生资助的性质，议员们对名称的争论实际上是对其性质的争论。

约翰逊总统教育工作小组主席加德纳支持设立学生奖学金项目，加德纳指出，来自贫困家庭的孩子由于缺少资金，很多年轻有为的青年人无法进入大学学习或者无法顺利完成大学教育，比如有六分之一参加过国家优异奖学金考试的学生没有上大学，这些学生的家庭只能为他们上大学支付最多 300 美元的费用，其中 75% 的男生和 55% 的女生表示，如果经济状况允许，他们会选择上大学，目前美国联邦的奖学金覆盖面积小，其中有 50 所大学获得了三分之一的资助资金，所以有必要设立新的奖学金项目，使所有的学生都能获得资助，使他们都能充分发挥他们的教育潜能。[202]17

教育署官员希望以助学金命名这个项目，教育署官员认为资助必须基于合格学生的经济需求，而不是根据他们的学术能力，联邦的资助并不是对他们的学术能力的奖励，所以助学金比奖学金更加符合联邦设立项目的意图。从双方的观点来看，他们提出项目的目的是相同的，均是为真正贫困的学生提供资助，但是奖学金带有奖励优秀的性质，而助学金没有，助学金用于资助贫困学生的目的性更加突出，因此最终被采用，形成了教育机会助学金项目。

（二）多元范式的政策方案及其形成过程

1、多元范式的政策方案：资助学生为主

多元范式高等教育政策的政策方案，是以资助学生为主、资助院校为辅的政策方案，虽然多元范式政策方案中依然延续院校和学生作为资助对象的作法，但与一元范式高等教育政策的政策方案相比较，发生了两个变化，一个变化是两者的主次程度逆转，对院校资助的重视程度下降，这一点的依据是虽然在法案中依然保留了对高等学校的资助，但是自法案生效开始，其配套的拨款基本都没有拨发；另一个变化是学生资助项目由基于学校的项目变为基于学生的项目（Student-Based Program），学生资助的发放方式由拨发给高等学校、由高等学校认定资格的方式，改变为由联邦政府统一审核资格的方式，资助直接拨发给学生个人，即联邦政府直接面向学生个人提供资助。

（1）学生资助体系

多元范式高等教育政策，是对一元范式政策创立的学生资助体系的完善。一元范式高等教育政策时期创立多种形式的学生资助项目，到第一部多元范式高等教育政策《1972年教育修正案》颁布后，形成了"两助（助学金）"、"两贷（贷款）"和"一勤（勤工助学）"的大学生资助体系[19]122-123。1972年之后的多元范式政策对学生资助项目进行了调整，使资助覆盖面更广，受益学生更多。

"两助"是指基本教育机会助学金和补充教育机会助学金。1972年《教育修正案》创立教育机会助学金项目，该项目的目的是向渴望攻读大学的贫困学生提供经济资助，每年最高额为1400美元，总量不超过所在高校教育费用的一半，由联邦教育部统一认定贫困学生的资助资格，直接将助学金划拨到学生或其所在学校[19]118。1978年通过的《中等收入学生资助法》，修订了学生资助项目，将中等收入学生也纳入到资助范围内，调整了基本教育机会助学金的计算标准，将家庭收入的限制从1500美元提高到2500美元。[19]132 1980年《高等教育法》再次修订，将基本教育机会助学金项目更名为佩尔助学金项目，最高资助金额从1800美元提高到2600美元，最高不能超过教育费用的70%。[19]135 补充教育机会助学金是原1965年《高等教育法》中的教育机

助学金项目更名为补充教育机会助学金，这个项目延续了原有项目的基本内容，作为基本教育机会助学金的补充，用于资助那些学习成绩中等以上，接受基本教育机会助学金后仍有经济困难的学生。[19]118

"两贷"指担保学生贷款和国家直接学生贷款。担保学生贷款是 1965 年《高等教育法》担保学生贷款项目的延续，1972 年对其进行修订，变化之处是增加了联邦政府对州政府的再担保。[19]118-119 1978 年《中等收入学生资助法》去除了担保学生贷款的家庭收入限定，不论家庭收入或资产，在校大学生均有获得联邦担保贴息贷款的资格。[19]132 1980 年对该项目再次修订，将年贷款利率从 7% 提高到 9%，并且缩短了毕业后还款时间。[19]135 国家直接学生贷款是原来的国防学生贷款项目，1972 年再次授权更名为国家直接学生贷款，项目基本内容没有变化；1980 年修订后将利率从 3% 提高到 4%。[19]135 多元范式时期，联邦政府更加倚重通过贷款为学生提供资助，为了使两贷项目更加完善，联邦授权建立了私人与家长的贷款项目，1972 年《教育修正案》还授权私人机构建立学生贷款的二级市场，以扩大学生贷款融资，降低学生贷款风险，促进学生贷款管理。[19]118-119 1980 年《高等教育法》修订，授权建立面向大学生家长的无贴息担保贷款项目，即本科生家长贷款项目，家长可为每位孩子贷款 3000 美元。[19]135

"一勤"指勤工助学（work-study），该项目旨在为需要经济帮助的大学生提供校园和社会的公共服务机会，鼓励学生参与社区服务和与课程有关的工作。勤工助学在联邦资助体系中的比例并不高，只占 1%。[203] 1965 年《高等教育法》将《经济机会法》中的大学生勤工助学项目接管过来，拨款管理从经济机会办公室转移到当时的教育署。[19]85

（2）资助发放与资格认定

学生资助的受助资格由联邦政府教育部统一认定，项目由以往通过高等学校实施完成的方式，改变为联邦政府直接面向学生发放的方式。联邦政府规定基本教育机会助学金的接收条件是：拥有公民身份的贫困学生；在政府认可的教育机构学习，并以获得学位或证书为目的；具有高中毕业证书或者政府认可的同等学力；在中学后教育中保持令人满意的学业进步；全日制或在职的学生均可获得资助。[19]119 学生资助体系通过不同的资助方式组合，最大程度地满足了学生的经济需求，学生首先得到的是基本教育机会助学金，之后根据自身的经济状况与需求，申请贷款或其他的助学金。

2、多元范式政策方案形成的决定性因素之一：政策目标的要求

教育机会平等内涵的演变，使得其对政府责任的要求有所改变，从 60 年代开始，教育机会平等的内涵开始转向教育结果的平等，教育机会平等评判的标准也有所改变，学生学业成就的平等意味着教育机会平等。政府的责任也从平等地分配教育资源转变为提高学校效能。提高学校效能意味着联邦政府要促进学校的内部改革，使学校积极地回应学生的需求，为学生提供平等的发展机会。提高学校效能不需要联邦提供平等的高等教育资源，与一元范式相比，资源分配不再是联邦政府的行动目的，而成为联邦实现目的的手段，通过差异性的资源分配来促进学校效能的提高。除此之外，消除学生入学的经济障碍仍然是联邦政府的责任所在。

（1）教育机会平等内涵的改变

1）科尔曼对教育机会情况的调查

教育机会平等目标对政府责任要求的改变，源于教育机会平等内涵的改变。这次改变要从联邦政府组织的一次调查说起。1964 年美国国会通过《民权法案》责成各州教育厅长，对美国各种族及群体缺乏平等教育机会的情况进行评估调查，具体的调查行动由科尔曼领导的团队组织进行。

科尔曼从五个方面对教育机会不平等的现象进行调查，一是由社区对学校的投入差异引起的不平等，包括每个学生的费用、校舍、图书馆、教师素质等；二是由学校内的种族构成引起的不平等；三是由学校的各种无形特点引起的不平等，包括教师的德行、教师对学生的期望、学生在学习上的兴趣水平等等，以及可以直接归因于社区对学校投入的某些因素；第四个方面的不平等是根据学校对背景相同和能力相同的个体所产生的教育结果来考察的，教育结果包括学业成就、学习态度、自我意象等内容，根据这一点，如果给予个人相同的投入，教育机会平等就是结果的平等；第五个方面的不平等是根据学校对具有不同背景和不同能力的个人产生的教育结果来考察的，根据这一方面，教育机会平等是在个人投入不同的条件下获得平等的教育，这就意味着只有当少数民族、种族与占支配地位的民族、种族获得相同的教育结果时，才是实现了教育机会平等。[196]

很显然，科尔曼的调查融合了教育机会平等不同阶段的内涵，前三个方面涉及投入资源，分别是学校输入的设备、课程和教师等资源、学生输入的

资源、两者交互作用产生的无形特点，这三个方面是最初的教育机会平等观念的体现，后两个方面涉及教育结果，是对教育机会平等观念的新发展。科尔曼将学校的投入与学业成就联系起来进行考察，实际上表明他对此持有的观念是白人和黑人学生基本相似的投入特点很少对他们的学业成就产生影响，调查结果也证实了这一点。

科尔曼调查发现，引起黑人学校和白人学校之间差异最重要的因素是学生教育背景上的差异，其次是教师素质的差异，而设备和课程上的差异则是最不重要的因素；调查的另一个结果是投入与学业成就之间的关系，从这些投入对黑人学生学业成就影响的重要性程度上来说，排序与上述排序相同，最重要的是学生背景，其次是教师素质，最不重要的是设备条件和课程。[196]

由于对投入与产出作了清晰的区分，并同时注重这两个方面，科尔曼报告实际上揭示了一个一直以来都模糊不清的理论基础，这个理论基础是支持全部教育机会平等观念的理论基础，那就是机会平等观念意味着机会的效益平等。那么如何获得教育机会的效益平等呢，科尔曼认为由于家庭背景对学业成就有着重要的影响，不能将其排除在外讨论机会平等，这个问题关系到两组影响的相对强度，一组是黑人学生与白人学生获得的基本相似的校内影响，一组是家庭背景造成的不同的影响，如果学校影响不仅对黑人学生和白人学生相似，而且比其他影响更强，那么这两组学生的平均学业成就会趋于一致，如果学校的影响非常弱，那么两组的平均成绩就会分化，也就是说，一致性的学校影响与差别性的校外影响的相对强度决定了教育制度在提供机会平等上的有效性。正是由于存在两方面的影响，家庭的影响也不可能完全消失，所以机会平等只可能是一种近似的机会平等，这种近似的平等不仅由教育投入的平等决定，而且由学校的影响与校外的差别性影响的相对强度决定，换言之，产出的平等不完全由资源投入的平等决定，还由这些资源对学业成就产生的效力决定。[196]

2）教育机会平等内涵的新发展

科尔曼的调查结果说明，教育机会平等的新发展产生了多方面的变化。教育机会平等的内涵产生了新的演变，教育机会平等取决于学业成就，在学校教育资源相同的条件下，学校的教育效果反映在学生身上的学业成就是决定教育机会平等与否的关键。

这一改变暗含着两个方面的变化，一是衡量标准的变化，衡量教育机会是否平等的标准，由重视投入演变为重视产出，教育机会平等概念的前几个发展阶段，都是以教育资源的投入是否平等作为判断教育机会是否平等的关键，而教育机会平等概念的新发展改变了这一标准，教育机会平等不单单取决于平等的教育资源，更取决于学生的学业成就是否平等，学生学业成就是否平等并非是在一段时间的学习后，学生取得一样的分数，达到同样的水平，而是对于学生个人而言，在原有的学业水平基础上，都能获得同等程度的发展与提高。

二是主动被动关系的变化，在实现教育机会平等中，学生及家庭由掌握主动权转变为被动状态，学校开始掌握机会平等的主动权。在最初的教育机会平等观念中，学校和政府的作用是相对消极的、被动的，他们只是负责提供免费的、平等的公共资源，而是否入学、是否利用这些资源来获得教育机会，主动权掌握在儿童及家庭手中，教育机会平等概念的新演变，逆置了两者的主被动关系，取得平等学业成就的责任在于学校而不是学生，教育机会平等取决于学校在促进学生学业成就水平的提高上所作出的努力，学校在实现教育机会平等的过程中负有主要的责任，发挥着更加积极主动的作用。

（2）教育机会平等对政府责任的新要求

教育机会平等观念的新演变对政府提出了新的要求。从教育机会平等观念的新演变中不难发现，教育机会平等已经从重视对物的分配转为对人的重视，这一演变要求机会平等的提供者——政府不再以平等分配教育资源作为努力方向，而是在如何促进平等的学业成就方面做出努力。

调查评估发现，在实践中投入部分比较容易转化为政府的政策并得到实施，但结果部分却很难实现。教育机会平等不仅仅基于学校资源分配的平等，而应该取决于这些资源效果的强度，所以机会平等只是提供学校资源平等并不是平等，而应该是学校教育效果的平等。在原本教育机会平等的观念中，政府的责任在于平等的分配资源，而忽视了教育资源以外的东西。在新的教育机会平等观念中，充分考虑了学校之外的不平等的教育资源，更加重视效益，所以要实现教育机会平等，政府更应该关注学校资源的效力。这就要求政府的责任不在于教育资源的平等分配，而应该提供差异性的资源，实现学校教育效果的公平。[204]

科尔曼在报告中指出，教育机会平等由"这些资源对学业成就产生的效力决定"，资源就是指联邦政府对高等学校提供的资助金，根据这一点如果细化教育机会平等目标对政府责任的要求，提高学校效能包括两个方面，一个方面是提高政府资金利用效率，二是促进学校改革，使高等学校致力于学生学业成就水平的提高。

3、多元范式政策方案形成的决定性因素之二：客观现实条件

政策方案是根据美国高等教育的客观现实条件而制定的，解决高等教育供求矛盾，需要高等学校为学生提供多样化的课程、给予学生更多的权力，让学生能够自由选择。在学生运动发生后，一些大学迫于压力已经进行了一些改革，但是经过改革的大学也并不具备解决高等教育供求矛盾的条件，解决供求矛盾需要为学生提供多样性的课程，然而美国大学的同质化倾向严重，多样性较差，难以提供多样化的课程；解决供求矛盾需要给予学生更多的权力，然而美国大学将学生视为被管理者，丝毫不重视学生的要求，根本不可能实现学生的自由选择；美国大学还存在忽视核心价值的问题，忽视其核心任务——教学。这种现实情况对联邦政府政策方案提出的要求是政策方案应该有助于学生权力的获得，有助于大学回应学生的需求。同时经济障碍仍然是学生高等教育机会的主要障碍，不仅限制了贫困家庭学生的入学机会，而且扩展到了中等收入甚至高等收入家庭学生在选择上的自由，这一现实情况向联邦政府提出的要求是联邦资金利用效率应该提高，政策方案应该更加有利于消除学生的经济障碍，有利于学生高等教育机会的平等。

（1）大学的现状不具备解决供求矛盾的条件

1）大学同质化发展

联邦政府调查发现，战后的美国大学出现了同质化的发展趋势，官僚化、过分重视学术文凭、学生和教师脱离社会，高等教育结构死板和一致使高等教育越来越少地反映社会的需求。

联邦政府的调查报告——纽曼报告指出，美国的大学和学院已经变得非常相似，所有 2500 所高校采用了同样的教学模式，执行同样的教育目的，公私立大学、大型院校和小型学院、非宗教的大学和宗教的大学、男校和女校，这些不同的来源正在消失，学生们在寻求高等教育的过程中，并不能真正地从不同类型的学校中选择；大学的目标越来越同质化，大学建立之初的目标有明显的区别，这种区别不是在大学的内部，而是在大学的外部，在院校之间的区别；

然而随着社会的发展这种区别越来越小，宗教的弱化导致对宗教大学支持的减弱，男女之间差别的缩小使男女分校的模式减少，特殊目的的大学被现代大学的统一目标代替，也产生了同样的大学模式。[171]12-16

在 1900 年至 1950 年之间，公私立大学之间的差别很明显，他们有着不同的目标，公立大学主要是与职业相联系的教育，比如培养农业人员、工程人员等，私立大学主要是传授博雅教育、通识课程；1950 年开始这种区别消失了，通识教育课程成为公私立大学的标准课程，原来的农业学院、师范学院、采矿学校正在成为州立院校或州立大学，联邦资助的增长使很多公私立学院扩张了研究生教育，雇佣学术学科相关的教师，而不是职业相关的教师；即使在新建的、发展迅速的社区学院，三分之二学生学习的转学课程都是为准备接受四年学院学术学位准备的；公私立大学的入学平衡也被打破，七分之五的学生上公立大学，比例仍在增长；学院之间的区别也在消失，学院内部课程的多样性在增加，科技学院增加了人文课程，社会科学系建立，传统学科被细分；多样性课程的一致接受显示出目标的相似性：即提供普通的学术教育。[171]12-16

2）大学忽视学生个性，管理刻板

大学将学生视为被管理者，把学生看做是代加工的产品，无视学生的个性，也缺乏对人性的关注与关怀。精英高等教育价值观在美国大学中仍然占据主导地位，它是一种以知识为本的价值观，大学是主导教学活动的权威，学生没有地位，因此大学常常不考虑学生的要求，忽视学生个体的价值选择，对学生进行死板的、行政化的管理。

60 年代的大学生回忆起他们的大学生活时说到，他们感觉进入大学所接受的教育与他们的理想相距甚远，他们想象的大学是自由的、可以获得高深学问、同伴之间可以探讨等等，然而上大学之后他们发现，巨型大学并非表面上看来的那样美好，大学像一座毫无生机的大型知识工厂，学生们在大学中也变得了无生趣，甚至已经被作为生产线上的产品，缺乏个性："在较大的学府里，学生有一种压抑的不具人格的感觉；宿舍像兵营一样、课堂拥挤缺乏生气，教授难以接近，学生们在大学里没有鲜明的个性"；"为了识别自己，学生不得不出示上面有压制成的照片、签名和社会保险号码的塑料学生证，而更有象征性的是无处不在的、国际商用机器公司的巨大机器用来汇编学生成绩的穿孔卡"；他们也曾经疑问，"难道大学真的变成了通过千篇一律的机器生产似的过程接二连三地产出科研项目和文学士的工厂了吗"。[119]

大学组织臃肿，结构庞杂，体制僵硬，和整个社会一样，具有明显的非人性化特征，大学与政府和企业的关系密切，教育理念保守，管理体制官僚化。激进学生认为哥伦比亚大学就是这种大学。哥大行政机构陈旧，其董事会的大部分成员来自工商和金融巨头的世界，董事会把学校的领导权托付给格雷森·柯克校长和副校长、院长等一小群人；教师参与管理职责的比大多数大学还要少，大部分教授都十分愿意让行政部门去管理这个学府，本科生有一种失意和疏离感，学校当局冷漠专断，教师以自我为中心，难以接近；大学和大学教育成为青年人批判的目标；引以为傲的巨型大学成为冷酷无情、毫无个性的教育流水线，学生自己感觉是任人摆布的工具备受压抑。[119]这种非人性化的管理，自然会忽视学生的个性，也丝毫不会考虑学生的感受，只是注重管理的效率，就连学生的意见都没有反馈的途径，也不可能重视学生的要求，当然更不会让学生参与管理。

3）课程过度专业化

大学的课程存在过度专业化、缺乏多样性的问题。美国社会对教育的热情主要来自于市场价值，大学的生存与发展需要从社会获得资源，因此大学在很大程度上迎合了社会的需要，教育目标经济化，教育内容无非是一连串的专业技能，满足社会对技术和知识的要求。技能训练无非是让人们按同一方法操作，按同一思路思考，所以导致课程设置过于专业化，课程体系僵化，缺乏灵活性，课程内容范围狭窄。

应用学科在创造经济价值方面具有更大的作用，在社会上很受欢迎，在大学内部也受到极大推崇，过于强调应用型学科，课程内容过度专业化，社会科学学科和人文学科，由于实用性价值较差，逐渐沦落到了边缘地带，导致课程内容缺乏对人性的关注，通识教育缺乏，"同一个大学的两个毕业生只有一两门课是共同的，学生只熟悉自己的专业，而对其他学科所知甚少，主修化学的学生可能不知道梭罗或加里森的名字，主修法语的学生可能不知道原子和分子之间的区别，主修经济的学生可能从未听说过约翰·济慈"。[119]布鲁姆指出 60 年代的学生不懂贝多芬，不知道康德的思想，也没读过《安娜·卡列尼娜》或《红与黑》，只把全部精力放在为今后工作接受专门训练，不注重人性的培养，注定不能成为一个全面发展的文化人。[183]大学将理工科的大学生培养成为技术员，成为机器的一部分，将学生视为商品，掌握一连串的专业技能，成为在生产线上机械工作的奴隶。这样的课程与教育使得青年一代在失望之余愤怒不已，学生们要求学校把他们当作人来教育，拒绝程序化的教育。[184]

4）大学忽视教学职能

大学的基本任务是教学，但是过多的社会服务使大学忽视了本身的核心职能，忽视了对核心价值的追求，大学本应该是一个学者的社团，具有共同的目标，但是现在的大学却是一个巨型的工厂。

随着高等教育地位逐渐从社会的边缘移动到社会的核心，大学在解决国家社会问题中的重要性程度越来越突出，大学正在忙于越来越多的社会事务与服务性的活动，大学的核心功能——教学与研究，被社会事务和服务性活动挤压，不仅占用时间也占用教育资源。政府与大学的合作关系被双方认可与接受，双方都乐于这样的合作，学术自由也因此被政治压力所威胁，大学为了获得政府科研合同带来的资金与资源，只能放弃大学内部的事务，教学被选择忽视。大学教师也热衷于研究忽视教学，因为研究能够带给个人丰厚的经济回报，而教学并不能；大学的终身教职制度、不发表则死亡的规则，都催促着教师将工作的重心从教学转移到研究。

斯克兰顿报告强调，大学必须认识到高等教育的扩张、青年文化的改变和今天学生所关心的事物都已经改变，大学必须使自己适应这些新情况，作为学术机构，大学必须重新确认自身教学的责任，应该使教学课程、学位结构、转换政策更加灵活，更加多样，以加强大学学习质量和学生学习的自愿性。[123]

（2）经济障碍仍然是高等教育机会的主要障碍

1）经济困难影响贫困学生入学

一直以来经济障碍都是妨碍高等教育入学的主要原因，贫困家庭学生由于经济原因不能获得高等教育机会，成为联邦政府一元范式政策要解决的问题之一，对于贫困家庭学生来说，入学的障碍是经济条件限制和竞争方式入学，入学机会表面上是敞开的，但实际上却是紧闭的。

第一，经济状况决定入学。1969年1月美国卫生、教育和福利部发布的调查报告——瑞夫林报告调查发现：经济障碍仍然是影响低收入家庭学生入学的主要障碍。瑞夫林报告写到："高中时期成绩一样的学生在上大学这件事情上差别却很大，一个来自低收入家庭的学生比中等收入家庭学生入学的机会小得多。缺乏资金而非缺少能力，是阻止很多学生进入大学的主要障碍"。调查发现，在1965-1966学年，约有260万高中毕业生，其中90万在毕业当年直接升入大学，占高中毕业生人数的35%，约120万在毕业五年之内进入大学，占当年高中毕业生人数的46%，而余下的近20%的毕业生没有机会上大学。[205]5 高中毕业生能否上大学，取决于家庭的社会经济状况（SocioEconomic Status,SES），高中学习成绩好但家庭社会经济状况不佳的学生，上大学的可能性甚至低于成绩较差但家庭社会经济状况良好的学生。

美国学者鲍尔斯考察了1967年美国中学毕业生上大学的情况，结果发现从美国全国的总体状况看，没有进入大学的中学毕业生比例为53.1%，但家庭收入不同的学生差距很大，家庭收入在3000美元以下的、未能进入大学的中学毕业生的比例为80.2%，而家庭收入高于1.5万美元的比例仅为13.3%。[206]

第二，经济状况影响学业成就。由于高等教育资源有限，不能满足所有人的高等教育需求，所以学生只能以竞争方式获得入学机会，由于贫困家庭在教育资源方面的匮乏，使得贫困家庭学生在与同龄人的竞争中处于劣势，调查发现，在按成绩排名前20%的高中生中，家庭社会经济状况最好的学生毕业当年上大学的比例占82%，而社会经济状况最差的学生上大学的比例仅占37%，而且每个分数段的情况都很相似。[205]6

家庭经济状况也影响着学生获得学位、进行研究生学习或专业学院的学习，在高中时期，家庭社会经济状况差的学生很难名列前茅，很少进入按成绩排名的前40%，而这个分数段中家庭社会经济状况好的学生占60%；在大学阶段，一个学习成绩在前20%并且家庭社会经济状况好的大学新生，有42%的可能进入研究生院或专业学院学习，但是同样学习成绩在前20%但家庭社会经济状况不佳的大学新生，只有20%的可能进入研究生院或专业学院学习；一个来自家庭社会经济状况好的高中毕业生，进入研究生院或专业学院的机会是经济状况不佳的同伴的五倍。[205]6

2）经济障碍影响学生自由选择

60年代末70年代初，高等教育机会的经济障碍不仅没有得到缓解，反而更加严重。随着高等教育规模的扩张，大学维持自身运转所需费用不断增长，提高学费成为大学增加收入的主要方式，20世纪60年代初，美国大学学费就已经开始上涨，到70年代初的1971-1972学年，公立四年制院校的学费，已经达到占低收入家庭收入 42%的程度，对于中高收入家庭，学费也已经达到占收入 13%和 6%的程度，私立四年制院校的学费更是占到低收入家庭收入的 91%，中等收入家庭收入的 29%，高收入家庭收入的 12%。[28]45 学费占低收入家庭收入的比例之高，实在令人惊讶。学费的增长不仅使贫困学生的入学障碍存在，而且也导致了中高收入学生选择上的障碍。

高等教育费用的上涨限制了学生的选择。20世纪60年代末的人口调查报告显示，到上大学年纪的青年，一个来自家庭收入超过 15000 美元的青年，与来自于家庭收入低于 3000 元的青年相比，前者被全日制大学录取的几率是后者的五倍，而且低收入家庭的学生和少数群体的青年，即使获得了大学入学的机会，也没有享受到平等的选择权，他们被毫无规律地分配到各种类型的院校中，容易被较低选择性的学校录取。这些并不是由于青年们在能力上存在巨大差别，不能用能力上的差别来解释。[135]17

高等教育费用的上涨对中等收入学生的选择也有影响。在美国，中产阶级家庭的收入并不低，由于子女众多，并且随着子女的成长，教育费用不断增加，除去生活的基本费用，能够提供给子女的教育费用就十分有限了，有限的教育费用限制了学生的选择，选择大学时，费用成为主要考虑的问题，个人的需要降为其次。

由于大学存在物质条件和师资力量的差异，质量自然存在差异，即便政府努力地想要达到高等教育资源的平等，也是不可能消除质量差异的，因为存在着优质学校、平庸学校，乃至劣质学校的极大区别。资质相同的学生，由于经济的障碍，只能选择费用稍低、质量平庸的学校，甚至选择劣质的学校，学校质量的差异本身就已经是不平等，而由于经济障碍导致选择上的不平等，是新的教育机会的不平等。公民享有平等的受教育权，学生发展机会平等应该体现在符合条件的公民都能就读于办学条件优良、质量大致相当的学校。[172]经济状况尤其不能成为学生自由选择的障碍。

4、围绕多元范式政策方案的博弈过程

多元范式政策方案的基本方向已经由政策目标和社会现实条件确定，即如何保障学生的高等教育机会、给予学生自由选择。发展机会平等政策目标的要求是提高学校效能，主要是提高资源使用效率，达到学生学业成就平等；美国大学的现状并不具备解决高等教育供求矛盾的条件，因此需

要大学进行内部改革，包括为学生提供多样化的教育和课程、给予学生自由选择权、参与管理等。发展机会平等目标与大学内部改革的要求是一致的。学生的学业成就平等取决于在接受高等教育过程中是否获得了平等的高等教育机会，高等教育供求矛盾的解决，就要给学生提供多样化的教育和课程，让学生自由选择，从而选择适合自己的教育，符合自己要求的课程，保证在教育过程中获得平等的高等教育机会，从而达到学业成就的平等，即学生个人发展机会的平等。大学的改革要以学生的需求为依据，让学生自由选择的目的在于将自己的需求反馈给大学，学生根据自己的需要进行选择，学校可以通过学生的选择，做出适当的调整与改革，从而提供符合学生要求的高等教育。综合起来，发展机会平等目标与社会现实条件的要求，都要求联邦政府的政策方案应该放在如何促进学生的自由选择上。

国会参众两院在制定政策方案的过程中，确定了联邦政府的责任在于人而不在高校，高等学校只有在为人服务的时候才能获得联邦资助，这一责任目标的确定使两院争论的焦点集中在了通过什么方式使学生获得自由选择权，参众两院议员在制定政策方案过程中，主要考虑的是哪种方案更有利于教育机会平等，联邦政府确定了对学生负责而非对高等学校负责的态度，确定了以资助学生为主的方案。当然在国会对政策方案进行讨论时，资助院校还是资助学生仍然是争论的主要问题，在如何改善资助体系、扩大资助范围方面存在争议，资助学生由于在资源使用效率、对于实现政策目标、解决政策问题的有效性上的优势，最终得以确定为多元范式的政策方案。

（1）关于资助院校还是资助学生的争论

1）联邦责任的确定

联邦政府的责任是两院议员在讨论政策目标与政策方案之间的关系时被大多数议员认可的责任，即对学生负责的立场，对于高等学校的"生死"并不负责。

在参众两院的联席会议上，支持学生资助的议员强调，从教育机会平等的目标来说，资助学生是更合适的办法。对于资助学生的方案，反对者认为，如果让学生自由选择，对于质量差的院校来说，可能将没有生源，导致无法生存，多数议员认为，"相对于高校，联邦政府对人更有不可推卸的责任"，这就意味着联邦政策的首要出发点在于对学生资助，高等学校也只有在为人服务，适合于人的需要的时候，才可得到相应的资助。[135]225

尽管仍然存在反对者与支持者，但联邦政府责任的确立，使争论的焦点逐渐集中到学生资助项目上，而不是争论资助院校还是资助学生。

2）支持资助院校的理由

联邦政府在一元范式政策中采用了资助院校为主的方案，美国国会中有不少议员支持院校资助，尤其是高等教育利益集团的代表，更是希望联邦政府继续采用院校资助的方案，因为大学仍然希望得到联邦的大量资源。支持院校资助方式的议员认为，有两个理由要求联邦政府继续对大学提供资助：一是目前美国大学还普遍存在财政困难情况，二是资助院校能够保持较低的学费水平，对扩大入学机会有利。

第一是美国大学面临经济困难。议员以美国大学协会发布的一份报告为依据，说明美国的高等教育正在经受着严重的、普遍的财政压力。联邦政府在60年代对高等学校资助的范围和水平大幅提高，大学利用联邦资助扩大了院校的规模，建设新的建筑、设备和新校园，资产投资扩大了几倍。高等教育的收入和花费从1957年到1963年翻了一番，从1963年到1968年又翻了一番，增长速度超过了入学人数的增长，教职工工资增长的速度高于一般工资水平，同时管理运行所需的费用也有所增加，这些因素都导致大学的财政紧缩。美国大学遭受的信任危机也使财政紧张的状况雪上加霜，私人捐赠减少，"到60年代末的最后两年，美国高等学校财政入不敷出开始明显，1970年时几乎每一种报刊杂志都在谈论高等教育正在步入财政危机，前几年还在为建设学院制定种种发展规划的大学校长们，今天正缩减学校的各种发展计划、甚至是学校自身的规模"[176]71。院校资助的支持者认为，既然联邦政府能够在60年代对高等教育进行大力的资助，这种资助应该继续下去，如果从保障高等教育质量的角度来说，对院校进行资助也是必要的。

第二是资助院校可以使大学保持较低的学费，资助院校的支持者主要来自高等教育利益集团，他们认为低收入家庭的学生对于学费和资助更加敏感，对于低收入家庭学生与家长来说，大学的学费和价格是影响他们是否有上大学愿望的一个重要因素，保持低学费水平，获得入学机会的门槛比较低，有利于低收入群体获得入学机会。[207]12 高等教育协会极力推荐资助院校的政策方案，他们的理由是："院校资助可以给大学院校提供基础性的支持，以便他们追求更高的质量；避免大学提高学费，为年轻人提供高等教育机会"。[208]17

"高等教育协会希望联邦政府扩大角色，继续提供院校资助，院校资助项目能够提供更宽阔的基础，支持大学与学院进一步提高质量，尤其是那些因为资源不足而放弃提高质量的院校，能够同时帮助公立大学和私立大学降低提高学费的速度与趋势，提高学费并不利于扩大高等教育入学机会"。

3）支持学生资助的理由

影响议员支持学生资助方案的主要是 20 世纪 60 年代末的瑞夫林报告和卡内基报告，两份报告就学生资助的优势进行了分析，他们对学生资助的态度影响着大多数支持学生资助的议员，在反驳院校支持者时，两份报告也是他们反驳的依据。对院校资助的支持者提出的两个理由，学生资助支持者进行了反驳，一是美国大学的经费并不困难，二是资助学生更有利于联邦目标的实现。

第一是大学并不存在经费困难的问题。议员展示了瑞夫林调查小组对大学院校近六年财政情况调查的结果，说明他们并不存在经费困难的问题。瑞夫林小组发现，学生人数和学生费用的增长足以支撑大学本身费用的增长，美国大学协会所说的财政危机，是一些小型的学院面临财政困难，一是他们一直是处于财政紧张的状态，比如大多数的黑人学院，入学人数不超过 1000，并且黑人学生贫穷，所以他们不得不依赖州和联邦的拨款。二是因为联邦的科研经费并没有大幅增长，而很多大学的科研项目不断增长，使他们感觉到经费紧张。三是尽管大多数学校都在想方设法增加资源，公立大学担心州和地方减少支持，私立大学担心学费的增长会将他们自己驱逐出市场，所以他们都希望获得联邦政府的资助。美国大学协会说到大学正遭受经济危机实际上是他们争取资源的一种策略，但目前确实存在私立学校面临着一种商品两种价格的情况，这个结果促使联邦重视学生资助。[205]

第二是学生资助的优势在于更有利于目标的实现。学生资助的支持者以瑞夫林报告为主要依据，反驳院校资助支持者，他们强调同样数量的资金用于院校资助上，在教育机会平等上所产生的效果要差得多。院校资助可以帮助大学院校满足花费、减缓增加学费的压力，但是低学费也间接的补助了高收入家庭的学生，实际上，高收入家庭学生决定上大学与否，对收取的学费是不敏感的，即使没有资助他们也还是会上大学，低学费反而会导致高收入学生愿意支付更多而获得更好的教育，对低收入学生的吸引力更弱了。[205]

学生资助的支持者还列举了卡内基委员会提供的四点支持资助学生的理由，首先这是联邦政府有最大灵活性、最充分利用资金的方式，二是能够减少不确定性，学生在入学之前就可以了解，能够获得什么样的联邦资助，有利于提高入学动机，三是资助学生能使学生获得更大的消费者权利，能增强院校对学生需求的回应，四是不涉及干预大学的问题，保留了院校的自由自治。[209]

具体来说资助学生策略的优势在于，一是更充分的实现入学机会平等，二是给予学生自由选择权，三是能解决大学的财政困境。资助学生的方式，能够集中联邦的资源，用于资助在高等教育机会上存在障碍的学生，学生的范围更广更大，任何一个州的学生都能直接获得联邦资助，能在全国范围内更充分的扩大高等教育入学机会；资助学生也可以解决高等学校的财政困境，如果高等学校能够提供高质量的教育，自然能够吸引足够的生源，间接地获得联邦的资助，而高质量的院校可以通过提高学费的方式获得充足的资源，解决自身的经济困境；同时资助学生的方式将经费交到了学生手中，学生可以根据自己的愿望选择想进入的大学，将经费交到能够提供满意的、高质量教育的大学院校，既给予学生自由选择权，也会促使大学为竞争学生手中的经费而不断的提高教育质量。[135] 225

鉴于资助学生方式的优点，卡内基报告建议，联邦政府资助高等教育的最佳手段是直接向学生"提供补助和贷款，以推动平等教育机会的国家目标前进"[19]。1969年，尼克松总统上任之初提交给国会的一份报告中，也提出要为所有美国的年轻人、合格的和想要上大学的年轻人，提供可行的上大学的方式，这段文字也成为讨论联邦资助学生的重要参数。[210]207

（2）关于如何扩大资助范围的争论

1）联邦政府的出发点

关于如何扩大联邦资助范围的讨论，实际上是关于哪些学生可以获得哪类资助的问题，由于大学学费的增长使中高收入家庭学生限制了高等教育的选择，而在一元范式政策中，中高收入家庭学生被排除在资助范围外，他们感到了经济的压力，也要求联邦给予资助。

在多元范式政策中，联邦政府采取的价值观是人人平等的普遍主义原则，从联邦政府的角度，要给予每个公民平等的对待，即使中高收入家庭学生没有高等教育入学的经济障碍，但存在高等教育选择上的障碍，也应该得到联邦资助。因为联邦的资金有限，不可能为所有学生提供助学金，而且存在多种资助方式的资助体系，这就涉及到了哪些学生可以申请助学金，哪些学生可以申请贷款，以及资助额度的问题。联邦政府的出发点是要通过联邦建立资助大学里所有经济贫困学生的一种权利，而且必须通过一个联邦原则统一建立，不太贫困的学生可以申请联邦补助和保障贷款。

2）已有学生资助存在的不足

联邦学生资助体系中存在的问题被国会议员不断提出，改善学生资助体系成为讨论的一个重点。议员们指出，联邦资助存在着额度不足的问题，在听证会上，国会议员听到来自本州的抱怨，伴随着高等教育财政紧张问题，为此买单的一定是学生及其父母，尤其是中等收入家庭，抱怨送孩子上大学的费用增长。这时，联邦的资助项目为低收入和中等收入学生提供资助的计划出了问题，保障性贷款在 1965 年成立，然而贷款的增长速度却不能满足要求。

议员借助瑞夫林报告说明联邦资助存在很多问题。联邦资助金的额度低直接影响了学生上大学的动力。60 年代教育部的一些研究表明，大学入学由高中毕业学生家庭的社会经济地位决定，对于那些社会经济地位较低的优秀学生来说，不能进入大学是国家的一个重大损失，低收入家庭的学生对于上大学的期望或动机也很低。去除财政障碍和增加动机对于低收入学生入学有很重要的帮助。联邦资助存在的缺陷是资助水平低，1970 年仅提供 330 万的资助，不能满足学生对于入学机会的要求；每个学生获得的资助水平低，约1000 美元每人，在 1970 年平均的学费水平与 1965 年相比已经提高了 50%；联邦对资金的管理过于严苛，学校不允许将勤工助学项目的资金转用到教育机会拨款项目，这迫使一些学校只能给学生勤工助学项目的资助，如果可以转用，这些学生都可以获得教育机会拨款。这些项目存在一个根本的局限，不可避免的局限性，那就是不能清晰的表明联邦政府已经建立了消除入学经济障碍的政策。利用这些项目的低收入学生，必须首先申请到一个特定的学校，才可能有资格获得资助，高中学生的学业表现会受到未来大学花费的一些影响（花费过高他们不会认真学习，因为即使成绩好也无法承担高昂的学费）。[205]

国防贷款和保障学生贷款有一定的弊端：一是这两个项目的资金来源不稳定，不能提供稳定的可靠的支持。预算紧张国防学生贷款就会被削减，金融市场紧张保障学生贷款的资金就不顺畅；二是贷款的还款方式过于严苛，10-15年的还款期限造成了对教育投资的偏见；三是征收成本和逾期未还款的比例超乎寻常的高，由于学生的流动性高，最初国防学生贷款逾期未还的比例超过10%，参与两个贷款项目，学校都需要经常核算小额贷款；四是学生没有得到公平的待遇。保障学生贷款没有成功的向低收入学生、黑人学生、中西部州的乡村地区学生以及州外的学生提供资金。总之项目缺少广阔的国家视野。[205]

经过讨论，议员们确定了1972年修订案最终方案，对享有资助资格的大学和学生的范围进行了扩展，把"高等教育"转变为"中等后教育"（Postsecondary），这样就把政策受益人群范围扩大到了先前并不包括在联邦资助范围内的学生和大学；设立基本教育机会助学金项目，强调"鼓励学生在学校和学习领域自由选择；强调对学生的资助而非对院校的资助，用以强调多样性和保持大学院校的自主性和整体性；同时兼顾私立和公立大学院校。[211]147,148

（三）政策方案的改变：政策制定主导权转移

1、政策制定主导权转移使政策方案改变

政策制定主导权从总统向国会的转移，促使政策方案从一元范式的资助院校为主转变为多元范式的资助学生为主。政策方案形成过程是各种利益博弈的过程，政策方案的选择最终取决于政策制定权威，权威是具有支配作用的力量，政策制定权威居于政策制定过程的主导地位，它会选择与自身政治主张相符的政策方案，最终形成的政策方案也体现着政策权威的政治主张，是更有利于政策问题解决与政策目标实现的方案。在20世纪70年代初，美国联邦政府政策权威从总统转移到国会，政策权威的转移使原本在政策制定过程中具有支配作用的力量发生改变，总统不再主导政策制定过程，国会开始主导政策制定过程并对政策方案形成产生较大影响。

（1）美国高等教育政策制定的主体

美国高等教育政策制定的主体是国会和总统，美国宪法将全部立法权交给了美国国会，美国宪法第一条第八款规定，"全部立法权，属于由参议院和众议院组成的合众国国会"，自美国建国至20世纪初，国会的参众两院是主导高等教育政策制定的权力机关，美国总统介入立法过程十分有限。国会的参众两院

设置常设委员会、特别委员会以及联合委员会，国会的委员会被称为"院中之院"、"行动中的国会"，常设委员会之下有若干小组委员会，负责具体的政策制定与立法工作。参议院设有劳工和公共福利委员会，负责参议院的高等教育政策起草与审议，具体工作由教育小组委员会承担，众议院由教育和劳工委员会负责高等教育政策的制定，下设教育小组委员会负责具体的事宜。委员会的主席在高等教育政策制定过程中起着重要作用，主席一般由资历较深的、有影响力的多数党议员担任，他们有着广泛的社会联系，熟悉国会立法程序，可以用各种理由使他们自己满意的议案得到审理，委员会主席个人的人际关系、政治立场、政策主张等，对高等教育政策有着极大的影响。

20世纪初开始，美国总统的立法权开始膨胀。美国总统主要通过立法创议和立法否决参与立法过程。美国宪法第二条第三款赋予总统立法创议权，宪法规定"总统应不时向国会报告联邦情况，并向国会提出他认为必要和妥善的措施供国会审议"，美国总统向国会提交的如国情咨文、预算咨文、特别咨文和经济报告等，成为一种政治惯例，这些咨文成为国会立法过程中居于首位的综合性立法草案；总统拥有的立法否决权也是总统参与立法过程的主要形式，美国宪法第一条第七款规定，国会将参众两院所通过的一项立法议案递交总统时，总统必须在10天之内作出反应，或者签署法案使之生效或者否决法案退回国会；总统还运用大量的非正式手段向国会施加影响，比如说服国会议员、向公众呼吁、争取利益集团支持等方式参与立法过程。[212]61-62

（2）政策制定主导权从总统转移到国会

从20世纪30年代开始，一直到20世纪60年代末，美国政策制定的主导权掌握在总统手中，直到1970年政策制定的主导权才回归到国会。

一元范式高等教育政策制定的主要模式是总统及行政部门主导，国会复议。总统及其行政部门在联邦的高等教育政策制定中居于主导地位，政策设计主要由行政部门负责，从国防教育法开始，主要的高等教育政策建议，都是出自于行政部门的，国会并不是毫无主见的，国会有权力阻挠行政部门的立法建议，在肯尼迪政府时期国会就是这样做的，国会也有权力修改行政部门的政策建议，艾森豪威尔总统时期《国防教育法》颁布前，国会进行了大量的修改，尤其是学生贷款项目。1965年著名政治学家亨廷顿谈到60年代美国联邦立法的情形时说到，"国会的立法作用已经降为拖延和修改了"，主动立法、考虑立法的前提条件、决定立法的最终内容等任务已经"明显转移到行政部门"。[212]61-62艾森豪威尔和约翰逊两位总统对教育有着极大的热情，利用高等教育政策解决社会问题，更是他们执政的重要理念，热衷于推动高等教育政策制定，基本主导了一元范式高等教育政策的制定过程。

1970 年《国会改组法》的颁布是国会立法权回归的标志。国会立法权的回归是美国总统权力扩张造成的总统与国会之间权力调整的客观要求，国会在国内舆论和最高法院的支持下，通过改革和立法限制总统权力，旨在恢复两个部门之间的权力平衡。国会在组织机构上进行调整，采取一系列措施改变国会形象。1972 年《教育修正案》出台的过程就是由国会发起和起草，尼克松的总统班子虽然也曾试图提出高等教育立法草案，但远不如约翰逊时期那样积极和强势。1972 年，总统领导的行政部门也就高等教育资助问题提出了一套方案，但没有受到国会与高等教育利益集团的重视，参众两院都抛弃了尼克松总统的提案而自行起草。有学者指出，"白宫在高等教育政策制定过程中担任了 14 年主导者角色之后，其主导地位被国会委员会取代"[29]。多元范式的高等教育政策，均是在国会的主导下制定的。

2、一元范式政策制定的总统主导模式

一元范式以资助院校为主、资助学生为辅的政策方案，表现出维护精英主义高等教育的特点，是有利于公共利益实现与分配的，这一方案是在总统主导模式下形成的。一元政策范式时期，美国总统主导高等教育政策制定过程，是由美国社会的现实状况决定的，苏联卫星事件和民权运动发生后，美国公众要求强有力的总统领导来处理国家的紧急情况。总统个人对教育的偏好、个人与国会的关系等，也有助于总统主导模式发挥作用。国会是总统政治意图的执行者，众议院教育小组委员会的主席格林女士在政策方案的制定过程中发挥了重要的作用，使政策方案体现出对精英主义高等教育的维护。

（1）总统主导模式的形成与特点

20 世纪初美国总统立法权的增强，确切的说是在美国经济危机发生后，为了应对国家的紧急情况，罗斯福总统向国会要求更广泛的行政权力并被国会首次授予，罗斯福总统通过救济、复兴和改革的新政，对经济进行直接或间接的干预，缓解了经济危机与社会矛盾，奠定了总统权力扩大的基础。罗斯福通过向国会提出特别咨文、写信等方式，建议国会进行相应的立法与政

策制定，这些咨文实际上决定了国会的主要议事日程，罗斯福把过去总统破例向国会提出立法草案的做法变成了一种经常性的活动，为总统立法权的扩大铺平了道路。[213]美国公众普遍认为在危机时期，只有强有力的总统才有能力去克服一个被制衡和分权严重困扰着的国家所固有的惰性倾向，国民期望有一个头脑精明又敢于突破限制、开创新局面的总统发挥巨大的作用。国会议员和美国公众一样，希望强有力的总统领导国家渡过危机，总统立法权的扩大得到了国会和最高法院的默许。到 20 世纪 70 年代，与建国初期相比，美国总统的权力已扩大数倍。

总统主导模式的特点在于权力集中于总统，当国内外出现危机时，能针对紧急事件采取迅速而果断的措施，提高联邦政府的反应和决策能力，30 年代大危机时期罗斯福新政和 1962 年肯尼迪对古巴导弹危机的处理就是最好的例子。[214]国会自身存在的缺陷是促使总统立法权增长的原因之一，国会内部权力分散，遇事争论不休，很难迅速做出决定，相互推诿、效率低下，因为各个议员来自不同选区，在讨论问题时都会考虑地方利益，没有全国性战略观点，意见很难统一，难以作为一个整体对全国性重大问题作出快速及时的反应与处理，"国会因溺职而造成的真空，大大鼓励并允许行政部门里强有力而又敢作敢为的人物对生命、自由和财产行使立法和行政统治权。"[215]10 总统权力广泛，可以采取更加灵活的方式处理事务，特别是面对突发事件，总统个人的决断比国会五百多议员的讨论迅速，避免了国会的反复争论，正是这一原因，总统权力的增长才在相当长的一段时间内得到支持与默认。

（2）20 世纪五六十年代总统主导立法过程

总统主导政策制定的模式形成主要有两个因素，一是国家社会的现实需要，二是总统的性格与能力，"行政权力大小确切范围，在一定程度上是任职者的性格和能力，加上当时的需要和我们国家生存要求的结果"[215]9。20 世纪 50 年代末的苏联卫星事件和 60 年代的民权运动为总统主导模式提供了现实需要。二战后的美国在战争中获得了极大的利益，美国社会也进入了快速发展的阶段，美国公众普遍认为美国在与苏联的竞争中占据优势地位，对美国的军事实力也很有信心。然而苏联在空间技术上的突破性进展，打击了美国公众的优越感与信心，国防安全的危机笼罩着整个美国，所有人都希望总统采取强有力的措施，领导国家渡过危机。这一现实需求促使艾森豪威尔总统在立法过程中拥有发言权，主导着一元范式高等教育政策的制定过程。

20 世纪 60 年代初上任的约翰逊总统，对教育有着特殊的偏好，由于他个人出色的能力一直主导着伟大社会计划的立法进程。约翰逊本人与国会保持着良好的关系，与议员之间有着良好的沟通，是约翰逊主导政策制定过程的一个重要因素。约翰逊很早就进入国会，在国会摸爬滚打多年，作为前参议员多数党领袖，对国会的立法程序、人际关系驾轻就熟，他深谙国会之道，他知道作为总统该如何与国会议员打交道，善于与议员们建立一种长久密切的关系。"约翰逊总是国会的核心人物，是他想要得到什么就能得到什么的那种人物"。约翰逊在政策制定过程中，一有机会就与议员进行一对一的接触，如果需要投票时就会给议员打电话，他出色的游说能力也极大地帮助了他主导政策制定过程。[19]83-84

总统通过每年向国会提交咨文与特别咨文，提出国会立法的方案，1968 年约翰逊总统向国会提交了 53 个咨文，包括 414 个法案，要求国会讨论通过，这些咨文成了国会立法的依据。[215]21 据估计，国会通过的法律约有 80%最初是由总统或行政机关提议的。[216]许多领域的立法工作专业性和复杂性更强，国会常常将一些立法工作直接委托给总统，由行政部门负责草拟法案。行政机构具备丰富的专门知识，比其他机构更有能力处理各类事务和问题。艾森豪威尔总统和约翰逊总统都设置了总统高等教育委员会，专门为总统调查全国高等教育的情况并提出政策建议。除国情咨文外，总统还有专门的助理人员，协助国会议员的立法助理从事法案起草等具体工作，配合专门立法委员会开展立法调研、立法论证、立法听证等立法准备工作，甚至直接递上总统负责起草的法案。[217]

（3）总统意志与国会教育小组委员会的共同作用

总统主导模式的政策制定过程是贯彻与落实总统政治意图的过程，20 世纪 60 年代"整个国家和……国会本身都认为总统是立法工作的领导人"[218]14，艾森豪威尔总统和约翰逊总统的基本立场是，只要满足国家的目标，不对高等教育内部进行干预，保证大学的学术自治，尊重学术自治的原则。这一点在高等教育政策文本中已经有所体现，《国防教育法》明文规定，"禁止联邦控制教育，该法案中没有包含授权任何部门、机构和办公室或联邦政府的职员，执行任何的指导、监管、或控制任何教育系统的课程、教学、管理或者人事"。在《高等教育法》中也有这样的条款，表明总统不对高等教育过度干涉的立场。

法案具体的政策方案制定仍是由国会参众两院的教育小组委员会来完成的，在一元范式政策时期，众议院教育小组委员会的主席格林女士主持着大部分政策方案的制定，对一元范式政策的形成产生了很大的影响。格林是总统意志的忠实执行者，她一方面尊重总统意志、执行总统意志，另一方面她本人与高等教育集团联系密切，是高等教育利益集团的代言人。格林女士的政策主张中，充分地体现着她的精英主义价值观。她相信高等教育入学机会应该提供给那些因为自身的才能、努力和学习动机，在学业成绩上表现出一定能力的人。她相信只有那些凭借个人的天分、勤劳及毅力等来取得学业进步或成功的学生才能接受高等教育，诸如种族、性别和家庭收入等人为的障碍应当被消除，但是不能因为大众化的入学方式而损害学术质量，格林认为学术质量对于教育的成功来说是决不可忽视的，因此她反对高校不顾学生实际水平的开放招生，也反对为学业不良学生提供勉强的高等教育。她反对开放入学和补偿性的高等教育，这种理念支撑着她对高等教育院校资助的信念。她偏好对院校资助，以保证优质的教育和足够的空间容纳精英主义者，她主张按照人头分配而不是按照高等学校录取不利学生的教育成本津贴。她反对联邦政策中仅仅根据学生家庭贫困或者因为是少数群体就给予资助，他们得到这些资助的根本原因在于他们有天赋和潜能，对于学生资助，她支持为证实有能力的学生提供慷慨的资助，为合格的学生提供最好的教育，即使花费巨大也是值得的。[135]

在总统和格林女士的斡旋下，公共利益和高等教育利益在与其他利益的博弈中占据优势地位，一元范式的资助院校的政策方案，就体现出对高等教育集团意见的重视、对高等教育利益维护的特征。在学生资助项目的方案中，也体现着对高等教育权威的维护。一元范式的学生资助项目是校本项目，联邦政府将学生资助的权力交给高等学校，学生要获得联邦政府的资助，要首先被高等学校录取，再由高等学校对学生的资格进行审查，确定资助对象与资助金额。高等学校保持着精英主义传统，录取学生以学术优秀为选拔标准，联邦政府将学生资助的权力交给高等学校，是对高等学校的学术权威性和自治权的维护。

3、多元范式政策制定的国会主导模式

多元范式政策资助学生为主的方案，体现着对个人权利的维护与重视，这一方案是在国会主导模式下形成的，20世纪70年代，总统权力的过度扩张

与国会议员结构的改变，使立法权逐渐回归国会，国会主导立法过程的特点在于有利于社会各方意见的融入，这一特点使美国公众人人平等的要求得到体现，参议员佩尔作为教育小组委员会的主席，对人人平等的高等教育权利的坚持，在多元范式政策方案的形成过程中发挥了重要的影响作用。

（1）国会主导模式形成及其特点

美国联邦政府的立法权在 20 世纪 70 年代开始回归国会。一方面是由于总统权力的过度扩张引起了国会与最高法院的不满。美国总统权力在过去的四十年中过度扩张，60 年代末尼克松总统上任时，总统权力的集中达到了登峰造极的地步，形成了"帝王式总统权"的局面。权力过分集中引起了美国公众的反对与不安，一些政客借机制造舆论，要求美国人民行动起来，保卫美国的制度和自由权利免受不负责的总统职权的侵害。[219]美国国会从没放弃过对总统权力的制衡，加上尼克松本人热衷于国际事务，对国内事务不太关注，也给国会立法权回归创造了良机。另一方面是国会议员的构成有所变化。过去国会议员再次竞选的获胜率一直很高，参议院中有 80%，众议院中有 90% 的议员连选获胜，但在 60 年代末许多年轻议员被选入国会，到 1979 年众议院几乎一半的议员是从 70 年代初开始任职的，参议院年轻议员的人数相当可观，这些年轻的新议员多半信奉自由主义，他们抨击国会中的某些制度和陋习，更反对总统牺牲国会权力、独揽大权的做法，并决心恢复总统与国会之间的权力制衡关系。[214]

对于总统主导模式来说国会立法的弊端，也是国会主导模式的优势所在。国会是一个通过会议议事、决策与行使权力的机构，是立法的平台与场所，国会议员之间是互相平等的，没有服从义务，这造成议员之间很难达成统一意见，立法需要花费大量的时间与精力。国会本身的结构是一个分散的多权力中心，国会议员来自美国各州，是各州利益的代表，国会是地方主义的大本营，国会虽然难以形成全国性战略观点，行动迟缓、效率低下，但国会立法的争论过程是不同意见、不同利益要求不断融入的过程，国会议员在讨论问题时都会考虑地方利益，也会受到利益集团的影响，因此国会的立法过程更能够充分反映地方民众的意志与利益要求，使社会意见充分的融入政策过程。[215]

（2）70 年代初国会教育小组委员会的立法过程

国会立法程序的第一步是由议员提出议案，除征税和拨款法案必须首先在众议院提出外，其他议案可以在两院同时提出，教育方面的议案分别由参众两院的教育小组委员会提出和处理。在议案列入议程后，要经过多次的听证会，听取其他政府官员、议员、利益集团以及社会公众的意见，这是社会意见融入最主要的阶段，两院分别在全院大会对议案进行表决后，送交另一院，两院组成协议委员会，共同商讨议案以达到意见一致，经过两院协议后，议案送交总统签署。[220]

参议院教育小组委员会主席由佩尔担任，众议院教育小组委员会主席由格林女士担任，佩尔与格林相比在教育界并不知名，甚至在参议院中也没有什么名声，佩尔一直致力于扩大教育机会的立法，在 1965 年《高等教育法》制定时，佩尔提出了资助学生的想法，但是遭到高等教育集团的反对，他们认为佩尔的方法限制了高校的特权和权力[94]207。约翰逊总统提出以教育摆脱贫困的目标，美国贫困群体没有机会获得教育、无法摆脱贫困的窘境，也确实需要对贫困的学生予以一定程度的资助，所以佩尔支持的教育机会拨款和保障性学生贷款最终被高等教育法采纳，但是这两个学生资助项目的控制权，是掌握在高等学校手中的。[94]193 佩尔认为联邦政府给予学生的资助政策，是东拼西凑形成的，有很大的不足，在保障教育机会上也是不足的，联邦学生资助需要更加直接、基础和简单的政策，他虽无意取消已有的项目，但是他仍然希望向前推进一步。[135]83 佩尔将学生的权利放在首位，"相对于高校，联邦政府对人更有不可推卸的责任"，他的信念是人人都有追求高等教育的权利，联邦政府有责任为所有人提供平等的教育机会，所以联邦资助应该使大学能够向尽可能多的学生开放，这就意味着佩尔提出的建议，首要出发点在于对学生资助，高校也只有在为人服务，满足人的需要的时候，才可得到相应的资助。[94]223

美国学者评价尼克松政府的教育政策制定时说到，1972 年教育修正案是总统考虑"美国普通民众的一般利益，对抗三位一体的特殊利益—国会、官僚和利益集团"[105]3。在 60 年代末 70 年代初，美国公众对个人利益与权利的重视，也使佩尔的立法提案逐渐得到国会议员的普遍支持，逐渐取得立法的主动权。在最终形成的多元范式政策方案中，体现出对学生个人利益的维护，也体现出联邦政府人人平等的立场。

六、政策工具：从行政手段到市场调节

政策工具的改变是政策范式转型的第四种表现。政策工具是政府赖以推行政策的手段，借用古人的一句话"工欲善其事必先利其器"，在政策制定与执行中，政策目标是"事"的问题，而政策工具则是"器"的问题。[57]2 政策工具是实现政策目标的工具，所以政策工具随着政策目标的改变而变化也是必然。政策工具的改变还会受到政策试验与失败的影响，政策试验是旧范式解决新问题的尝试，一旦尝试成功会使旧范式多维持一段时间；一旦尝试失败则会加快政策范式的转型。政策失败是导致政策工具发生转变的关键，当决策者发现某种政策工具在政策目标实现上并不能够达到理想的效果，就会选择新的政策工具。

对政策工具的研究要从多个方面着手，因为政策工具的选择受到多种因素的影响。首先要研究的是来自政策目标的影响，"政策工具是政策目标转化为具体行动的路径和机制"[54]81，"内容决定形式，目的决定手段，政策目标不仅为政策工具规定了方向，而且为政策工具决定了标准"[221]，这其实是政策目标本身的要求与内在价值对政策工具的规定性，政策工具必须要能够满足政策目标的要求，政策工具的内在价值应该与政策目标一致。其次要对政策工具本身的特性进行研究，政策工具并不是万能的，每种政策工具都有其特征、使用范围及优劣，并且有特定的运作方式，需要综合考虑。第三，政策工具的选择还会受到以往政策经验的影响，"政策工具的选择常常是基于惯性思维，基于传统，或基于经验的猜测"[222]，政策成功的经验和失败的教训都会影响决策者选择政策工具的决定。对政策试验及其失败的研究，主要是分析旧范式的政策工具与新范式对政策工具要求的矛盾之处。

综上所述，政策工具的选择取决于政策目标与政策工具本身的特点，以此为立足点，本章将对美国联邦政府高等教育政策的政策工具改变进行研究，对政策工具选择过程中的目标要求、政策工具本身的特点以及其他因素的影响进行分析，并对政策试验的尝试及其失败的原因进行研究。

（一）一元范式的政策工具及其选择过程

1、一元范式的政策工具：行政手段

一元范式的政策工具是行政手段，它是一种借助政府的权威和强制力，对目标群体的行动进行控制和指导，从而直接达到政策执行者目标的一种政策工具。行政手段区别于其他政策工具的基本特征有两个：第一个是权威性，行政手段是按照行政系统、行政层次和行政区划来实施政策，行政手段的主体是上级政府机关或上级领导，作用对象是下级政府机关或工作人员，他们之间强调的是垂直领导关系，所以行政手段是依赖上级对下级的权威来施行的；第二个是强制性，行政主体发出的命令、规定、条例等，作用对象只能被动的接受、服从与执行，根据行政主体的要求必须做出相应的改变。[223]91 政策工具是政策执行的技术[224]31，美国联邦政府的一元范式高等教育政策，在执行过程体现出来的特征符合以上两个特征，表明一元范式政策的政策工具是行政手段。

（1）按照层级关系分配管理资源

一元范式政策方案的实施是按照行政层级来实施的，美国各州设立专门的管理单位，对教育部负责，高等学校有专门的管理部门和人员，对各州的管理单位负责。联邦政府对高等学校和学生的资助发放是通过"联邦政府—州政府—高等学校—学生个人"的路径逐级发放的。

联邦政府在高等教育法案中明确要求各州设立专门的机构，如《高等教育法》规定，"各州通过指定的委员会向教育专员呈报参加（联邦资助）计划，如果没有就新建一个"，各州的机构名称不同，有管理委员会、协调委员会、州教育委员会等，但它们的基本职能是相同的，即联邦政府的执行机构。联邦政府对各州资金管理规则、获取联邦资助的高等学校资格、学生获得资助的资格等做出规定，但给予各州管理项目执行的机会和责任，机构的责任是

制定各州的管理资金计划，计划要有明确的、客观的标准和方法，来确定院校的优先权、管理项目的程序，联邦教育专员要对各州的计划进行评估，获得认可才能获得联邦资助的资格。[193]这些机构可以看作是联邦在各州权力的延伸。美国联邦政府与各州政府之间虽然不是严格意义上的上下级关系，但还是存在着上下层级之间的差别，一元范式高等教育政策就是根据这种层级的关系实施的。这种逐级发放的形式，具有官僚体制的特征，利用行政权力影响下级单位，是典型的行政部门采用的手段。

（2）限定资助金用途

联邦政府对提供的资金用途做出明确的指示，用于特定的项目内容，要求各州按规定执行，这也符合行政手段的特点。

各州的管理机构具体执行资金的发放工作，对联邦资金的使用进行监督与管理，执行机构没有权力私自更改联邦资金用途。联邦政府对资金的用途进行了规定，专员将根据以下条件审批计划，第一，计划要规定该计划由州委员会执行，第二，计划要制定客观的标准和方法来确定：购买实验室或其他专门设备，包括为进行科学、数学、外语、历史、地理、政府、英语及其他人文学科、艺术和师范等本科教育在课堂或图书馆使用的视听材料、教室或视听中心设备和书刊等材料的优先购买顺序；以下项目的优先顺序：购买在上述高校和学科中使用的闭路电视教学设备，购买电视教学所必需的教学材料，为这样的电视设备进行小规模的改造装修；计划要提出每个项目开支中联邦政府所要分担的部分。[191]284-285从联邦政府对资金用途的规定来看，联邦政府并没有真正的将管理权下方到各州的管理部门，只是通过各州的管理部门来完成资金的发放，这类似于上级对下级的行政命令。

联邦政府对学生资助的发放也同样有明确的规定，联邦政府用于资助学生的贷款、助学金等资金，根据各州全日制学生的比例分配给各州，由各州的管理委员会负责将资金分配到有资格的高等学校，如果一个州没有用完贷款额度，允许在其他州进行重新分配。资金直接拨发给学校，但是每个学校不能超过250000美元每年，每个学校要求匹配九分之一的资金；想要获得学生资助的高等学校，首先要与联邦政府签订协议获得资格，卫生、教育和福利部的教育办公室负责具体的事宜，办公室与大学共同制定学生资助的标准，同时办公室为大学院校提供贷款执行的指导和咨询。[225]《国防教育法》第二条学生贷款项目规定，联邦政府要求高等学校建立学生贷款基金，任何一所高等学校可以根据自己确定的条件和规定，向任何一名学生提供贷款。《高等教育法》规定，通过高等学校提供教育机会助学金，教育专员根据助学金发放的办法向与其签订合同的高等学校付款，高等学校向本科生付出助学金，助学金金额由学校确定，但不得超过 800 美元；学生个人要向高等学校提出教育机会助学金的申请，申请应该以该高等学校所规定的方式提出，高等学校从申请者中选拔合格者。

2、一元范式政策工具选择的决定性因素：政策目标的要求与工具本身的特点

政策目标对政策工具的选择具有规定性，政策工具本身必须符合政策目标履行政府责任的要求。一元范式政策入学机会平等的政策目标，要求政府提供平等的高等教育资源，这一责任要求政策工具作为分配高等教育资源的工具，能够完成联邦政府对资源分配的要求，而行政手段作为一种强制性工具，是符合这一要求的工具类型。

（1）政策目标对政策工具的规定性

政策目标对政策工具的规定性是由政府责任决定的，政府责任是指在政策目标实现过程中政府应该做什么，政府责任的履行是对政策目标的现实转化，履行政府责任需要借助一定的工具，政策目标对政策工具的规定性，就是履行政府责任对政策工具的要求。政策工具本身的特征必须要适合于履行政府责任，才能实现政策目标。

政策目标对政策工具的要求还体现在价值方面，政策目标有着内在的价值，"应该选择价值取向与其匹配的政策工具，才能有效的实现政策目标价值"[227]，政策工具应该与政策目标有着同样的价值。价值是对于主体而言的，工具是一种客观的东西，不具备主体属性，本身是不具有价值的，只有工具的使用者才有特定的价值取向，同一种工具可以用来为不同的人或不同的价值目标服务，但政策工具的特殊性在于它是人创造出来为特定政策目标服务的，因此就具备了主观的属性，某些特定的工具通常指向特定的价值目标，各类政策工具正是因为其不同的价值取向而被运用于不同问题的解决中。[227]16

对于有些目标来说，总是存在着某个或某些"最优的"工具，而对于既定的工具来说，总有能有效地实现某个或某些目标的倾向。[226]18 这就是政策目标与政策工具的适应性问题，每种政策工具都有自己的特征与使用范围，

只有与政策目标的要求相适应，才是有效的政策工具。"工具的属性本身就构造了政策过程，即工具的使用及其效果的好坏是由政策工具的特性预先决定了的"[224]47，政策工具本身的特征决定了它能适用的情况与范围、它的内在价值，所以在选择政策工具时必须要认真的考量，以便在不同的环境下运用不同的工具来解决不同的问题。

（2）入学机会平等目标的要求：平等地分配高等教育资源

1）政策工具是分配高等教育资源的工具

政策目标决定着政府责任，也就是决定着政策工具，入学机会平等目标对政府责任的要求是平等地分配高等教育资源，换句话说，在实现入学机会平等目标的过程中，政府应该做的是分配高等教育资源。根据这一内在规定性，联邦政府制定了资助院校为主的政策方案，为高等学校的设施建设、为师资培训提供资金支持。政策工具其实就是联邦政府分配高等教育资源的工具。

政策目标的要求只是一般性的要求，联邦政府的政策是有特殊目的的，所以决定了联邦的责任并不是进行普遍性的、一般性的资源分配，而是有特殊目的、有侧重的分配高等教育资源。一是由于《国防教育法》颁布的特殊背景，为了尽快培养国防科技人才，缓解国防科技人才的匮乏，联邦政府对与此相关的学科给予特殊的支持，比如数学、物理、现代外语等学科；进入60年代，联邦政府开始重视贫困群体的高等教育机会问题，所以对学科的特殊支持明显弱化，在《高等教育法》中，联邦政府资助的学科范围扩大到科学、数学、外语、历史、地理、管理、英语及其他人文学科、艺术和师范等学科。

二是由于美国高等教育资源的分布并不均衡，为了达到高等教育资源的平等，联邦政府还对落后地区与落后的院校给予特殊的资助，比如法案规定联邦政府提供用于本科教学提高和改进所需费用的百分之五十，如果大学院校能够证明资源的不充足，联邦拨款可能会提高至所需费用的百分之八十。[193]联邦政府还提供教学奖励金，向高质量的研究生及学员和大学的初级教师发放，鼓励他们到发展中学院教学。[191]由于涉及到财政问题，联邦政府所能提供的高等教育资源是有限的，《国防教育法》规定支持高等学校建立学生贷款基金的拨款数额，按照财政年度计算，1959年是4 750万美元，1960年7 500

万美元，1961年8 250万美元；用于加强科学、数学和现代外语教学提供的资助每年拨款7 000万美元。[191]《高等教育设施法》提供总量为5000万的贷款用于建设初级学院和社区学院[15]。《高等教育法》规定联邦政府用于图书馆资助的拨款数额为连续三年每年5 000万美元；用于教育机会助学金的拨款为每年7 000万美元。[191]

由于联邦政府在资源分配上有着特殊目的与倾向，所以对政策工具的要求就增加了，政策工具需要贯彻联邦的意图，将资金分配到联邦重视的领域。这种资源分配需要联邦政府较强的干预，政府权力更多的介入才能实现。

2）政策工具的选择原则是有利于平等的实现

教育机会平等目标的价值就是平等，什么意味着机会平等，政府所追求的教育机会平等是什么样的。首先从教育机会平等本身来说，其内涵是平等的高等教育资源意味着机会平等，其次从入学机会平等来说，一元范式的高等教育政策目标入学机会平等，强调的是平等利用层面的机会平等，指在进取和升迁方面没有歧视，为平等的能力提供平等的利用机会，尤其强调的是平等利用是为平等的能力而不是为一切人，至于能力上的不平等是如何产生的，是先天的还是教育的结果，并不是平等利用能够解决的问题。[145]380 在入学机会平等的目标中，政府的责任是平等地分配高等教育资源，平等是一种量的特性，要求对群体一致性的关注，强调高等教育资源的平等性，是指在各个区域内的适龄人口都能享受到的公共教育资源基本相同。[228]91-92 政府只需提供高等教育资源，供有能力者利用，就是教育机会平等。那么在这样的政策价值影响下，政策工具的价值也应该体现着平等的价值。

（3）行政手段的自身特征

一般来说高等教育资源配置的手段有权力和市场两种，权力配置是利用政府的行政权力进行资源分配的手段，这种手段由于借助强制力，直接作用于政策对象，具有直接快速高效的特点，对象只能执行。市场配置是通过市场机制进行分配的方式，优势在于效率，但市场机制的运作需要较长的时间，依赖于优胜劣汰的竞争机制。美国高等教育资源并不均衡，利用市场机制进行资源配置会产生强者越强弱者愈弱的结果，这与联邦政府的初衷不符。从价值角度来说，公平、平等是公共政策的基本价值，政府是公共政策的制定者，是权力手段的行使者，自然体现着平等的价值。从两种资源配置的方式与联邦政府需要来看，权力配置在贯彻联邦意图上有着极大的优势，权力配置的方式更适合政府责任的要求和政策价值的要求。

从行政手段本身的特点、适用条件及其优势来分析，是符合一元范式的政策工具要求的。行政手段是指政府有关管理部门，按行政隶属关系，通过命令、指示等形式，直接对下级管理部门和人员的工作或其他活动进行组织指挥的一种管理方法，它可以直接将管理者的意志转化为被管理者的活动，有助于迅速贯彻落实政府的各项政策。[229]

行政手段依赖的是国家的强制力，国家的权威，是强制性程度最强的政策工具，它的运用早于其他类的工具，行政手段最突出的特点就是其强制性，它以公共权力为后盾，依赖政府的权威和强制力，政府是行政手段的唯一享有者和使用者，具有绝对的主导地位，因此具有绝对的权威性，它所具有的强制力使所有目标对象必须接受与服从，行政手段的作用方向是单一的，是上级对下级的，直接作用于目标对象，目标群体只是被动接受，限制那些不是政府所期望的行为发生，对政策相对人是一种硬约束。从政策开始付诸实施，目标群体的行为便必须做出相应的改变，如果在严格监控之下能够得到有效的实施，目标群体的行为及其带来的结果是确定的；借助政府的权威和强制力，根据事先确定的目标，用规制和直接行动的方式对目标群体的行动进行控制和指导，迫使目标群体依照政府的意愿行事，直接达到目标的要求。[230]

正是因为行政手段的特点，所以在应用上，行政手段的强制性特征、直接、迅速、高效的特征被看重，在范围和适用情况上，强制性工具在经济事务上适用于纠正市场失灵的情况下使用，在社会事务上，使用范围较广，使用频率明显提高。在需要相对人无条件遵从的时候，强制性工具是最有效的。[231]当必须保证某些社会物品的供应，对市场失灵或欠缺采取补救措施时，适宜采用行政手段[230]。

行政手段属于规制性工具，这类工具有着共同的价值取向，即平等。[227]8行政手段实际上是政府特有的手段，它的使用应该体现的是政府的价值取向，而政府政策基本的价值取向是平等，所以行政手段体现出来的也应该是平等的价值取向，平等的分配，防止差距过大。

3、一元范式政策工具选择的影响性因素：政策经验

政策制定的过程不仅涉及到纷繁复杂的社会环境，涉及到不同的利益相关者、公众对政策的不同政策形象等，在政策决策和执行过程中也充满了各种各样的斗争与矛盾，政策的这种复杂性，决定了政策制定者在制定政策过程中必然要参考政策经验。在一元范式政策中，可以看出联邦政府以往的政策经验对一元范式政策的影响，一元范式政策的经验来源于美国联邦政府干预高等教育的常用做法，即通过提供经费的方式换取对高等教育的干预。

（1）美国联邦政府教育政策经验来源

美国的教育史早于国家历史，教育属于各州的事务，美国宪法规定联邦政府不得干预各州的事务，当然也包括不能干预教育事务。随着高等教育在国家政治、经济、文化社会生活中的作用越来越凸显，联邦政府认识到高等教育对于国家发展的重大意义，完全听任市场左右高等教育的发展是不行的，高等教育要为国家所用，经过长期的努力，联邦政府终于找到了既能维护高等学校自治和自由的根本体制，又能干预高等教育的途径，那就是以立法拨款和科研拨款的方式，联邦政府通过立法或合同的形式明确规定拨款的用途以及获得拨款的条件，要求高等学校遵从，从而保证联邦政府对高等教育的干预。

美国联邦政府对高等教育的干预可以追溯到 1862 年颁布的《莫里尔法案》，该法案是关于农业和机械教育的法案，法案的初衷是引导高等学校实施农工教育，满足社会对农业人才的迫切需要。法案规定，按照每州在国会的议员人数，由联邦政府按每人 3 万英亩的标准拨给各州公有土地，各州将这些土地或出售土地所得收益作为捐赠基金，资助和扶持至少一所农工学院，学院主要讲授有关农业和机械技艺方面的知识。在 1890 年通过《第二莫里尔法案》，法案规定联邦政府对已经建立和将要建立赠地学院的州和准州，第一年拨款 1.5 万美元，以后 10 年每一年都在前一年的基础上递增 1000 美元，直至达到 2.5 万美元，保证这些学院具有充足和稳定的财力，使之得以正常运行和发展。[232]该项拨款只用于农业、机械工艺、英语、数学、物理、自然和经济科目的教学，在 1907 年的莫里尔法修正案中，进一步为赠地学院追加资金，规定每年额外追加 5000 美元。[233]25 此后，这种干预方式在联邦政府的大部分政策中沿用。

（2）美国联邦教育政策经验：沿用传统政策模式

从联邦政府高等教育政策的历史来看，联邦政府主要是通过资助的方式来调控和干预高等教育，联邦政府对高等教育资助的目的、任务、重点范围及分配方式等都有了明确具体的规定。[234]在管理上是通过各州和地方政府，调动了各州的积极性，并且使学校的发展有了可靠稳定的经费保证，保证高等学校能够满足联邦政府的要求。由于联邦政府干预高等教育的特殊目的，联邦政府并不对高等教育进行全面的资助，而是有选择的资助部分学科，如《第二莫里尔法案》联邦资金只用于"农业、机械工艺、英语、数学、物理、自然和经济科目的教学，特别用于关于这些科目在工业上的应用及有关教学设备的开支"[234]。

联邦高等教育政策法规的出台和实施往往伴随着联邦的财政拨款和资助，在这个意义上，美国的教育法可以说是"分钱法"。为避免直接干预的嫌疑，联邦政府往往以财政拨款和资助为诱饵，引导高等学校接受联邦政府的意志，以提供经费的支持来换取对高等教育发展的指导和一定程度的控制。[4]

一元范式政策具有明显的联邦政府经验的特征，从联邦政府颁布的这些法案的内容来看，联邦政府的政策是比较一致的，即对高等教育提供资助，虽然 1862 年《莫里尔法案》赠与各州的是土地，但土地出售的资金全部用于学院建设，而后的联邦政府都是以直接拨款的形式将高等教育资源分配到高等学校，联邦的资金用于联邦指定的目的，用于院校的建设、研究站的建设等，以维持这些机构的正常运行和发展。可以说这些政策的方案以及其中体现出来的政策工具，与一元范式的政策方案与政策工具非常相似，联邦政府一直以拨款的方式干预高等教育，以满足自己的需求，而采用直接行政拨款的方式，有利于联邦政府目标的达成。因为联邦政府给予的资助绝大部分是"定向"的，虽然很多高校都会挪用联邦经费，但总体来说这种定向对高校有着很强的约束力。

（二）多元范式政策工具及其选择过程

1、多元范式政策工具:市场机制

多元范式高等教育政策的政策工具是利用了市场机制的作用，利用市场机制的作用指的是政策制定者人为地创建市场以达到政策目标的经济类工具，即政府利用市场这一资源配置的有效机制，来达到提供公共物品和服务目的的具体方式。[230]多元范式的政策工具是市场机制，根据是资助方式的改变，使联邦流向高等学校的资金路径改变，从原来的直接流向高等学校，改变为从学生手中流向高等学校，从而使高等学校获得联邦资助金的方式改变，从原来的直接分配到竞争，高等学校获得联邦的资助必须要同其他高等学校竞争生源，通过收取学费的方式获得联邦资助。从联邦政府对高等教育的投资，从高等教育资源配置的角度来说，是市场配置的方式，利用市场机制配置资源，市场机制成为多元范式的政策工具。

（1）联邦直接面向学生发放资金

联邦政府将政策方案从资助院校为主调整为资助学生为主后，使高等教育资源流动路径改变，资助院校的方案是高等教育资源从联邦政府直接流向高等学校的路径。联邦政府资金的流动是通过行政的层级实现的，即通过"联邦政府—州政府—地方政府—高等学校"的路径发放联邦资金。

联邦政府采取资助学生的方案后，联邦资金流动的路径是"联邦政府——学生"，联邦政府将资助直接拨发到学生手中。学生获得基本教育机会助学金的方式有两种：规范支付方式和替代支付方式，前者是将资助金拨发到高等学校，高等学校需要与教育部签署协议，保证资金能够达到学生手中，后者是将资助金直接拨发到学生手中，但高等学校也需要与教育部签署协议，保证协助学生申请助学金。即使是资助金拨发到高等学校，也是在开学十天前拨发给学生所选择的高等学校，并且只能用于指定的学生个人。[19]119-120 联邦资金直接流入学生手中，对于高等学校而言不能直接地从联邦获得资金，而是需要间接地从学生手中，通过向学生收取学费的方式获得联邦资金。

（2）利用市场竞争分配资源

联邦政府资源流动路径的改变，使资金的直接提供者从联邦政府转变为学生，这一改变促使高等学校获取资源的方式发生变化，高等学校从联邦直接获得资金，依赖的是按需分配，而从学生手中获得资金，依赖的是竞争。

资助方式的调整，实际上是利用了使用者付费的原理，目的在于形成高等教育资源配置的市场，利用市场机制调节高等教育资源的配置。用者付费要求对一些公共服务采取收费的方式，目的是把价格机制引入到公共服务中。从理论上讲，用者付费有如下优点，一是能够克服免费提供公共服务所导致的资源不合理配置，二是能够防止无偿提供公共服务将导致无目的的补贴和资助对社会公平造成的损害，三是可以使价格真正起到信号灯的作用，即市场机制在公共服务领域得以有效应用，实行用者付费可以显示出公众对公共物品和服务的真实需求，使得资源得以有效配置。[235]

资源流动路径改变后，联邦资金是掌握在学生手中的，高等学校通过收取学费获得联邦资金，因此就必须同其他高等学校竞争生源。学生有权力决定上哪所学校，所以高等学校只有竞争生源、获得生源才能获得学生手中掌握的资金。高等学校需要提供良好的教学条件、优质的教学服务，提供适合学生需要的专业课程、理想的就业前景，让学生享有美好的教育经历，获得学生的认可，才能获得更多的生源，这就使高等学校之间产生了竞争。通过资源流动路径的改变，也能促使高等学校不断改进教学内容和教学方法，推动高等教育质量提高。

2、多元范式政策工具选择的决定性因素：政策目标的要求与工具本身的特点

多元范式发展机会平等的政策目标，对政策工具的选择有着决定性的作用，发展机会平等目标不再要求联邦政府平等地分配资源，而是可以提供差异性的资源来提高学校效能，提高学校效能的要求也是提高资源利用效率的要求。联邦政府提高资源利用效率的目的在于促进学生发展机会平等，学生发展机会平等依赖于学生自由选择权得到保障，因此联邦政府在选择政策工具时，应该是有利于学生自由选择权的工具。从政策目标的要求出发，市场机制是符合目标要求的一种工具，市场机制的作用方式是竞争，也符合提高资源利用效率的要求。

（1）发展机会平等目标的要求：提高资源效率

1）政策工具有利于学生自由选择

多元范式政策目标对联邦政府责任的要求是提高学校效能，它不再要求联邦政府提供平等的高等教育资源，而是可以通过差异性的资源分配来实现目标，政策目标的要求中体现出来的价值是效率，所以多元范式政策目标要求的政策工具，应该是能够有效的分配高等教育资源的工具。

多元范式的政策目标是发展机会平等，作为教育机会平等观念的新发展，它的内涵要求是教育结果的平等，学生的学业成就达到平等才意味着教育机会平等，这其实是要求学生获得充分的高等教育机会，高等教育机会达到实质层面的平等。这样的内涵对政府责任的要求与一元范式时期相比已经大大

不同了，学生充分的高等教育机会的获得，要以学生个人的学业水平为基础，针对学生的需要提供多种多样的高等教育服务，从而使每个学生的学业成绩水平获得同等程度的提高。学生学业成就的平等取决于学校的作用，只有学校的积极性提高，并致力于学生学业成就的提高才能实现。

高等学校提供给学生的高等教育服务，是联邦政府不能直接干涉的，联邦政府能够采取的行动就是促进这一目的的实现，而且要使联邦提供的资源效率提高。联邦政府采取了资助学生的政策方案，将联邦资金用于学生资助，学生直接获得联邦资助而不受制于高等学校，有利于学生的自由选择，使学生在获得高等教育机会上更加充分，对于联邦政府来说也是提高了资源的利用效率，资源从学生手中流动到高等学校手中，决定权在学生，而且会促使高等学校之间形成竞争，争相提高高等教育质量，从而获得高等教育资源，而对于学生来说，能够自由选择可以使学生获得自己想要的高等教育，这样就能够将学生自身的需要传达给学校，学校要获得资源，就要为学生提供满意的高等教育服务，这能够极大地调动学校的积极性，回应学生的高等教育需求。联邦政府向高等教育提供的差异性资源是通过学生来完成的，学生也可以从高等学校获得多样性的服务。可以说，这种方式是对联邦资源最有效率的利用。

2）政策目标的价值取向是效率

发展机会平等的内在价值是公平，公平不同于平等，平等是量的相同，而公平不取决于量的平等而是质的平等。公平强调的不是资源的平等，而是强调资源利用的平等，提高资源利用的效率。所以发展机会平等的政策目标对政策工具价值的要求是效率，提高资源的利用效率是对政策工具价值的要求。

政策目标对效率的要求，使政策工具的选择倾向于市场工具，因为效率是经济学的范畴，效率是指对某一事项的投入与产出的比值，效率有正负之分，正效率说明产出大于投入，是相对积极的结果。经济性工具是管理部门以尊重市场机制为出发点，利用经济刺激措施，指导和规范目标群体行为从而达到政策目标的手段。优点在于可利用的工具品种多，为管理部门提供充足的选择，充分利用市场机制，有效调动目标群体的积极性和创造性，更好地达到政策目标，给予目标群体更多自主权，增强它们对政策工具的认同感和配合度。[227]无论是政府责任还是政策目标的内在价值，都要求政策工具在效率方面有更加优秀的表现，从权力配置和市场配置这两种高等教育资源分配方式来看，市场配置应该更加符合对效率的要求。

（2）市场工具自身的特点

市场作为一种政策工具，可以从两个方面来理解，一个是经济领域的市场工具，另一个是政策领域的市场工具。市场本身是经济领域的概念，市场工具属于经济性工具，经济性工具是管理部门以尊重市场机制为出发点，利用经济刺激措施或者工商管理技术，指导和规范目标群体行为从而达到政策目标的手段，优点在于充分利用市场机制，有效调动目标群体的积极性和创造性，更好的达到政策目标；给予目标群体更多自主权，增强它们对政策工具的认同感和配合度。[227]9

作为政策领域的工具类型，市场工具也被称为市场化工具，是"政府利用市场这一资源有效配置的机制，来达到提供公共物品和服务目的的具体方式"。[230]政策研究者按照强制性程度对政策工具分类，市场化工具是强制性较弱的一类工具，被归入自愿性工具类型，自愿性工具是指在所期望实现的任务上，政府较少的介入，而由民间力量或市场自主运作，这一类型的工具在人们已经有一定诱因改变自身行为时使用最为有效，而如果人们没有改变的激励，那么自愿性工具的作用就非常有限甚至是完全无效的，这就是自愿性工具选择的基本情境。因此，自愿性工具从某种意义上讲就是一种诱因管理，这种诱因有时候是经济利益，有时候是普世的社会价值，它抓住了人们内心改变现有行为以改进福利的潜在动机，通过外部诱导来实现相对人的遵从。多数自愿性工具是在强制性工具表现出低效、缺少相对人自愿遵从、成本消耗巨大等弊端之后作为一种替代性手段出现的。[231]

虽然市场化工具的强制性较弱，但是它最突出的特点是能够有效调节供需平衡。市场的存在本身就是由供给与需求构成的，市场既是供需双方活动的舞台，又是对供需双方行为的一种基本约束，就供给方来说，市场需求量是一种约束，若供给量超过需求量，就会导致商品积压，价值得不到实现，供给方则受损；就需求方而言，市场供给量也是一种约束，若需求量超出供给量，不仅一部分需求得不到满足，而且会导致价值上升，需求方则受损，因此在市场竞争的条件下，供给与需求趋于一致，因为只有在供需一致的条件下，供需双方的利益都能达到最大，所以说市场本身具有调节供需平衡的作用。[236]市场的供需包括数量、质量、结构三个方面的供需，调节平衡的机制是价格机制和竞争机制。价格机制调节的是供需双方的供求平等，而在供给方和需求方单方面存在竞争。供大于求时，价格下降，供不应求时价格上升；供给方之间是存在竞争的，当供大于求时，供给方要获得需求者，售出更多的商品，就存在供给方的竞争，当供不应求时，需求方之间存在竞争。

经济性工具的内在价值取向包括两个方面，一方面是效率，效率是经济学名词，可以分为两个不同的层次，第一个层次是资源运用效率，第二个层次是资源配置效率，这是一种宏观经济效率，涵盖整个经济社会。[227]资源配置效率的实现意味着一个社会必须按照其成员的偏好将其资源配置到各种产品的生产上，从而使其社会成员的福利有效提高。为了实现配置各种资源到各种产品的生产上去的任务，就必须获得有关社会成员偏好的信息。在市场中，这种信息将通过社会成员对产品的需求，即社会成员愿意支付的价格和在该价格下社会成员愿意支付的数量表现出来。除了市场这一途径外，其他途径一般都很难实现这一任务[54]48。所以从市场工具的特征与内在价值来看，是符合联邦政府对资源配置要求的。

3、多元范式政策工具选择的影响性因素：政策经验

多元范式政策工具受到联邦政府政策经验的影响，来源于《退伍军人权利法案》的成功经验，该法案开创了联邦政府学生资助的先例，达到了退伍军人重新适应社会的目的，也为联邦政府多元范式政策制定提供了经验。

（1）美国联邦政府的政策经验来源

联邦政府在选择多元范式政策工具时，1944年《退伍军人权利法案》及其后续法案的成功之处和一元范式政策的不足，是联邦政府政策经验的来源。

《退伍军人权利法案》是美国联邦政府为解决退伍军人的再就业问题颁布的，美国在战争期间招募大批的军人，战争结束后又面临着大批军人回归社会、再就业等系列问题，这个群体不仅数量庞大，有高度的组织性，而且战功赫赫，一战后，美国联邦政府没有重视退伍军人的安置问题，给美国社会造成了极大的困扰。退伍军人身体和心理上都经过战争的摧残，本身又缺乏必要的知识技能，依靠政府发放的福利生活。因为政府拖欠退伍军人福利，从1932年5月开始，一战退伍军人在华盛顿集结，要求政府发放退伍军人补偿金，7月底，胡佛总统命令军队暴力驱赶了这些请愿者，造成恶劣的影响，给联邦政府深刻的教训，经济补偿的办法并不是安置退伍军人的好办法。1943年二战还没有结束，联邦政府就提出了退伍军人安置的重要议题，罗斯福总

统不希望战争结束后涌现大批的失业军人，他建议更应该着眼于退伍军人生活的长久之计，资助他们的教育和培训。

《退伍军人权利法案》规定联邦政府为服役 90 天以上的、因服役致使教育或培训推迟中断的退伍军人，提供为期一年的教育培训，若教育培训项目时长低于一年，可以接受另外一个项目，但时间不能超过服现役时间；政府提供书本费、学费等学习费用，每人每学年资助不少于 500 美元，接受援助者经退役军人事务局批准还可获得每月 50 美元的生活费，如果还有要赡养的人，每月还可额外再获得 75 美元。申请者可自行选择教育培训机构和课程，前提条件是申请的培训机构和课程已经获得批准且受援助者被教育培训机构录取；1952 年联邦政府颁布《退役军人再适应援助法案》，法案规定援助期限为三年，统一援助标准有所增加，定为每月 110 美元，退役军人有一个赡养对象的为 135 美元，两个为 160 美元。[7]15-17

联邦政府为退伍军人提供的资助金是直接提供给个人的，由退伍军人选择所要学习的学校或专业，选择所要学习的项目，法案积累了资助管理的经验，通过联邦政府的资助来实现庞大人群的教育机会，这是对联邦政府资助管理的首次考验，初步的实践增进了联邦政府及高校资助管理的信心，对后来学生资助管理的实施具有很大的推动作用。[19]

（2）联邦政策经验：采用学生资助方式

许多美国学者称 1944 年《退伍军人权利法案》是美国有史以来所作出的最好决策，1944 年之后，向退役军人提供教育资助，作为一种成功的政策模式被美国联邦政府沿用下来，并通过一系列法案对其进行不断修正。资助学生成为联邦政府以最低程度的控制介入高等教育的适当方式，高等学校为了适应退役军人学生的需要进行的许多尝试、政策和服务工作演变成了长久的做法，如函授教育、各种短期课程、个别指导、补习课程等多样化课程。[237]高等学校为了适应退伍军人的需要作出了很多改变，这说明了学生掌握权力是可以影响高等学校对其需求做出回应的。

该法案对美国高等教育产生了重要影响，为高等教育政策资助学生提供了经验。退伍军人是教育或培训机构的对象，也就是学生的身份，联邦政府的资助是对学生的资助。联邦政府为退伍军人提供大量的财政资助，但资助资金给了退伍军人本人而不是所选择的学校，从而放弃了更直接管理和影响高等教育的机会，只是对资金进行了有限的管理。[211]但有限的资金管理在促进教育机会和高等学校的改革方面，却产生了重要的作用，退伍军人接受教育的人数超出联邦政府的预期，而且高等学校为适应退伍军人的需要作出了很多改变。

受到《退伍军人权利法案》的影响，多元范式高等教育政策采用了资助学生为主的政策方案，并将资助直接发放到学生手中，通过学生的选择将资金带入到高等学校中，在高等学校之间引入市场机制，利用竞争获取资源，从而引起高等学校内部的改革。资助学生的方式在实现发展机会平等目标，与满足目标提出的提高资源利用效率、促进学校效能提高上，都达到了良好的效果。

（三）政策工具改变：扩大入学机会效果不佳

1、一元范式政策实施不力导致政策工具改变

一元范式政策工具从行政手段到市场机制的改变，与一元范式政策实施效果不佳有极大关系。一元范式政策以入学机会平等为政策目标，该目标旨在扩大贫困学生的入学机会，在 60 年代中期联邦政府调查了联邦资金在促进教育机会上的作用，结果发现联邦资金在扩大贫困学生入学机会上并没有起到任何作用，贫困学生的入学机会仍然取决于家庭经济状况，这一结果也宣告着联邦政策的不力与失败。因此也导致了政策工具的改变，更加快了政策范式转型的进程。

（1）经济障碍影响贫困学生的入学机会

1964 年联邦政府对一元范式政策的实施效果进行了初步调查，旨在了解联邦资金用于促进教育机会平等的作用，调查结果发现，联邦政府对高等学校的投入，作用于入学机会平等政策目标的效果并不理想。

1968 年卡内基高等教育委员会的研究也证明了联邦政策的不力。卡内基委员会对美国不同收入家庭子女在高等学校中所占的比例进行了分析，数据显示低收入家庭子女在高校中仅占 7%，而 1/2 最富有家庭进入高等学校的机会是 1/2 收入最低的家庭子女的 2 倍。[238]22 这一结果说明贫困家庭学生入学的机会远远低于中高收入家庭学生。联邦政府扩大高等教育机会的政策，对于贫困学生高等教育机会的扩大并未产生明显的效果，贫困学生的入学依然取决于家庭的经济状况。

1969 年联邦政府的另一个调查发现，低收入家庭学生的高等教育机会有三个障碍，一是经济困难，虽然美国经济发展繁荣，人们的经济状况有所改

善，但是大学费用增加，家庭中上大学的子女数量增加，对于学生及其家庭而言，上大学仍然存在经济障碍；二是不充足的高中学术准备，低收入家庭的学生在高中时成绩较差，一般都会低估自己的能力，对自己的评估较低，造成的影响是即使已经入学的学生也无法完成大学四年的教育；三是不充足的高等教育设施，对于可预见的学生人数增长，大学院校的多样性程度不足以提供平等的入学机会。[88]166

联邦政府一元范式以入学机会平等为目标，为高等学校提供资助用于教育教学设施建设，以增强容纳力，为贫困家庭学生提供资助，以消除贫困家庭学生入学的经济障碍。然而调查结果显示，联邦政府政策入学机会平等目标实现的效果并不好，贫困家庭学生的入学机会仍然少于中高收入家庭学生，经济障碍仍然是贫困家庭学生入学的主要障碍。

（2）一元范式政策方案存在的问题

政策目标实现效果不佳，与政策方案本身是有一定关系的，首先是资助学生的份额少，不利于学生经济障碍的消除。一元范式高等教育政策中，联邦政府采用了双重资助的方案，以资助院校为主，资助学生为辅，资助院校是为高等学校提供拨款或贷款，用于教育教学设施的建设，从而增强高等学校的容纳力，为迎接大量的学生入学做好准备，资助学生是为学生提供各种形式的资助，包括奖学金、助学金、贷款和勤工助学金，从方案内容来看，是合理的，但是在资金的分配上却并不合适，资助院校的经费占 68%，资助学生的经费占 32%，对学生资助的力度明显小于对院校资助的力度。

其次是学生资助发放的形式，不利于扩大贫困家庭学生的入学机会。联邦政府将学生资助的管理权交给了高等学校，学生要获得资助必须首先被高等学校录取，再向高等学校申请，至于能不能得到资助，还取决于高等学校。由于精英主义原则的影响，联邦政府在对受助学生资格的标准上，采用优秀和贫困的双重标准，这对于贫困家庭学生是不利的，贫困家庭学生由于教育资源的匮乏，很难取得优秀的学业成就。另外由于高等教育有着精英主义传统，学生的入学取决于高等学校的学术标准，这样会使很多贫困家庭学生不能被高等学校录取，根本不会得到高等教育的入学机会，更不用说得到联邦资助的机会。政策方案上的不足，的确不利于贫困学家庭生入学机会的获得。

2、行政手段在扩大入学机会上的弊端

入学机会平等目标的效果不佳，与政策工具本身存在的弊端也有极大的关系，这也是联邦政府在多元范式政策中改变了政策工具的原因之一。

工具主义认为，"工具的属性本身就构造了政策过程，即工具的使用及其效果的好坏是由政策工具的特性预先决定了的"，"政策失败是由于所选择的政策工具存在缺陷"。[224]行政手段作为强制性工具，优点在于控制性程度高，但它所提供的是一次性的硬约束，不能为目标群体提供持续改进的动力，所以他们的努力只会达到符合目标要求为止，不会进一步地改善自己的行为。[239]除此之外，行政手段有着不可避免的弊端，行政手段是依靠政治强制力推行的，因此需要高度控制，这既是它的优点所在，也是其缺陷所在，因为高度控制需要耗费许多公共资源，留给目标群体自由决定的空间不足，压制目标群体的积极性和创造性，造成他们明修栈道暗渡陈仓的可能，最终会导致政策的僵化甚至扭曲。[227]

一元范式的政策目标是扩大高等教育入学机会，政策目标对联邦政府责任的要求是资助高等学校建设，消除学生入学经济障碍，选择行政手段分配高等教育资源是有效的，但是对于资助学生而言，行政手段未必是好的政策工具。联邦政府通过层级关系来管理联邦资金的流向与用途，仅对各州的管理机构作出规定，随着时间的推移，这种管理方式的问题暴露出来，比如联邦政府拨发给各州和高等教育机构的资助额度，仅与招生数量有关，而与贫困家庭学生的数量和范围没有多大关系。偏远地区、社区学院等较低层次的高等学校，因为招生人数少而只能获得较小的资助额，一些招生数量多的高等学校就占据了优势，因为招生数量多，能够获得的资助额也较大。[240]联邦政府的资助由高等学校向学生提供，受助的学生并不清楚自己获得的是联邦资助还是学校资助，无法从学生中获得政治回报。联邦政府的资助还明确规定了资金用途，比如用于提高外语教学水平、实验室设施建设等，虽然联邦的意图是尽快实现目标，但往往会喧宾夺主，使各州和高等学校忽视入学机会平等的目标。由此看来行政手段在实现学生入学机会平等的目标上是不力的。

3、市场机制有利于发展机会平等目标实现

联邦政府政策效果不佳，使联邦政府将提高资金使用效率作为制定多元范式政策时主要考虑的问题，也是对政策工具效率的要求。政策工具的有效

性，也称效益是判断公共政策工具运用是否成功的重要标准，有效性关注的是结果，对成本的追求没有特别要求，而效率关注的是结果和成本的比率，根据有效性标准，最好的政策工具是能够有效解决公共问题、实现政策目标的工具。

一元范式政策中，联邦政府虽然目标是明确的，是为贫困家庭学生提供高等教育机会，但在如何实现这个目标上却是模糊不清的，完全听任各州的管理，尽管联邦对各州的责任有规定，但对具体的做法是没有指导的，所以即使通过行政的层级发放资助金，到了州一级后，联邦政府基本很难影响资金的流向了。[14]联邦政府在多元范式中政策制定过程中，仅仅围绕政策目标，即如何实现学生的发展机会平等目标，对发展机会平等目标的重视，也使联邦政府在选择政策工具时主要考虑政策目标与政策工具之间的适应性，而没有其他目的的参与，保证了政策工具的选择忠实于政策目标的要求。

采用市场机制，是联邦政府规避行政手段弊端的选择，市场机制最突出的特点在于资源配置效率，从这一点来说，是符合政策目标要求的。从多元范式政策目标来看，发展机会平等的实现取决于学校效能的提高，是对高等教育资源使用效率的要求，高等学校效能的提高是对学生需求满足程度的要求，学校根据学生的需求，为学生提供多样化的教育与课程，允许学生有充分的自由选择权，才能最大程度地满足学生的需求，实现学生发展机会的平等。采用市场机制作为政策工具，是将市场竞争机制引入到高等教育系统，引起高等学校之间的竞争，引导高等学校依据学生的需求做出改革，即是最大程度地提高这些高等教育资源作用于学生学业成就的效率，是最为适宜的达到发展机会平等目标的政策工具。

七、利益格局：从一元利益格局到多元利益格局

　　政策范式转型的目的在于调整利益格局，利益格局是利益的分配格局，是利益主体之间形成的具有一定利益关系和利益差别的社会利益体系，是一种相对稳定的、模式化的关系形态。[87]利益改变是引起利益格局调整的原因，在一定的社会条件下，利益主体之间的利益关系是稳定的，当利益改变时，利益主体之间的关系必然会发生改变，这就需要调整利益格局重新恢复稳定状态。由于利益冲突与矛盾的不同，利益分配的要求不同，需要政策制定者应用不同的政策范式去制定与实施政策，所以利益的改变是政策范式转型的原因所在，对利益改变及其原因的研究正是对政策范式转型原因的探究。

　　研究利益格局需要研究利益格局中的利益主体与利益关系。首先是对利益主体的研究，利益格局是在利益主体之间形成的，在利益格局中有哪些利益主体，它们之间存在什么样的关系是构成利益格局的关键，不存在利益主体及相互关系就不会形成利益格局，所以研究利益格局必须要对利益主体及其关系进行深入分析；其次是对利益主体之间的利益关系与利益分配的研究，利益格局的形成与改变取决于内部的利益分配体制是否合乎各个利益主体的基本利益要求[59]226，利益关系是利益主体之间关系的纽带，利益在利益主体之间分配的形式、次序，决定了利益格局的形成，所以对利益格局内部的利益关系与利益分配的研究是重中之重。对利益改变的研究，要从利益改变的基本形式——利益聚合与利益分化着手，分析利益改变是由什么原因引起的，属于哪种形式的改变，继而分析利益改变的原因。

本章将对联邦高等教育政策所形成的利益格局进行研究，分析比较一元范式与多元范式所形成的利益格局中的利益主体与利益关系，剖析一元利益格局与多元利益格局的利益分配及其分配原因，并对导致利益格局改变的原因——利益改变进行研究，从而找出政策范式转型的根本原因。

（一）一元范式的一元利益格局与利益分配

1、一元范式的一元利益格局

一元范式高等教育政策所形成的利益格局是一元利益格局，对利益格局的判断主要是依据利益格局中的利益主体与利益关系，一元利益格局强调的是利益主体的一元与利益关系的一元，从一元范式政策的问题、目标、方案与工具及其形成过程来看，一元范式高等教育政策解决的是一元利益主体的利益矛盾，政策制定是围绕一元利益主体的利益分配展开的，目标、方案与工具的选择都是有利于一元利益分配的选择，所以一元范式政策是对一元利益关系的调整，所形成的利益格局是一元利益格局。

政策问题本身是利益冲突与矛盾的反映，一元范式政策问题是国家安全与社会公平问题，这两个问题是源于美国总统施政纲领与社会计划，是国家社会层面的问题；国家安全是国家与公民生存的基础性利益，是全体国民的公共利益，社会公平是关系着所有社会成员合理划分利益的问题，是所有社会成员的共同要求。国家安全与社会公平是公共利益矛盾的体现，一元范式政策要解决的是公共利益分配的问题。

政策目标、政策方案与政策工具是实现利益分配的制度，一元范式的政策目标、方案与工具均是围绕公共利益的实现与分配来制定的。入学机会平等是一元范式政策的政策目标，这一目标的内涵是为平等的能力提供平等的机会，其中包含着精英主义的价值观，即强调高等教育机会向有能力的精英者开放，从公共管理的角度来说，精英是社会中的精英，他们的能力和智慧对于社会的发展有重要的影响和作用，从社会中选拔出精英者，代替大多数来管理社会，对于促进公共利益的实现是有利的。从政策问题的角度来说，向优秀的学生提供高等教育机会，有利于选拔出优秀的人才满足国家安全的需要，尽管贫困问题的解决应该对贫困学生提供高等教育机会，但从全社会的角度来说，提高优秀者的人力资本水平，更有利于提高社会整体的人力资本水平，对于公共利益的实现是有益的。一元范式政策采用资助院校为主、资助学生为辅的政策方案，扩大高等教育入学机会，需要高等学校具有足够的容纳力，为高等学校提供资助用于教育教学设施的建设，对于高等学校提高容纳力是有益的；经济困难是贫困学生入学的主要障碍，为学生提供资助有助于消除贫困学生的经济障碍，两者是入学机会平等目标实现的基础，缺一不可。一元范式政策采用行政手段作为分配高等教育资源的工具，行政手段的优势在于快速、直接、高效，它依赖于强制力，具有权威性，直接作用于目标群体使目标群体按照政策要求采取行动，达到既定的效果，有利于政策的迅速贯彻与落实。一元范式政策以行政手段将高等教育资源分配给高等学校，指定高等学校将资金用于教育教学设施建设，使其迅速达到扩大高等教育机会的要求，有益于公共利益的落实。

上述分析表明，一元范式高等教育政策是以公共利益分配为目的，所选择的政策目标、政策方案与工具均是围绕公共利益的分配进行的选择，有利于公共利益实现。一元范式政策总体上体现出对公共利益的落实与分配，公共利益是单一的利益关系，一元范式政策所呈现的利益格局是一元利益格局。

2、一元利益格局中的利益主体及利益关系

一元范式政策是对公共利益进行分配的政策，"公共利益是一定范围内公众的共同利益，当人们的利益需求和价值评判一致时，公共利益即所有公众的利益总和"。[241]一元范式高等教育政策既然是对公共利益进行分配的政策，那么与其对应的利益主体是美国社会全体成员，国家安全与社会公平的利益是他们的共同利益，联邦政府作为国家社会的管理者、政策制定者，是由美国社会全体成员授权与推选的代表，代表美国社会全体成员追求公共利益的实现。

（1）基于共同利益的利益主体

1）共同利益的特征

共同利益是一定范围内人类群体所共同拥有的利益。[242]古希腊的修昔底斯说过，"无论国家或个人间，利益相同才是最牢固的纽带"[140]2，无论人类群体的范围大小，大到一个国家，或小到一个社团，共同利益是核心要素，是人们共同追求的目标。

共同利益具有以下几个特征，首先，共同利益并不是个人利益的叠加，也不是个人利益的简单聚合，它是所有社会成员共享的、共有的利益，全体

成员都能够从中受惠，而不能被部分社会成员所独占；其次，共同利益的存在并不否认个体利益，因为共同利益并不是无差别的同，而是异中求同，是个体的不同利益之间、不同个体的利益之间的、以他们的共同利益为基础的对立统一[243]14-15；第三，无论是否被利益群体的成员明确地意识到，共同利益都是客观存在的，尤其是那些外生于利益群体的共同利益，它们客观地影响着利益群体的生存和发展[244]85；第四，共同利益具有整体性和一致性，它是社会成员共同受到影响的利益，与社会成员的共同立场、共同行动相关[244]77-78。从共同利益的特点来看，共同利益与公共利益非常相似，公共利益也是所有人都能分享得到的利益，但并不是所有的公共利益都能成为共同利益，只有具备了以上特征的利益才能够成为共同利益。

2）国家安全与社会公平是美国社会成员的共同利益

一元利益格局中，国家安全与社会公平利益是一元范式高等教育政策所分配的利益，从国家安全与社会公平的属性来看，两者是具备共同利益性质的，国家安全与社会公平是所有社会成员都能共享的、共有的利益，只要国家安全与社会公平利益存在，就能够使全体成员从中受惠，不能将一部分人排除在外；国家安全和社会公平是个人利益的基础，追求国家安全与社会公平这一共同利益，并不妨碍公民个人特殊利益的实现；当公民个人追求自身的特殊利益时，往往会忽视共同利益，然而作为共同利益的国家安全与社会公平是切切实实存在的，它并不因为个人的意志而发生转移或改变，国家安全与社会公平反而是公民个人特殊利益实现的保障；国家安全与社会公平作为社会全体成员的共同利益，当其受到损害时会引起所有成员的重视，并促使全体成员采取一致的行动，保护共同利益。

国家安全与社会公平成为美国社会全体成员的共同利益，是由于苏联卫星事件和民权运动使人们认识到对国家安全和社会公平利益的迫切需求。拿破仑曾经说过，"有两种力量将人们联合起来——恐惧和利益"[245]5，这句话用来解释50年代末美国共同利益的形成极为合适：苏联卫星事件引起的恐惧触动了所有人的利益，使人们认识到国家安全这一共同利益的存在。

国家安全是所有社会成员的共同利益，其重要性不言而喻，但是由于这一利益是外生的利益，所以并不会常常被人们意识和感知，只有当国家安全受到威胁，并危及自身的利益时，才会引起人们的关注。苏联卫星事件引起美国社会所有成员对国家安全利益的关注，在美国媒体的报道与联邦政府的诱导下，人们感受到国家安全的危机，并引发对自身安全的担忧。其实个人利益的最低目标就是生存与安全，生存与安全是人们最基本的需要，是其他利益与需要的基础，苏联卫星事件带给人们的恐惧，是人们对自身生命财产安全受到威胁的恐惧，是对个人最低利益丧失的恐惧，正是因为恐惧和共同利益的存在，才使美国社会成员认识到共同利益的重要性。进入 60 年代，国家安全的危机渐渐消退，然而民权运动却使社会公平问题得到重视。人们在工作生活中被不公平对待，是社会不公平的表现，人们都希望能够得到公平公正的待遇，但是对于这一问题的思考却不充分，当民权运动产生并发展至全国性的运动后，美国公众开始认识到社会公平实际上是保障自身利益的基础，社会公平对于自身利益的实现极为有利，所以实现社会公平是美国社会全体成员的共同利益追求。

（2）联邦政府是公共利益的追求者

1）政府具有实现公共利益的职能

美国联邦政府是美国社会全体成员的天然代表，这是由联邦政府的职能决定的，作为国家社会的管理者，实现公共利益是其职责所在；这也是由公共利益的特殊性决定的，个人不可能在主观意愿上、主动地去追求公共利益的实现，也没有能力去追求公共利益的实现，所以实现公共利益的责任必然由政府来承担。联邦政府作为代表承担着利益实现的责任，是利益的追求者。

政府具有实现公共利益的职责，这是由联邦政府产生的原因决定的。社会契约论者认为"国家和政府建立的目标是为了保护人们的公共利益"[139]48，美国政策科学家詹姆斯·E·安德森也曾经说过，"政府的任务是服务和增进公共利益"[140]13-14，政府不仅要管理社会事务，还要承诺维护社会的公共利益，对公共利益负有不可推卸的责任。根据社会契约论，国家与政府的一切权力来源于公民与公民之间的契约，或是公民与政府之间的委托，主要目的是为了全体社会成员的公共利益，维护公共利益是政府的责任否则是政府责任的缺失，政府责任缺失就意味着权力合法性的丧失，所以政府使用公共权力的出发点和最终归宿必须着眼于实现最大限度的公共利益。[141]

2）政府有能力保障公共利益

公共利益的享受者是社会全体成员，一般而言，谁享受利益就会想方设法地实现利益，利益的享受者和实现者是一致的，个人利益的实现者就是个人利益的享受者。然而公共利益的性质决定了公共利益由其享受者来实现的困难性，一是个人不愿承担公共利益实现的责任，现实生活中的人是具有理性的经济人，在自利心理的驱使下，人们往往只愿意分享公共利益而不愿意为公共利益的实现做出努力，亚里士多德曾经说，"人们总是关心着自己的东西，而忽视公共的事物，凡是属于最多数人的公共事物常常是最少受人照顾的事物"[246]114，这是对公共利益实现困境的真实写照。二是公共利益实现成本高，个人没有能力。公共利益实现的成本巨大，需要大量的人力、物力、财力资源，对于个人来说即使非常努力也是没有能力做到的，或者没有办法做的很好。所以只能由政府来实现公共利益，政府享有公民的授权，能够行使由公民权利让渡形成的公共权力，公共权力具有强制性，可以调动社会上的人力、物力、财力来保障公共利益的实现。

3）联邦政府代表美国公众追求公共利益

苏联卫星事件发生后，美国社会被国防安全危机笼罩着，人们将危机的产生归因于教育的落后，并要求联邦政府尽快采取行动，推进教育改革，以保障公众的安全；社会公平是美国政府对公民权利平等的承诺，民权运动是美国公众用行动要求联邦政府加快推进种族平等而采取的行动，实现社会公平的伟大目标。美国公众对联邦政府的要求，是要求联邦政府承担起实现公共利益的责任，从联邦政府责任与能力的角度来说，也的确应该代表美国社会全体成员追求公共利益的实现。

国家安全与社会公平是关系国家社会稳定与发展的公共利益，联邦政府作为美国社会全体成员的代表，有责任追求公共利益的实现，这是关系到政府存在合法性的问题，"政府通过法律授权行使权力管理国家社会事务并接受立法机关和社会公众的监督，政府在履行职责的过程中必须要始终忠实地维护公共利益"[247]，美国联邦政府作为美国宪法授权的最高行政机关，维护公共利益是其职责所在。由此可见，国家安全与社会公平是联邦政府要给予实现的公共利益。

国家安全与社会公平是美国全体国民的共同利益，是公共利益的范畴，它的实现本应该是源于所有国民的共同努力，但是这一利益的实现却是国民无法完成的。国家安全是关系着国家的生存与发展的重大问题，国家安全的实现必须由武力作为保障，综合军事力量、国防实力是捍卫国家安全的重要手段；社会公平本质上是合理利益划分的问题，当私有财产出现以后，随着人们之间的利益逐渐分化，在相互交往中的利益冲突也逐渐增多，这时就产生了合理划分利益的要求，这种要求就是社会公平的要求[143]，即"社会公平意味着每个人在社会经济领域里得其应得"[144]。从这两个利益的重大性质看出，国家安全与社会公平利益的实现，都需要以强大的权力作为基础，联邦政府是国家权力的行使者，能够利用国家权力来维持一国的军事力量，能够利用国家权力来调节复杂的利益冲突，而个人乃至社会群体都是不能完成的，所以只能由联邦政府作为利益的追求者，追求国家安全与社会公平利益的实现。

3、一元利益格局的利益实现与分配

联邦政府是利益的分配者，政策的制定者，有权力决定利益分配的优先顺序与分配模式。在前述分析中，已经说明一元范式政策体现出为一元利益分配的特征，但是利益的实现需要依赖社会关系，依赖于人的活动，利益的实现必须要借助于他人提供的社会条件，以他人的利益为手段或工具，公共利益的实现也是如此。一元利益格局中作为一元利益的公共利益，其实现依赖于高等教育人才的培养，依赖于高等学校和学生利益需求的满足，为此联邦政府向高等学校和学生提供资助，以满足高等学校对高等教育资源的需求，满足学生对高等教育入学机会的需求，但是一元范式政策并非是以高等学校利益和学生利益分配为目的的，满足他们的利益需求是为公共利益的实现奠定基础。一元利益格局中，依然是以直接分配公共利益为目的，其他利益主体服务于公共利益实现的模式。

（1）公共利益实现的基础条件

1）高等教育人才培养是基础

国防安全问题产生的原因是国防科技人才缺乏，社会公平问题的主要障碍是贫困人口的人力资本水平偏低，这两个问题的解决都依赖于高等教育人才的培养，联邦政府将国家安全与社会公平这一公共利益的实现转化为对高等教育人才的需求，将培养高等教育人才作为公共利益实现的基础。

随着高等教育从社会边缘走到社会中心，高等教育越来越成为国家政府解决社会问题的有力工具，在20世纪初的美国，高等教育已经发挥了不可替代的作用，20世纪50年代，高等教育与国防安全再次联系起来。保障国家安全的基础是军事力量，一国军事力量的增强可以通过先进的武器装备来实现，

然而美国联邦政府并没有局限于此，而是关注到了更深层次的人才问题，军事技术创新、先进武器创制，无不需要大量的国防科技人才作为后盾，先进的军事技术需要科技人才来掌握，先进的武器也需要科技人才来应用。军事力量的较量最终在于人才的较量，国家安全的保障最终也依赖于国防科技人才的培养。国防安全对高等教育人才的需求呼之欲出。

在美国历史上，社会公平问题一直是一个悬而未解的问题，贫困问题也是联邦政府多年以来一直致力于解决的问题，在20世纪30年代的金融危机后，面对大量的贫困人口，联邦政府采用了福利国家的模式，对贫困人口实施救助政策，为他们提供福利、发放福利金作为最低生活保障，这种方法是一种治标不治本的方法，这种方法甚至导致了贫困人口懒于就业，因为一旦就业获得工资，将不能获得政府的福利金，大量的福利金也给联邦政府的财政造成不小的压力，同时贫困人口的增长给社会造成不稳定因素。一直到60年代人力资本理论的盛行，使联邦政府解决贫困问题的思路发生了转变，联邦政府不再采用福利救助的方式，而是采取了教育与培训的方式，通过提高贫困群体的人力资本水平，使他们重回劳动力市场，重新就业，获得报酬，从而摆脱贫困。这一思路的转变使个人高等教育入学机会的需求大量增长。

2）高等教育人才培养所需条件

高等教育人才的培养依赖于高等学校与学生，高等学校承担着培养高级专门人才的任务，从事高等教育人才培养的活动，高等学校培养人才需要一定的基础性条件，一是高等学校具备充足的教育教学设施条件，能够为学生提供充足的教学场所，图书、实验室等设施，充足的教师资源，从事教学活动。二是生源，高等教育培养人才必须要有足够的生源，学生是高等学校从事高级专门人才培养活动的对象，对学生实施教育教学服务，使学生的知识、能力、素质获得全面的提高，达到高等教育专门人才的水平。对高等教育资源的需求是高等学校的利益需求所在，高等学校需要从社会获得充足的资金支持，用于教室、实验室设施的建设，用于图书、实验设备的购置等，还需要从社会中获得较高的声誉，以吸引足够的生源。

高等教育人才培养还依赖于学生，学生是接受高等教育的对象，是高等教育人才的来源，高等教育人才培养的活动不可能离开学生。学生参与高等教育人才培养的活动，首先要获得高等教育机会，学生高等教育机会是通过竞争的方式获得的，只有符合高等学校的录取标准才能获得入学资格，二是学生要有充足的经济来源，支付高等教育所需的费用。对于学生而言，获得高等教育机会是个人的利益需求，竞争入学和经济困难，往往成为学生入学的主要障碍，其中学生家庭经济状况对学生高等教育机会的影响更大。

高等学校高等教育人才培养活动的开展，需要投入大量的高等教育资源，用于教育教学设施的建设和教师的培养，消除学生的经济障碍，使学生获得高等教育入学机会，只有高等学校和学生的利益需求得到满足，才具备高等教育人才培养活动开展的条件，为公共利益的实现奠定基础。

（2）高等学校与学生利益的实现

1）美国高等教育现状的要求

20 世纪 50 年代末 60 年代初的美国高等学校残破不堪，学生因贫困无法获得高等教育机会，联邦政府采取了对高等学校和学生进行资助的措施，使其具备高等教育人才培养的条件，为公共利益的实现奠定基础。

二战后的美国高等学校学生爆满，图书馆图书、实验室设备不充分，教师也严重短缺，婴儿潮带来的大量入学远远超出了高等学校的容纳力，高等学校的状况并不具备培养高等教育人才的条件，无法满足国防安全对高等教育人才的需求。社会公平的实现需要进一步扩大高等教育入学机会，这对于本已经残破不堪的高等学校来说，更是雪上加霜。20 世纪 50 年代末期的美国，贫困问题已经十分严重，经济困难是贫困学生入学的主要障碍，贫困学生中间有很多优秀的学生，因为家庭经济困难、无力承担高等教育费用，而无法获得入学机会，已经入学的学生也因经济困难产生大量的辍学现象，是高等教育人才的巨大损失。基于美国的状况，联邦政府在一元范式政策方案中，设立了资助项目，对高等学校提供了大量的拨款和贷款，要求高等学校用于兴建教室、校舍、购置实验室设备、图书等设施，引进教师等，以便增强高等学校的容纳力；联邦政府通过学生资助项目，为学生提供资金，消除学生入学的经济障碍，使其获得高等教育机会。

2）为公共利益实现创造条件

对高等学校的拨款和贷款，是对其高等教育资源需求的满足，对学生的资助是对其入学机会需求的满足，从利益分配的角度来说，是对高等学校和学生利益的分配，实际上，满足高等学校和学生的利益并非一元范式政策的目的，而是为公共利益的实现创造条件，从联邦政府的政策方案中，可以窥见联邦的这一意图。

联邦政府对高等学校和学生的资助是有选择、有侧重的，在《国防教育法》和《高等教育设施法》中，法案授权联邦政府"向各州教育机关拨款，用于购买适用于科学、数学或现代外语教育的设备和进行小规模改造装修"[191]269；"向所有的四年制高校、初级学院及技术学院提供资助，用于科学、语言和数学教学所需的图书馆和教室建设"[15]；"用于特定的自然和物理科学、数学、现代外语、工程学科和图书馆建设"[193]。显而易见，联邦政府并非是向高等学校提供全面的资助，而是仅限于科学、数学、现代外语等几个少数学科，这是因为国防科技人才的培养与这几个学科密切相关，保障国防科技人才培养的质量，必须要加强这几个学科的教育教学质量与设施建设。联邦政府对学生的资助也带有明确的意图，只有贫困的、优秀的、有能力的学生才是联邦资助的对象，以选拔出贫困学生中的优秀人才，为国防安全提供人才。可见，联邦政府的意图是非常明确的，只有与公共利益实现直接相关的学科才会得到资助，只有有利于公共利益实现的优秀人才才能得到资助，联邦资助的意图是为公共利益实现创造条件。

（3）一元利益的直接分配

1）社会全体服务于公共利益实现

一元利益格局中，利益分配的模式是以公共利益为核心的分配模式，公共利益是一元范式政策直接分配的对象，利益格局中的其他利益主体共同服务于、共同致力于公共利益的实现。

这种利益分配模式的形成，可以从公共利益与个人利益关系的角度来解释。公共利益和个人特殊利益是利益存在的两种形态，公共利益是共享的利益，个人特殊利益是独享的利益。[248]31 公共利益是社会共同的、整体的、综合性和理性的利益，是个体利益的高度概括化[249]33，"公共利益并不是独立的利益诉求，而是存在于私人利益相互实现的共同领域中，它既是对私人利益的限制，也是对私人利益的保障"[139]79，"公共利益和个人利益有时相互一致，有时相互冲突"[250]15，从上述公共利益与个人利益关系的阐述可以发现，公共利益与个人利益之间是对立统一的复杂关系，两者互相依赖。

公共利益是社会成员的共同利益，经过漫长的发展阶段从个人利益中分离出来，没有个人利益就谈不上公共利益，而公共利益最终被社会成员分享，社会中的每个人都能平等地分享公共利益。公共利益与个人利益互为存在的条件和基础，只有公共利益得到有力的维护和保障，个人利益才具有实现的基础，如果只强调公共利益而忽视个人利益存在的合理性，个人利益得不到保障和满足，公共利益不仅难以实现，也会失去其存在的基础。社会公共利益的存在是个人利益实现的保障，没有社会公共利益作为基础，个人追求私人利益的矛盾和冲突，最终将会导致任何个人都无法受益。[251]

公共利益与个人利益的主次关系是可以转化的，一般情况下，公共利益由政府提供与保障，由个人分享，个人从事追求自身特殊利益的活动，这时对于个人来说，个人利益是主要矛盾，公共利益是次要矛盾，但是一旦公共利益受到损害，个人利益的基础即将丧失或被动摇时，个人利益就降为次要矛盾，公共利益就会上升为主要矛盾，"全体社会成员作为公共利益的主体，为了实现公共利益，既可以作为委托者，委托政府实现公共利益，并且成为政府行使公共权力的对象，还可以充当积极的贡献者，在实现公共利益的理想机制中扮演重要角色"[252]，个人也会争取公共利益的实现。

2）美国社会成员的共同要求

20世纪50年代末，在苏联卫星事件的影响下，国防安全成为美国社会全体成员的共同利益，共同追求公共利益的实现，美国公众呼吁联邦政府推进高等教育的改革，以保障国防安全，是美国公众要求联邦政府履行保护公共利益、实现公共利益的职责。此时公共利益就已经上升为美国社会全体公民的主要矛盾，美国社会全体成员都致力于公共利益的实现。

高等学校和学生作为美国社会全体成员的组成部分，他们也是服务于公共利益实现的贡献者。从高等教育人才培养活动的进程来看，学生在获得高等教育入学机会后，在高等学校中接受高等教育，使自身的知识能力水平得到普遍提高，才成为高等教育人才。高等学校致力于高等教育人才培养的活动，高等学校所需的高等教育资源，高等学校的教育教学设施，是培养高等教育人才的基础，只有在这些需求得到满足之后才能从事长期的高等教育人才培养活动。可见，公共利益实现是以学生和高等学校的利益需求的实现为前提的，从利益分配的角度来说，联邦政府应该充分满足学生和高等学校的利益需求，首先对他们的利益进行分配，但由于一元范式政策是以公共利益的分配为目的的，公共利益处于支配地位，其他利益主体的需求处于被支配地位，学生与高等学校利益需求得到满足，是公共利益实现的基础条件，换个角度来说，学生与高等学校是公共利益实现的工具与手段，所以，在一元利益分配格局中，学生与高等学校是为公共利益实现服务的。

（二）多元范式的多元利益格局与利益分配

1、多元范式的多元利益格局

多元范式高等教育政策所形成的利益格局是多元利益格局，多元利益格局的关键在于利益主体的多元和利益需求的多元，多元利益格局强调的是对多元利益主体及多元利益关系的调节，对多元利益的分配。从多元范式政策的问题、目标、方案及工具，以及多元范式政策形成的过程来看，多元范式高等教育政策解决的是多元利益主体的矛盾，满足的是多元利益主体的多元利益需求。

多元范式政策要解决的政策问题是高等教育供求矛盾，20世纪60年代末的学生运动发展成为暴力运动，是影响美国社会秩序的不安定因素，成为美国联邦政府不可忽视的社会问题，解决这一问题成为联邦政府不可推卸的责任，学生运动的发生将联邦政府的注意力从国家社会层面吸引到高等教育层面。经过对学生运动原因的调查与分析，联邦政府发现，学生运动是学生个人与社会的高等教育供求矛盾的集中反映，是学生接受高等教育的需求、社会对高等教育人才的需求没有得到满足而引起的矛盾。多元范式政策要解决的是个人与社会的高等教育利益分配问题，学生个人的高等教育需求是多样的，社会对高等教育人才的需求也是多元的，所以，多元范式政策是对复杂的多元利益矛盾的调整，是对多元利益的分配。

由于学生与高等教育的供求矛盾是多元利益矛盾的核心，解决这一问题将会使多元利益矛盾得到解决，所以联邦政府的政策目标、政策方案以及政策工具，均围绕学生个人的利益分配展开，直接对个人利益进行分配，是对其他主体利益的间接分配。发展机会平等的政策目标，其内涵是给予每个人最大可能的公平起点，允许个人发挥全部的潜能，让个人通过自身的能力争取上进，体现着人人平等的普遍主义的价值观，普遍主义原则立足于个人权利，强调每个人以平等的公民身份追求自己的利益，保护个人权利的平等，有利于个人利益与个人权利的实现。从政策问题的角度来分析，学生与高等教育的供求矛盾，直接体现为高等学校对学生权利的侵害，重视学生的个人权利，有利于供求矛盾的解决。多元范式政策采用直接资助学生的方案，为所有有"需要"的学生提供各种形式的学生资助，消除学生入学与选择的经济障碍，学生资助由联邦政府统一认定资格、统一发放，充分体现了联邦政府对学生个人平等权利的保护。多元范式政策以市场机制作为政策工具，市场机制的最大优势在于利用竞争达到供需的平衡，多元范式政策的目的是在高等学校之间形成竞争，通过竞争生源、高等教育资源的方式，促使高等学校内部的改革，从而满足学生发展机会平等目标的实现。显然，市场机制的运用是有利于个人利益实现的。

上述分析表明，多元范式高等教育政策以学生个人利益的直接分配为目的，围绕这一目的而形成的政策目标、政策方案与政策工具，均是有利于个人利益实现的。个人利益在多元利益关系中处于核心地位，学生利益矛盾的解决，学生个人利益的实现，是对多元利益矛盾的有效调节，对学生个人利益直接分配，使其他利益主体的利益得到间接分配，从而使多元利益主体之间呈现多元的利益格局。

2、多元利益格局中的利益主体及利益关系

多元范式高等教育政策是解决高等教育供求矛盾的政策，是对多元利益主体的多元利益进行分配的政策，在多元利益格局中，学生个人和社会组织是共存于利益格局中的多元利益主体，他们之间形成错综复杂的多元利益关系，联邦政府是多元利益关系的协调者。

（1）多元利益主体并存

多元利益格局的关键在于"多元"二字，多元的第一层含义是指包含有多种类型的利益个体、利益群体，共存于一个共同的社会环境中，他们组成的利益体系就是多元利益格局；第二层含义是分有，在这个利益格局中，每个利益主体都分别占据自己的利益位置，都享有应有的利益份额；第三层含义是共享，各个利益主体之间存在着一定的相互依赖又相互制约的利益关系，你有我才有，我有是以你有为条件的，你有是以我有为前提的，也就是说，不同的利益主体之间存在一定的利益共同点，这些利益主体共享这个利益共同点。[59]225-226

多元范式政策所形成的多元利益格局，是明显具有上述特征的多元利益格局。首先是多种类型的利益个体、利益群体，共存于一个共同的社会环境中，多元利益格局中的利益主体包括学生个人与社会中的组织、机构等，他

们原本就共同存在于一个社会环境中，作为利益主体或利益群体，他们构成了共存于多元利益格局中的多元利益主体。

第二是分有利益位置，学生个人与社会组织的利益需求是不同的，学生的利益需求是接受高等教育机会的利益需求，社会的利益需求则是对高等教育人才的需求。从多元利益主体的利益需求来分析，他们的利益需求并不矛盾，各自在利益格局中占有利益位置。

最后是共享，多元利益主体之间存在着一定的相互依赖又相互制约的关系，在多元范式政策形成的多元利益格局中，就存在着这样既相互影响又相互制约的利益关系。学生与社会的利益需求，需要在高等教育的供求关系中实现，学生利益需求的满足依赖于高等学校所提供的高等教育服务，学生利益需求的满足程度影响高等教育人才质量，即对社会利益需求产生影响，由此可见，他们之间的利益关系是相互制约、相互依赖的。学生与社会是以学生的利益为核心利益的多元利益主体，他们的利益需求是不同的，但并不冲突，而是相互依赖相互制约的，因此他们能够共存于多元利益格局中。

（2）联邦政府是利益关系的协调者

1）协调利益是政府的职能

政府作为利益关系的协调者，是由其职能决定的，恩格斯在其名著《家庭、私有制和国家的起源》中分析国家的产生时认为，国家是在社会出现利益矛盾和冲突需要协调的情况下才产生的；换句话说，国家或政府的一项基本职能，在于协调社会成员之间的利益矛盾或利益冲突，并把这种矛盾和冲突保持在秩序的范围内。[253]19 政府是国家权力的执行机关，代表国家执行利益协调的责任。政府作为协调者，是社会中最具权威性的协调者，承担着社会利益协调中心的功能。

所谓利益协调，是指政府能够充分表达和实现社会中各种不同的利益要求，有效协调社会中的各种利益冲突与矛盾。[254]5 协调利益关系是多元社会的必然要求，在多元社会中存在着多种多样的利益主体，利益主体有着各自不同的利益需求，因此形成复杂多样的利益关系，在人们争取利益实现的活动中，必然会导致各种各样的利益冲突与矛盾。政府的责任就在于正确处理利益关系，调节利益矛盾，将利益冲突控制在合理范围内，形成各种利益关系的平衡。

协调利益关系的工具是政策，就本质而言，政策是社会利益关系的集中反映，是对社会利益的权威性分配。政策是社会利益关系的调节器，社会中的各种利益主体把利益需求输入到政治系统中，政策制定者根据公共利益的需要，对利益进行选择、综合、分配与落实。可以说，政策就是以协调利益关系、满足特定利益要求为己任的，任何政策作用的结果都同社会利益关系的协调直接相关，当社会利益关系失衡时，就需要政策承担起协调的任务，为了平衡利益关系，政策制定者总是会优先考虑某种利益要求，而后再考虑其他利益主体的要求。[255]政府是政策的制定者，必然成为利益关系的协调者。

2）公众要求政府协调利益关系

协调利益关系是政府的职责，但有些时候，政府则是在社会公众的要求下，才承担起利益协调者的责任。

社会问题是利益冲突与矛盾的外在表现，当人们产生某些利益需求，或者自身利益受到侵害时，就会采取一定的行动保障自身的利益，这些行动往往会导致利益的冲突与矛盾，从而表现为各种各样的社会问题。[54]106,113 政府往往关注国家社会发展中的一些重大问题，一旦出现关于公共利益的矛盾问题，就会主动提出解决方案，但是对于某些社会领域或关系个人利益的问题，政府往往不会主动关注，当这些社会领域或个人利益产生利益冲突并引起公众的高度关注时，公众就会向政府部门提出政策诉求，此时社会问题就可以看做是公众提出政策诉求的途径，要求政府采取措施加以解决，这时政府就成为公共利益、个人利益与群体利益关系的协调者，调整它们的利益关系使之重新达到平衡状态。

3）联邦政府是高等教育利益协调者

20 世纪 70 年代初开始，美国联邦政府成为高等教育利益的协调者，承担起协调个人与社会的高等教育利益矛盾的责任。联邦政府成为高等教育利益关系协调者，是学生运动的关系，也是自身责任使然。

20 世纪 60 年代末，学生运动的发生使联邦政府的注意力从国家社会层面转移到高等教育层面，在对学生运动发生的原因进行调查后，联邦政府将高等教育供求矛盾问题提出。从社会问题的属性来谈，学生运动是学生群体向联邦政府提出政策诉求的行动，是其个人利益的冲突与矛盾的反映。20 世纪 60 年代初，随着高等教育入学人口的增长，学生与高等学校之间的矛盾就已经出现，高等学校不重视学生个人的权利，使学生的高等教育机会受到损害。

学生运动还是社会与高等教育供求矛盾的体现，高等教育无法满足社会对高等教育人才的需求，在 20 世纪 60 年代末期，以大学生失业的现象表现出来，学生入学的目的之一就是获得就业机会，是其个人利益的重要组成部分，而失业问题的产生无疑是对学生个人利益的损害。在矛盾不断累积之后，学生运动成为爆发点，发展成为学生表达个人利益需求的运动，该运动也是向联邦政府提出的政策诉求，要求联邦政府对利益冲突与矛盾进行调节，使自身的利益需求得到满足。

20 世纪 60 年代学生运动给美国社会造成的影响远超过历史上的数次学生运动，它是美国社会稳定的潜在威胁，维护社会稳定，保护公共利益是联邦政府的责任，解决学生运动问题也因此成为联邦政府在 20 世纪 70 年代初的重要任务。正是由于这两方面原因，联邦政府承担起高等教育利益协调者的责任。

3、多元利益格局中的利益实现与分配

利益协调是决定通过满足"谁"的利益来协调利益矛盾的问题，联邦政府制定政策的前提，是要从复杂的问题情境中找出利益冲突与矛盾的焦点，厘清利益的关系，分清主次关系，再来制定政策进行利益的分配。联邦政府作为高等教育利益关系的协调者，经过调查研究后，将学生个人与高等学校之间的矛盾关系从复杂的利益关系中挑选出来，作为利益关系与利益矛盾的核心，对学生个人的利益进行分配，从而解决个人与社会的高等教育供求矛盾问题。学生个人利益的实现依赖于学生与高等学校之间的高等教育人才培养活动，学生的高等教育机会与高等学校的高等教育资源需求，是完成这一活动的基础。但是联邦政府只关注学生高等教育机会的获得，并没有优先对高等学校进行资源分配，联邦政府选择对学生进行资助的方案，是将自由选择权交到学生手中，让学生通过自由选择来实现高等教育机会的平等。在多元利益格局中，利益分配模式是协调模式，是对个人利益直接分配，其他利益间接分配的模式。

（1）多元利益实现的基础条件

1）满足学生个人利益需求

在多元利益格局中，学生个人的利益矛盾居于多元利益矛盾的核心地位，学生个人利益的实现是多元利益实现的基础。学生个人利益的实现依赖于高等学校为学生提供的高等教育服务。

前述研究表明，导致学生与高等学校之间利益矛盾的原因，是学生个人的高等教育机会受到损害。随着学生数量的增长，学生的多样性程度在不断增加，学生的需求更加多样化，学生进入大学学习，不仅仅有学习高深知识的需要，还有满足兴趣的需要、职业培训的需要，以及就业的需要。学生及其需求的多样化对大学的教学设施、师资力量、生活服务，对教学模式、教学内容、学生管理等方面都提出了更高的要求，但是大学的课程僵化、管理刻板，对学生的多样化需求没有积极的回应。纽曼报告认为学生没有享受到美好的教育过程与教育经历。

学生在接受高等教育的过程中，其高等教育机会受到高等学校的侵害。由于美国大学的终身教职制度、科研经费管理制度等原因，大学教授注重科研而轻视教学，研究生代课现象非常普遍，研究生承担着本科教学任务，课程质量下降在所难免，而且学生没有与教师平等交流的机会，糟糕的教育经历使学生的受教育权受到损害。大学的管理侵害了学生的公民权利，在大学中，学生受教育者、被管理者的身份被强化，学生必须服从大学的管理，大学管理者无视学生的基本权利，甚至侵犯学生的隐私权，对学生的自由权利过度限制。大学对学生受教育权和公民权利的侵害，从根本上说是对学生高等教育机会的损害，每个学生都应该获得平等的高等教育机会，不仅仅是在高等教育入学机会方面的平等，也是在高等教育过程中的机会平等。基于以上的原因，学生个人利益需求得到满足的关键在于高等学校要为学生提供平等的高等教育机会。

2）满足学生需求应该具备的条件

为学生提供平等的高等教育机会，在高等学校方面，需要高等学校的内部改革，尊重学生的受教育权和公民权利，具体来说要为学生提供符合学生要求的多样化的课程和教学形式，增强学生的权力，允许学生参与管理，给予学生自由选择权。

大学要提供多样化的课程、灵活的教学形式，以及多样化的学习环境，供学生自由选择。在高等教育阶段，由于教育经历、家庭收入、社会阶层、以及民族、种族等原因，学生之间的差距已经十分明显，平等的教育机会不能再以同样的课程来判断，而应该是不同的课程、多样化的课程。60年代以来，学生群体的多样性带来了学生需求的多样性，尽管没有大学能够满足所有人的要求，但是应该提供更加多样化的教学形式和课程，激发学生的挑战和兴趣，使他们更加努力。高等教育机会的平等是参与的平等，要使学生获得平等的教育机会，就要增强学生的权力，扩大学生在管理中的作用，包括参与学术事务、一般制度制定、参与学生生活管理规则制定等，让学生在参与管理的过程中，表达自己的意图，使大学的教育过程更加符合学生的要求。给予学生自由选择权是实现学生高等教育机会平等的基础，学生可以根据自身的特点，选择适合自己的、令自己满意的高等教育，从而使自身得到充分的发展，同时也可以促使高等学校为学生提供更好的教育。

高等学校提供多样化的教学方式和课程、允许学生参与管理、给予学生自由选择权等，是保障学生平等的高等教育机会的必然要求，从学生个人的角度来说，高等学校提供多样化的、可供自由选择的教育机会，是为学生提供了平等高等教育机会。

（2）学生利益需求的实现

1）高等学校现状与学生的经济障碍

20世纪六七十年代的高等学校并不具备满足学生需求的条件，联邦政府调查发现，战后的美国大学发展出现了同质化的倾向，管理模式官僚化，对学生的管理刻板，无视学生的权利与个性，将学生看做是产品，缺乏人性的关怀；大学课程体系存在过度专业化、缺乏多样性的问题，课程内容是狭窄的专业技能，课程的目的只在于满足社会对技术的要求；大学中存在最严重的问题是忽视对核心价值的追求，教学作为大学的核心任务，在科学研究的挤压下已经被严重忽视，大学教师热衷于研究，将工作的重心从教学转移到研究。

经济困难仍然是贫困学生获得高等教育机会的主要障碍，高等教育机会的获得仍然取决于家庭经济状况，对于贫困学生来说，入学机会表面上是敞开的，但实际上却是紧闭的。即使贫困学生被高等学校录取，他们也难以享受到平等的选择权，往往容易被收费低、质量差的学校录取。60年代末70年代初，高等教育机会的经济障碍不仅没有得到缓解，反而更加严重，导致了中等收入学生选择上的障碍，中等收入家庭子女众多，教育费用十分有限，高等教育费用的上涨使他们在选择高等学校时，往往考虑费用问题，个人的需求降为其次。一般来说，高等学校质量与费用之间呈正相关关系，由于经济条件的限制，学生难以选择质量高的学校入学，经济困难成为学生自由选择的障碍。

2）给予学生自由选择权

在多元范式政策中，联邦政府制定了资助学生的方案，采用助学金、奖学金、贷款、勤工助学等多种形式的学生资助项目，向学生提供多种形式的资助，联邦学生资助体系最主要的特征是"需要"，凡是有需要的学生都可以获得联邦资助，而不必受到学校与家庭收入的影响。联邦政府在制定方案时，考虑的主要问题是如何消除学生入学的经济障碍以及学生自由选择的经济障碍，扩大学生的高等教育机会是联邦资助的唯一目的，对于资助高等学校，联邦政府的立场是坚定明确的，联邦的责任在人，高等学校只有服务于人的时候才能获得资助。

联邦政府选择资助学生，是将教育的自由选择权交给学生。教育选择最直接的理论基础是经济学的消费者主权理论，西方经济学家认为，物质生产的最终目的是满足消费者的需求，生产什么、多少，生产质量规格，都必须以消费者的需求为依据，生产必须围着消费者转，消费者是真正的上帝，只有尊重消费者选择产品和服务的主权，生产活动才能正常进行并得以发展，这是经济活动的一项基本原则。[256]学生掌握资金，可以自由选择满意的高等学校，选择需要的高等教育，有利于学生获得平等的高等教育机会，联邦政府将自由选择权交给学生，是利用市场机制分配高等教育资源的方式，高等学校要获得学生手中掌握的资金，就必须要根据学生的要求，提供令学生满意的高等教育服务，通过学生的自由选择，可以将学生的需要反馈给高等学校，同时也可以将社会的需求反馈给高等学校，使高等学校进行内部的改革，满足学生个人和社会的高等教育需求；高等学校为了获得资金而展开的竞争，也为高等学校的改革提供持续的动力，使高等学校为满足学生与社会的高等教育需求而不断调整高等教育服务。由此看来，资助学生、将选择权交给学生的方式，对于学生与社会的高等教育供求矛盾解决是极为有利的。

（3）多元利益的直接分配与间接分配

1）公共利益的自动实现

多元范式政策的多元利益格局中，利益分配是对学生个人利益的直接分配，对社会利益的间接分配，这种直接与间接共同存在的利益分配方式，是对多元利益关系进行综合与选择基础上的分配模式。

利益的实现方式主要有直接实现和间接实现两种方式，直接实现是指通过利益主体自身的活动获得实现，间接实现是指其他利益主体追求利益实现的同时使自身的利益需求获得满足。利益的分配也有直接和间接两种形式，在高等教育政策进行利益分配时，政策可以直接对利益主体进行利益分配，也可以间接地对利益主体进行利益分配，"个人利益实现能够促进公共利益实现"和高等教育具有外部效应的特点，为多元利益实现直接分配与间接分配创造了条件。

首先，"个人利益的实现能够促进公共利益的实现"，这一观点来自亚当·斯密，斯密认为，个人在平等、自由的交往中对自身利益的追求导致了社会的繁荣，公共利益得以自动实现。"进入市场中利己的个人受价格机制的引导，依照利益最大化原则行事，彼此之间展开竞争，个人的理性选择自动会达到个人未预期的结果，其结果是社会财富的增加，从而客观上增进了社会福利即公共利益。[257]20"马克思也有关于公共利益实现方式的论述，"共同利益恰恰只存在于各方的独立之中，共同利益就是自私利益的交换，一般利益就是各种自私利益的一般性"，"表现为全部行为的动因的共同利益，虽然被双方承认为事实，但是这种共同利益本身不是动因，它可以说只是自身反映的特殊利益背后，在同另一个人的个别利益相对立的个别利益背后得到实现的，就最后一点来说，个人至多还能有这样一种安慰感：他的同别人利益相对立的个别利益的满足，正好就是被扬弃的对立面即一般社会利益的实现"。[244]10 在马克思的论述中，个别利益就是指个人的利益，共同利益、一般利益都是指公共利益，根据这段陈述，马克思的观点与斯密的观点是一致的，即个人利益的实现会带来公共利益的实现。

2）高等教育利益的外部效应

高等教育具有外部正效应，经济学中的外部效应是指单个生产者或消费者的经济活动常常给社会上的其他人带来影响，当生产或消费对其他人产生附带的成本或收益时，外部经济效果便发生了。[258]高等教育的外部正效应是高等教育产品的一个非常重要的特征，任何个人消费这一产品，都不仅会给个人带来收益，而且会给社会带来收益。[259]社会是高等教育外部正效应的承受者，社会所获得的利益主要表现为其科技发明可以推动社会生产力水平的提高，改善人民的生活质量，通过传播科学文化知识，提高人口素质，为人类社会创造一个良好的文化氛围，促进社会经济的巨大发展。[260]

从以上两个方面来说，学生是一个社会中最基本的利益主体，它追求自身利益的行为自然也会带来公共利益的自动实现，学生也是高等教育消费者，学生的活动会给社会带来收益，两者共同实现了多元利益的直接分配与间接分配。

3）学生、社会与高等教育的关系

多元范式政策采用直接分配学生利益，间接分配社会利益的方式，是由学生、社会与高等教育之间的关系决定的。

在学生、社会与高等教育的关系中，学生具有双重身份，在劳动力市场上，学生的身份是劳动力商品的供给者，在高等教育服务市场上，学生的身份是高等教育服务的需求者。[261]学生的双重身份所具有的市场主体地位是不能忽视的，学生是建立社会与高等教育之间关系的主体，学生是接受高等教育的对象，在接受高等教育后，学生的人力资本水平增强，成为高等教育专门人才，成为社会需求的对象。学生所接受的高等教育对高等教育人才的质量有影响，如果学生获得充分的高等教育机会，那么社会能够获得较高水平的专门人才，反之如果学生的高等教育机会获得不充分，那么社会不能获得令人满意的专门人才。学生是社会需求的反馈者，在选择高等教育时，学生会受到社会需求的影响，因此社会的需求反馈给高等学校，使高等学校能够根据社会需求来提供高等教育人才。

正因学生在学生、社会与高等教育之间所扮演角色的重要性，决定了在多元利益格局中，学生的利益得到直接分配，社会的利益得到间接分配。

（三）利益格局调整：高等教育利益需求多样化

1、利益分化与利益格局调整

利益格局从一元利益格局到多元利益格局的调整，是由美国高等教育利益需求的多样化引起的，利益多样化是利益分化的结果，利益的差异性是利益主体区别于另一利益主体的本质特征，利益分化就是利益差异扩大到一定程度的产物，利益分化后既定的利益关系被打破，便产生了调整利益格局的要求。20世纪60年代末70年代初，美国社会高等教育需求多样化，引起高等教育政策的利益分配格局，从一元利益格局调整为多元利益格局。

（1）利益分化

利益改变的基本方式有利益聚合与利益分化两种方式，利益聚合是利益一致的过程，而利益分化则是利益多样化的过程。人们之间产生共同利益并共同追求利益的实现，共同利益成为主要矛盾，是利益聚合的过程，但当共同利益消失时，个人的特殊利益又重回主要矛盾的位置，利益主体自然会分散为各自追求利益实现的多元利益主体，这就是所谓的利益分化，会导致利益主体多元化现象发生。

利益分化是一种必然现象，是由利益个体的基本特性决定的。利益个体具有个别性，这种特性是一个利益个体区别于其他利益个体的本质差别。利益个体的个别性决定了利益个体的利益差异性。利益个体之间存在着不同的利益需求、利益追求，即使同样的利益需求，在具体的利益满足上，各个利益个体也是不一致的。利益个体的差异性包括质的差异和量的差异两种情况。质的差异是指利益个体之间根本利益的不一致和对立，量的差异是指利益个体之间在根本利益一致基础上的利益需求上的差异。[59]111 多元利益主体的差异性是它的本质属性，是一个利益主体存在并区别于其他利益主体的特征。

利益分化是利益差别积累到一定程度的产物，是利益差异的扩大甚至极端化，利益分化具有如下特征，第一，利益分化表明既定的利益关系被打破，利益分化是相对于利益均等化或利益同质化而言的，是原本利益均等或同质状态中的利益差异不断积累、扩大的产物，是利益均等或利益同质的对立面，利益分化的出现打破了利益均等或利益同质状态下的利益关系格局，使得社会成员之间的利益关系呈现出新的状态；第二，利益分化表明新的利益关系正在形成，既定的利益关系格局被日益明显的利益分化打破以后，社会成员之间的利益会基于新的原则进行重组，人们之间同一的利益关系将被多元的利益关系取代，从而在整个社会产生新的、体现利益分化状态的利益关系格局，这种利益关系格局与利益整体性社会中的利益关系格局将有着本质的区别；第三，利益分化表明利益差别的迅速扩大，在既定的利益关系格局中，人们之间的利益关系并不是没有差异，而是差异较小，不甚明显，而分化本身就包含着差别扩大化的意思，利益分化表明社会成员之间的利益关系由差异较小到差异明显，利益获取的结果由几乎没有差别到差别显著，因而利益分化的过程通常也是人们利益差别迅速扩大的过程。[262]48-49

（2）利益分化导致利益格局调整

利益分化将导致既定的利益关系改变，也会产生调整利益格局的要求。利益格局就是利益分配的格局，是"不同社会成员和群体之间，在利益分配和占有过程中形成的、相对稳定的模式化的关系形态[87]"。政策本质上就是利益的分配，在不同的利益主体间进行利益分配，自然会形成一定的利益格局，利益格局在一定阶段内是稳定的，但并不会一直不变，间断—平衡理论指出，政策子系统保持垄断时，由单一利益主导，政策子系统维持对单一利益主体的利益分配，政策子系统将其他利益主体排除在外，使他们不能参与利益的分配，当政策子系统的垄断由于其他利益主体要求加入而面临崩溃时，实际上是其他利益主体想要加入利益分配系统获得利益，原本的对单一利益主体的利益分配制度无法满足新的利益分配要求，自然也需要被打破，建立新的利益格局。从该理论中不难看出，单一利益主导的利益分配格局，是由于其他利益主体要求加入，对于单一利益主体来说，是多元利益主体需要重新分配利益，进入利益分配系统，而导致了单一利益主导的利益分配格局被打破。

其实，利益格局的形成与改变，取决于内部的利益分配体制是否合乎各个利益主体的基本利益要求[59]226，当利益在主体之间的利益分配符合利益主体的要求时，就会形成相对稳定的利益格局，并在一段时间内保持该利益格局，当利益主体的利益需求改变时，原本的利益格局不能满足利益主体的利益需求，利益主体就会要求改变利益分配体制，形成新的利益分配体制，从而形成新的利益格局。

2、美国高等教育利益需求的多样化

美国联邦高等教育政策的利益格局，从一元利益格局到多元利益格局的改变，是由高等教育利益需求多样化引起的。20世纪60年代的学生运动反映出学生利益需求的多样化与高等教育之间的矛盾，还反映出社会与高等教育之间的矛盾，这种矛盾是由利益需求多样化引起的。

（1）学生高等教育需求的多样化

20世纪60年代，美国个人和社会的高等教育需求都出现多样化增长的趋势，在联邦政府扩大高等教育入学机会政策的推动下，美国民众对高等教育入学的需求猛增，高等教育已经不再是一种特权，而是人人都能享有的权利，学生及其家庭将从入学机会中获得的愉悦和满足是最直接的利益，但这种直接的利益被普遍满足之后，更高层次的需求就产生了。60年代，传统学生的入学人口增长的同时，大量非传统学生也进入到高等学校，学生结构的改变使学生对高等教育的需求更加多样化，学生进入高等学校学习，不仅是学习知识，还有兴趣的满足、职业培训的需要，高等教育文凭成为人们社会地位

提升、经济收入的保证。高等教育已经取代西部，成为人们社会地位提升和改变经济状况的条件。学生入学人口的增长，对高等学校的教学设施、师资力量、生活服务等都提出了更高的要求，而学生来源与需求多样性的增加，则对高等学校的教学模式、教学内容、学生管理等方面提出了更高的要求，是学生对高等学校的多样化的需求。

（2）美国社会高等教育需求的多样化

美国社会的高等教育需求也有所改变，美国经济发展对人力资源的需求，促进了美国社会对高等教育需求的增长。60年代初，美国进入了有史以来最长的经济扩张时期，从1961年到1968年期间，美国经济出现了106个月的持续增长，这段时间被誉为美国经济的黄金时期。[263]152 经济的发展需要大量的劳动力作为支撑，尤其是对受过一定教育、能够从事一些技能工作的人才的需求增长迅速。[171]12 随着经济的发展，美国的产业结构逐渐发生改变，由60年代初依靠传统劳动力发展，开始转向依靠科学和技术进步的发展，制造业比重下降，采用新技术、新生产方式的社会经济组织增加，人口增长促使与生活相关的服务行业迅速发展。产业结构的改变使社会对劳动力的需求发生变化，对专业技术人员和服务业人员的需求增加。在60年代初劳动力需求主要是能够从事一些简单劳动的、在装配生产线上的工人，而60年代中期后，对专业技能工人的需求量增长，到20世纪70年代中期，33%的美国劳动力从事产品制造业，比战前的40%有所下降；服务行业从业人员比例从不到60%上升到67%。发展最快的行业要数专业技术人员，从业比率从1940年的30%上升到这一时期末的50%。[264]160 这些美国各行业对工人需求的变化，可以说明社会对高等教育人才需求的改变，随着经济结构改变，经济发展越来越依靠科技进步和人力资源，高新技术行业发展迅速，传统行业、制造业等逐渐衰落，使社会对高等教育需求改变。在行业领域上，传统行业的需求减少，新型产业的需求增长，在对人才的层次、质量方面，美国社会也提出了更加多样化需求。

3、高等教育利益需求的多样化要求调整利益格局

（1）一元利益格局不能满足多样化的高等教育利益需求

美国社会高等教育需求多样化后，原来的一元利益格局已经无法满足美国公众利益分配的要求，调整利益格局也就成为必然要求。

一元利益格局的形成有两个因素，一是共同利益，美国社会全体成员拥有共同利益，二是利益分配体制符合全体成员的要求。在20世纪50年代末，由于苏联卫星事件与民权运动的发生，促使国家安全与社会公平上升为美国社会全体成员的共同利益。在50年代公共利益矛盾是美国社会全体成员的主要矛盾，随着国防安全危机的过去，美国社会公平也取得了重大进展。在《民权法案》、《选民登记法》、肯定性行动等系列政策的推动下，黑人民权问题得到了进一步保障，民权运动也随之逐渐平息。可以说到20世纪60年代末，国家安全与社会公平的利益已经实现。在一元利益格局中，利益分配是符合全体成员要求的。联邦政府的一元范式政策直接对公共利益进行分配，作为公共利益，是全体成员共同分享的利益，一旦公共利益实现，所有社会成员都能从中分享获得。这种利益分配体制也是符合美国社会公众需求的。

随着高等教育需求的多样化与公共利益的实现，美国社会全体成员的共同利益也就消失了，所以人们作为独立的利益主体，各自追求自身利益的实现，个人利益重新上升为主要矛盾。在20世纪60年代初，学生的高等教育需求也是相对单一的，学生的高等教育需求主要是对高等教育入学机会的需求，虽然美国联邦政府一元范式政策的目的并不是满足学生的高等教育入学机会，但作为实现公共利益的基础，联邦政府通过资助学生项目，消除学生入学的经济障碍，以使更多的贫困学生能够进入到高等学校。这一政策客观上促进了学生高等教育入学机会需求的满足。人的需要是有不同层次的，当较低层次的需要被满足后，就会产生较高层次的需要，学生入学机会的需求被满足之后，自然对接受教育过程与教育结果提出了要求，要求实现在教育过程中的教育机会平等，在教育结果上的平等。但是一元利益格局中，只能部分地满足学生的入学机会的需求，而对于教育过程与教育结果上的平等是无法满足的。正是在多样化利益形成过程中，一元利益格局逐渐瓦解，人们要求改变利益格局，要求加入到利益分配格局中，在利益格局中拥有利益份额。

（2）政策范式转型调整利益格局

高等教育利益需求的多样化，必然促使美国公众要求自己的利益需求得到满足，要求联邦政府将一元利益格局调整为多元利益格局，以使每个人的利益都能在利益格局中得到分配。从一元利益格局到多元利益格局，只能通过政策范式转型来实现。

　　根据间断—平衡理论，政策范式转型源于利益的改变，政策子系统由某一单一利益主导时，政策子系统维持对单一利益主体的利益分配，并将其他利益主体排除在外，使他们不能参与利益的分配，当其他利益主体要求加入利益分配系统获得利益时，原本的单一利益格局无法满足新的利益分配要求，自然就需要打破原来的利益格局，建立新的利益格局。在新的利益格局中不再对单一的利益进行分配，而是对多元利益进行分配。

　　政策本质上是对利益的选择、综合、分配与落实，利益格局调整只能通过政策范式转型完成，政策是以某种利益分配为目的的制度，在政策制定过程中，政策目标、方案与工具都是围绕某种利益与分配来制定的，所以会形成一定的利益格局，但是当利益需求改变时，新的利益主体要求加入形成新的利益格局，就需要重新制定政策，政策问题、目标、方案以及工具，都围绕新的利益要求而制定形成，才会最终形成新的利益格局。新的政策范式承认利益多元化，以分配多元利益主体的利益需求为目的，政策目标、政策方案与工具，都是围绕如何对多元利益主体的利益进行分配，如何完成对多元利益主体的利益分配制定形成的。

　　20 世纪 60 年代的学生运动使美国联邦政府认识到，学生个人的利益需求与高等教育之间的矛盾已经非常尖锐，学生作为利益主体，其多样化的利益需求应该得到满足，学生运动就是他们表达自身利益需求的行动。只对公共利益进行分配的一元利益格局已经不能满足多样化的利益需求，只有将学生的利益需求输入到政策系统中，通过政策范式转型，针对多元利益主体的利益需求，重新制定政策，形成符合学生利益需求的多元利益格局。所以说，利益分化导致的利益多样化是政策范式转型的原因。

结　论

（一）本研究的基本观点和主要结论

1、美国联邦政府的政策范式转型是从一元范式到多元范式的转型。一元政策范式是以全局性的、整体的视角对公共利益的分配，是对全体公民共同利益进行直接分配的利益格局，多元政策范式则是从利益个体的角度出发，对个体利益、社会利益的协调，是在对多元利益关系选择与综合基础上，对核心利益的直接分配与其他利益的间接分配，形成多元利益格局。

2、政策制定过程有着严密的逻辑。首先它是围绕利益分配展开的，美国联邦政府一元范式高等教育政策的政策问题是公共利益矛盾的体现，政策目标、政策方案与政策工具均是围绕公共利益的落实分配形成的；其次政策问题、目标、方案与工具之间是相互制约的，政策问题对政策目标的选择有着规定性，而政策目标又规定着政策方案与工具的形成，政策制定过程遵循其内在规律顺序展开。

3、政策问题本质上是利益冲突与矛盾的体现。一元政策范式高等教育政策解决的是国家安全与社会公平问题，属于公共利益矛盾问题，多元政策范式高等教育政策解决的是高等教育供求矛盾问题，是包括个人与社会在内的多元利益矛盾的体现；学生个人的利益需求居于多元利益关系的核心，是解决高等教育供求矛盾的关键。学生群体利益表达的方式，即学生运动导致了政策问题的改变，学生运动引起了联邦政府的重视，并促使联邦政府注意力从解决国家层面问题转移到解决高等教育领域问题。

4、政策目标反映着社会价值观。价值观与利益观具有一致性，是与利益分配相符的价值观。一元政策范式高等教育政策以入学机会平等为政策目标，强调向平等的能力提供平等的机会，体现精英主义价值观；多元政策范式高等教育政策以发展机会平等为政策目标，强调给予所有人平等的起点，体现普遍主义人人平等的价值观；前者是有利于公共利益分配的价值目标，后者是有益于个人利益及多元利益分配的价值目标。价值观从精英主义向普遍主义人人平等的转变，是随着美国社会主流价值观改变而改变的，学生运动带来的反主流文化运动使美国社会传统价值观式微，新的自由平等观被美国社会接受并认可。

5、政策方案是与利益分配目标相符的方案。一元范式高等教育政策实行的是资助院校为主、资助学生为辅的政策方案，该方案是有利于公共利益实现与分配的方案；多元范式高等教育政策实行的是资助学生为主的政策方案，该方案有利于学生个人利益实现；政策方案的改变受到政策权威的影响，一元范式时期总统主导政策制定过程，使一元范式政策方案体现出维护精英高等教育的特征，多元范式时期由国会主导政策制定过程，使多元范式政策方案体现出对个人权利平等的重视，是有利于个人利益分配与落实的方案。

6、政策工具是落实利益分配的工具。一元政策范式高等教育政策以行政手段作为政策工具，行政手段有利于联邦政府平等地分配高等教育资源，有利于贯彻联邦政府的特殊意图；多元政策范式高等教育政策以市场机制为政策工具，市场机制有利于提高高等教育资源的利用效率，有利于学生自由选择高等教育。

7、高等教育需求多样化是美国联邦政府政策范式转型的原因。一元范式政策是对公共利益的分配，但在一定程度上满足了学生与社会扩大高等教育入学机会的需求，随着高等教育需求的多样化，一元范式政策无法满足学生与社会多样化的高等教育需求，因此需要通过政策范式转型来调整利益格局，使多样化的利益需求在多元利益格局中得到实现。

（二）借鉴启示

1、美国高等教育政策是对政府责任与行动的规定，而我国政府高等教育政策的总体特征是对高等学校的行为规范，这一特征充分说明我国政府的定位是高等教育的管理者，高等教育政策是政府对高等教育管理的制度。我国政府应该转变立场，改变高等教育政策范式，政府应该作为利益协调者，高等教育政策作为利益协调的工具，发挥协调个人、社会、国家的高等教育利益矛盾的作用。

2、我国高等教育政策存在的一个问题是头痛医头脚痛医脚，自大众化以来我国高等教育出现很多问题，比如高等教育资源不足、毕业生失业、职业教育萎缩等，针对这些问题我国政府制定了教育结构改革、大力发展高等职业教育、扩宽投资渠道等政策，但这些政策只是治标不治本，究其原因在于我国的高等教育政策并没有找出问题背后的利益冲突与矛盾，只是针对问题现象制定政策。我国高等教育政策制定应该要透过问题的现象，对问题反映的利益冲突与利益矛盾进行分析，同时也要将高等教育问题放置到更广阔的社会背景中，去分析利益冲突与矛盾产生的原因，厘清复杂的利益关系，从而针对关键利益矛盾采取政策措施，达到协调利益关系，对多元利益进行分配的目的。

3、我国高等教育政策缺乏长期的有效目标，导致政策不能持久地发挥作用，比如我国的扩招政策以高等教育毛入学率达到 15%为目标，这一目标在几年内实现后，政策作用即减退或消失，目标缺乏有效性使我国高等教育政策不能提供持续的动力，只能作为短期措施发挥作用。我国政府应该选择长期的有效目标作为我国高等教育政策的目标，比如美国联邦政府的教育机会平等目标，以便使高等教育政策能够提供持续的动力。

4、我国高等教育政策的内容过于笼统，比如《中共中央国务院关于深化教育改革，全面推进素质教育的决定》中，提出"通过多种形式积极发展高等教育"的要求，而对具体的做法并没有规定。政策内容过于笼统说明我国政府在制定高等教育政策时，并没有对政策进行充分的考虑，政策没有明确的目标，也就难以形成明确的方案，这会导致政策在实施过程中偏离政策制定时的初衷，导致政策流于形式达不到效果。我国的高等教育政策制定应该加强政策内容上的考虑，提出明确的目标与具体的操作方案，使政策有的放矢，不偏离目标与初衷。

5、我国高等教育政策应该在增强学生的主体地位方面有所加强。扩招政策后我国高等教育问题产生的主要原因是忽视了高等教育多样化程度的提高。高等教育多样化的目的在于满足学生与社会的多样化需求，学生作为个人与社会高等教育供求关系的核心，具有反馈个人与社会需求的作用，学生是促进高等教育多样化实现的关键，所以我国高等教育政策应该增强学生在高等教育中的主体地位，让学生拥有自由选择权，使其充分发挥需求反馈的作用，以促进我国高等教育的多样化发展。

（三）本研究的不足之处与未来展望

本研究是政策范式及其转型研究的初次尝试，由于可供借鉴的研究较少，研究的框架、研究的内容与结构还存在不足；研究者的学术造诣不深，学术语言的应用与写作能力有限，导致论文内容分析不透彻，写作不能层层深入，对研究结论的提炼不足。研究者将在以后的研究中强化学术语言的应用与写作能力的锻炼。政策制定过程是利益博弈的过程，在本研究的第五章有所涉及但并不深刻，这是个值得深入研究的问题，研究者将继续对此进行深入研究。

参考文献

1. 夏亚峰. 美国联邦政府与高等教育关系分析[J]. 国外社会科学情况，1997(02)：51-54+18.

2. 姚云. 美国高等教育立法研究[D]. 上海：华东师范大学，2003.

3. 杨晓波. 美国联邦政府的高等教育政策[J]. 外国教育研究，2003(10)：31-36.

4. 陈文干. 二战后美国联邦政府干预高等教育的历史演变——政策法规的视角[J]. 高等工程教育研究，2007(01)：77-81.

5. 张燕军. 美国联邦政府高等教育资助问题：法律的视角[J]. 中国高教研究，2009(07)：43-45.

6. 胡紫玲，沈振锋. 从《莫里尔法案》到《史密斯—利弗法案》——美国高等农业教育的发展路径、成功经验及其启示[J]. 高等农业教育，2007(09)：86-88.

7. 张雅琼. 美国退役军人教育援助研究[D]. 开封：河南大学，2011.

8. 秦珊. 一九五八年美国国防教育法述评[J]. 广西师院学报，1994(04)：96-102.

9. 李鹏程. 美国《1958年国防教育法》制定过程的历史透析[D]. 上海：华东师范大学，2012.

10. 郑宏. 美国《国防教育法》的制定及其历史作用[J]. 江西社会科学，2011，31(01)：158-161.

11. 张献华. 冷战中的美国《国防教育法》研究[D]. 济南：山东师范大学，2009.

12. 续润华，张帅. 美国 1965 年高等教育法的颁布及其历史意义探析[J]. 黑龙江高教研究，2013，31(02)：6-9.

13. 冯骊. 美国联邦《高等教育法》立法 40 年回顾[J]. 河南大学学报（社会科学版），2007(03)：158-162.

14. 王翠娥. 美国《高等教育法》演变过程中联邦政府的责任变化[J]. 民办教育研究，2009(11)：55-58.

15. 杨克瑞. 美国《高等教育法》的历史演变分析[J]. 比较教育研究，2005(04)：21-25.

16. 杨克瑞. 美国 1972 年《教育法修订》研究[J]. 河北师范大学学报(教育科学版)，2006(01)：50-53.

17. 叶依群. 美国联邦政府高校学生资助理念探究[J]. 世界教育信息，2009(05)：61-64.

18. 张坤. 美国大学生资助理念探析[J]. 继续教育研究，2007(02)：115-117.

19. 杨克瑞. 战后美国联邦政府大学生资助政策研究[M]. 北京：北京师范大学出版社，2008.

20. （美）多纳德·E·海伦编著，安雪慧，周玲译. 大学的门槛——美国低收入家庭子女的高等教育机会问题研究[M]. 北京：北京师范大学出版社，2008.

21. Jacqueline E. King. Financing a College Education. How it Works, How it's Changing[M]. Washington, D. C. : American Council on Education, Oryx Press, 1999.

22. Michael S. Mcpherso, Morton Owen Schapir. Keeping College Affordable. Government and Educational Opportunity[M]. Washington, D. C. : Brookings Institute Press, 1991.

23. Michael Mumper. Removing College Price Barriers: What Government has Done and Why it Hasn't Worked[M]. New York：State University of New York Press, 1996.

24. 胡寿平，马彦利. 财政资助政策对高等教育入学和大学生学业成功的影响：美国的经验与启示[J]. 复旦教育论坛，2010，8(02)：79-83.

25. 王晓阳. 美国联邦政府资助大学科研的政策与机制[J]. 高等教育研究，2009，30(03)：105-109.

26. 赵可，史静寰，孙海涛. 美国联邦政府建设一流大学的政策分析[J]. 清华大学教育研究，2009，30(04)：15-24.

27. 张东海. 美国联邦科学政策与世界一流大学发展[M]. 上海：上海教育出版社，2010.

28. （美）鲍尔森主编，孙志军等译. 高等教育财政：理论、研究、政策与实践[M]. 北京：北京师范大学出版社，2008.

29. 周世厚. 美国联邦高等教育决策中的利益集团政治研究[D]. 长春：东北师范大学，2010.

30. Michael A. Defining the Higher Education Lobby[J]. The Journal of Higher Education，1976(1)：79-92.

31. Roy Adam. Interest Groups in American Education[J]. Comparative Education，1975(7)：165-172.

32. 周小虎，孙启林. 试析利益集团对美国教育政策的影响[J]. 比较教育研究，2006(11)：19-22+39.

33. 魏姝. 政策过程阶段论[J]. 南京社会科学，2002(03)：64-69.

34. 刘荣. 利益相关者共同治理视阀下的教育政策制定[J]. 现代教育科学，2011(09)：21-24.

35. 李静. 美国联邦政府教育角色变化分析[D]. 上海：华东师范大学，2012.

36. 彼得·霍尔. 政策范式、社会学习和国家：以英国经济政策的制定为例[M]// 岳经纶，郭巍青主编. 中国公共政策评论（第1卷）. 上海：上海人民出版社，2007.

37. 迈克尔·豪利特等著，庞诗等译. 公共政策研究：政策循环与政策子系统[M]. 北京：生活·读书·新知三联书店，2006.

38. 严强. 社会转型历程与政策范式演变[J]. 南京社会科学，2007(05)：86-92.

39. 詹姆斯·L·特鲁，布赖恩·D·琼斯，弗兰克·R·鲍姆加特纳. 间断—平衡理论：解读美国政策制定中的变迁和稳定性[M]// [美]保罗·A·萨巴蒂尔编，彭宗超，钟开斌等译. 政策过程理论. 北京：生活·读书·新知三联书店，2004.

40. 杨涛. 间断—平衡模型：长期政策变迁的非线性解释[J]. 甘肃行政学院学报，2011(02)：36-42+120.

41. 刘开君. 公共政策变迁间断—平衡模型的修正及应用——兼论新中国科研政策变迁的渐进与突变规律[J]. 北京社会科学，2016(11)：112-120.

42. 李文钊. 向行为公共政策理论跨越——间断—均衡理论的演进逻辑和趋势[J]. 江苏行政学院学报，2018(01)：82-91.

43. 周丽娟. 建国以来我国高等教育政策范式变迁研究——基于政策文本的内容分析[J]. 商丘师范学院学报, 2014, 30(11): 117-123.

44. 黄文伟. 21世纪初我国高职教育政策范式变迁——从技术理性到政治理性[J]. 职业技术教育, 2013, 34(01): 5-9.

45. 刘复兴. 论我国教育政策范式的转变[J]. 北京师范大学学报(社会科学版), 2004(03): 15-19.

46. 钟旗. 研究生教育政策范式的演变及优化策略研究[D]. 湘潭: 湘潭大学, 2014.

47. 徐赟. 我国教育政策实践范式的历史变迁[J]. 现代教育管理, 2014(05): 46-50.

48. 徐自强, 龚怡祖. 我国高校毕业生就业政策的范式转移研究——基于政策文本的内容分析[J]. 大学教育科学, 2013(01): 100-106.

49. 黄靖洋, 邬璇. 中国高等教育扩张与政策范式转移——间断均衡的视角[J]. 中国公共政策评论, 2015, 9(00): 22-43.

50. 杨东华. 我国高校毕业生就业政策的范式转移[J]. 长春理工大学学报(社会科学版), 2012, 25(05): 151-153.

51. 周光礼. 高等教育治理的政策范式: 办学自主权的国际比较[J]. 湖南师范大学教育科学学报, 2011, 10(05): 5-10+16.

52. 董颖, 金珺. 基于可持续发展理念的高等工程教育政策新范式 [J]. 科学学研究, 2007(S1): 46-49.

53. 陈庆云. 公共政策分析[M]. 北京: 中国经济出版社, 1996.

54. 陈庆云. 公共政策分析（第二版）[M]. 北京: 北京大学出版社, 2011.

55. 陈振明. 公共政策学: 政策分析的理论、方法和技术[M]. 北京: 中国人民大学出版社, 2004.

56. 刘家顺, 王永青. 政策科学研究第二卷: 政策研究方法[M]. 北京: 人民出版社, 2000.

57. 吕志奎. 政策执行中的工具选择[D]. 厦门: 厦门大学, 2006.

58. 魏毅敏. 政府工具选择的理论分析[J]. 前沿, 2009(07): 19-22.

59. 王伟光. 利益论[M]. 北京: 中国社会科学出版社, 2010.

60. 彭劲松. 和谐社会的利益关系[M]. 北京: 中共中央党校出版社, 2006.

61. 陈跃峰. 利益动力论[D]. 北京: 中共中央党校, 2015.

62. 张玉堂. 利益论——关于利益冲突与协调问题的研究[M]. 武汉: 武汉大学出版社, 2001.

63. 周孟璞.《马克思主义哲学全书》中文 1 版[M]. 北京：中国人民大学出版社，1996.

64. 需求：中国知网百科-当代汉语词典.
[EB/OL].2018-04-08. .http://kns.cnki.net/kns/brief/default_result.aspx.

65. [苏]措拉耶夫，洪新译. 论"利益"与"需求"范畴的相互关系[J]. 现代外国哲学社会科学文摘，1987(04)：30-31.

66. 胡赤弟. 高等教育利益相关者理论研究的几个问题[J]. 中国高教研究，2010(06)：15-19.

67. 李福华. 利益相关者视野中大学的责任[J]. 高等教育研究，2007(01)：50-53.

68. 社会：中国知网百科- 社会科学大辞典. [EB/OL]. 2018-04-03.http://kns.cnki.net/kns/brief/default_result.aspx

69. 马永霞. 高等教育供求主体利益冲突与整合[D]. 武汉：华中师范大学，2005.

70. 许之所. 高等教育需求与供给分析[J]. 华中农业大学学报（社会科学版），2007(03)：115-117.

71. 杨晓萍. 教育科学研究方法[M]. 重庆：西南师范大学出版社，2006.

72. 杨建军. 科学研究方法概论[M]. 北京：国防工业出版社，2006.

73. 陈振明. 政策科学的"研究纲领"[J]. 中国社会科学，1997(04)：49-62.

74. 姚浩，刘启华. 现代政策科学思想演进的回顾与前瞻[J]. 南京工业大学学报（社会科学版），2002(02)：61-65.

75. [美]弗兰克·鲍姆加特纳，布赖恩·琼斯著，曹堂哲，文雅译. 美国政治中的议程与不稳定性[M]. 北京：北京大学出版社，2011.

76. 陈振明. 是政策科学还是政策分析？——政策研究领域的两种基本范式[J]. 政治学研究，1996(04)：79-87.

77. 钟彬. 达尔的多元主义民主理论研究[D]. 天津：南开大学，2009.

78. 周圣平. 罗伯特·达尔多元主义民主观研究[D]. 北京：中共中央党校，2010.

79. 邓汉慧，张子刚. 西蒙的有限理性研究综述[J]. 中国地质大学学报（社会科学版），2004(06)：37-41.

80. 戴正农. "满意化"和"适应性"：西蒙有限理性思想探析[J]. 江苏社会科学，2011(06)：25-31.

81. 李玫. 西方政策网络理论研究[D]. 昆明：云南大学，2013.

82. 吴汝康. 达尔文时代以来生物学界最大的论战——系统渐变论与间断均衡论[J]. 人类学学报，1988(03)：270-276.

83. 孙欢. 间断平衡框架及在我国政策分析中的适用性—基于政策范式[J]. 甘肃行政学院学报，2016(06)：31-42+126.

84. [美]托马斯·库恩著，金吾伦，胡新和译. 科学革命的结构[M]. 北京：北京大学出版社，2003.

85. 陈娜. 媒介表达：一元国家意志 VS.多元社会诉求——《人民日报》房地产报道个案研究（1998-2008）[D]. 上海：复旦大学，2012.

86. 夏军. 多元民主的构成[D]. 长春：吉林大学，2012.

87. 温志强. 利益格局与利益分配—浅谈社会转型期利益格局在宏观经济政策制定中的作用[J]. 甘肃行政学院学报，2001(01)：24-28.

88. Davenport, Sally Ann Smuggling- in Reform: Equal Opportunity and The Higher Education Act 1965-80[D]. Baltimore：The Johns Hopkins University，1983.

89. Kerr-Tener, Janet Cecile From Truman to Johnson: Ad Hoc Policy Formation in Higher Education[D]. Charlottesville：University of Virginia，1985.

90. 刘早荣. 论艾森豪威尔政府的新面貌战略[J]. 武汉大学学报（哲学社会科学版），2008(03)：365-369.

91. Damms, Richard Vernon Scientists and Statesmen：President Eisenhower's Science Advisers and National Security Policy, 1953-1961[D]. Athens：The Ohio State University，1993.

92. 梅孜. 美国总统国情咨文选编[C]. 北京：时事出版社，1994.

93. [苏]罗·费·伊万诺夫. 艾森豪威尔传[M]. 北京：新华出版社，1987.

94. Christopher M. Kiernan. Federal Aid to Higher Education：The Pell Grant Program in Historical Perspective[D]. Boston：Boston College，1992.

95. [美]德怀特·D·艾森豪威尔著，静海译. 缔造和平（1956-1961 年）艾森豪威尔回忆录——白宫岁月（下）[M]. 北京：生活·读书·新知三联书店，1977.

96. 威廉·曼彻斯特. 光荣与梦想[M]. 北京：商务印书馆，1979.

97. 陈学飞. 美国高等教育发展史[M]. 成都：四川大学出版社，1989.

98. Charlotte Twight. Federal Control Over Education Crisis, Deception, and Institutional Change[J]. Journal of Economic Behavior& Organization, 1996(31)：299-333.

99. 郭培清. 艾森豪威尔政府国家安全政策研究[D]. 长春：东北师范大学，2003.

100. 张杨. 二十世纪中叶美国冷战社会动员与思想灌输活动探析[J]. 历史研究，2014(03)：138-153.

101. Hussin, Sufean. National Priorities And Higher Education In The United States: A Historical Analysis, 1945-1990[D]. Eugene: The University of Oregon，1994.

102. 刘金质等. 国际政治大辞典[M]. 北京：中国社会科学出版社，1994. 中国知网学问. [EB/OL]. 2014-04-29.
    http：//xuewen. cnki. net/read-r2006061390002899. html.

103. 何宏非. 试论肯尼迪的国内"新边疆"[J]. 世界历史，1985（6）：24-34.

104. 杨生茂，张友伦. 美国历史百科辞典[M]. 上海：上海辞书出版社，2004. 中国知网学问. [EB/OL]. 2014-04-29.. http//xuewen. cnki. net/read-R2011093310004057. html.

105. Osborne, Robert Earl. President Nixon and Higher Education Policy Making Influences and Achievements，1969-1974[D]. Tulsa：The University of Tulsa，1990.

106. 王庆安. 林登·约翰逊和"伟大社会"改革研究[D]. 上海：华东师范大学，2006.

107. 胡海文. 林登·约翰逊政府国内改革再思考[D]. 济南：山东师范大学，2011.

108. 林良梅. 约翰逊政府缓解黑人贫困问题的政策[D]. 重庆：西南大学，2014.

109. 孙志祥. 美国的贫困问题与反贫困政策述评[J]. 国家行政学院学报，2007(03)：94-97.

110. 甫玉龙，刘静，鲁文静. 马克斯·韦伯社会分层理论视角下的美国贫困原因剖析[J]. 中国行政管理，2015(04)：134-139.

111. U. S. History. Lyndon Johnson's "great society". [EB/OL]. 2014-04-15.. http：//www. ushistory. org/us/56e. Asp

112. Lee S. Duemer. Balancing the Books: Economic Incentives for 1960s[J]. Southern Studies，1996，volIII，number II/III：79-89.

113. 吴金平. 评六十年代美国反贫困斗争[J]. 山东师大学报（社会科学版），1995(03)：35-38.

114. 魏建国. 美国《高等教育法》修订与高等教育财政改革[J]. 北京大学教育评论，2008(04)：14-27+188.

115. 郑春生. 马尔库塞与六十年代美国学生运动[D]. 上海：华东师范大学，2008.

116. 许平，朱晓罕. 一场改变了一切的虚假革命——20 世纪 60 年代西方学生运动[M]. 上海：上海人民出版社，2004.

117. 吕庆广. 当代资本主义内部的反叛与修复机制—60 年代美国学生运动分析[J]. 南京大学学报（哲学·人文科学·社会科学），2003(02)：55-63.

118. 周莹莹. 20 世纪 60 年代美国学生运动——加州伯克利大学和哥伦比亚大学的比较研究[D]. 厦门：厦门大学，2008.

119. 孙益. 校园反叛——美国 20 世纪 60 年代的学生运动与高等教育[J]. 清华大学教育研究，2006(04)：77-83.

120. 张永红. 20 世纪 60 年代美国青年反战思潮研究[M]. 北京：光明日报出版社，2009.

121. 朱美娣. 越战时期美国国内的和平反战运动研究[D]. 长沙：湖南师范大学，2005.

122. 李沛璘. 越南战争时期美国国内青年学生反战运动概况[J]. 佳木斯教育学院学报，2010(04)：320-322.

123. President's Commission on Campus Unrest, Washington, D. C. The Report of The President's Commission on Campus Unrest[R]. U. S. Government Printing Office, Washington, D. C. 1970.

124. 郑春生. 大众传媒与六十年代美国学生运动[J]. 历史教学问题，2008(04)：51-54.

125. Heist, Paul. The Dynamics of Student Discontent and Protest[R]. California University, Berkeley. Center for Research and Development in Higher Education, 1967.

126. Coltrane, William Lee. Higher Education and Anti-Vietnam Demonstrations：Comparing Occurrences and Administration Responses[D]. Texas：Texas Tech University, 1992.

127. Campus Disruption During 1968-1969[R]. American Council on Education, Washington, D. C. Office of Research, 1969.

128. Seymour Martin Lipset. Rebellion in the University [M]. Chicago：The University of Chicago Press, 1971.

129. Gerard J. Degroot. Student Protest：The Sities and After [M]. London and New York：Longman，1998.

130. Bonnie Lee Hunter. The Cost Impact of Federal Legislation on Higher Education[D]. Minnesota：The University of Minnesota，2002.

131. The Student Protest Movement Some Facts, Interpretations, and a Plea[R]. American Council on Education, Washington, D. C．；American Psychological Association, Washington, D. C. 1969.

132. 徐进军. 高等教育供求矛盾及对策分析[J]. 继续教育研究，2009(09)：109-110.

133. Bowen, Howard R．；Servelle, Paul. Who Benefits From Higher Education and Who Should Pay？[R]. American Association for Higher Education，Washington, D. C．；Eric Clearinghouse on Higher Education, Washington, D. C. 1972.

134. 休·戴维斯·格拉汉姆，南希·戴蒙德著，张斌贤等译. 美国研究型大学的兴起——战后年代的精英大学及其挑战者[M]. 保定：河北大学出版社，2008.

135. Lawrence E. Gladieux, Thomas R. Wolanin. Congress and Colleges：the National Politics of Higher Education[M]. Lexington Books，1976.

136. 王俊勇. 二十世纪六十年代美国大学生运动[D]. 武汉：武汉大学，2004.

137. Higher Education Act，Public law 89-329-NOV.8，1965．[EB/OL]. 2018-03-20．．https://www.gpo.gov/fdsys/pkg/STATUTE-79/pdf/STATUTE-79-Pg1219.pdf.

138. 罗斌. 宪法视野下美国总统职权的理性透视[J]. 学理论，2012(14)：31-32.

139. 胡朝阳. 公共利益研究——基于政治哲学视角的分析[D]. 北京：中共中央党校，2009.

140. 涂晓芳. 政府利益论——从转轨时期地方政府的视角[M]. 北京：北京航空航天大学出版社，2008.

141. 齐明山，李彦娅. 公共行政价值、公共利益与公共责任——政府公共权力科学运作的三维构架[J]. 学术界，2006(06)：28-35.

142. 王静宜，丁文君. 社会公平的本质及其实现途径[J]. 思想战线，2008，34(S4)：92-94.

143. 胡万钟. 当代社会公平的政治哲学审视[J]. 中国特色社会主义研究，2008(03)：56-61+83.

144. 张国清. 分配正义与社会应得[J]. 中国社会科学（英文版），2016(02)：61-76.

145. [美]乔万尼·萨托利著，冯克利，阎克文译. 民主新论[M]. 上海：上海人民出版社，2008.

146. National Defense Education Act. Public law 85-864-sept. 2，1958. United States Government Printing Office. [EB/OL]. 2018-03-20. .

http//www. gpo. gov/fdsys/pkg/STATUTE-72/pdf/STATUTE-72-Pg1580. pdf.

147. 梁茂信. 1950年至1980年外国留学生移民美国的趋势分析[J]. 世界历史，2011(01)：67-78+159-160.

148. 梁茂信. 冷战与美国人才吸引机制的形成（1945-1960）[J]. 历史研究，2014(05)：128-142.

149. [美]V·布什等著，范岱年，解道华等译. 科学——没有止境的前沿[M]. 北京：商务印书馆，2004.

150. Sharon Bresson Kurtt. A Study of an Agenda Setting Model as Applied to the Passage of the National Defense Education Act of 1958[D]. Iowa：The university of Iowa，1999.

151. 张煌. 中国现代军事技术创新高端人才研究[D]. 长沙：国防科学技术大学，2011.

152. Arthur S. Flemming. Nation's Interest in Scientists and Engineers[J]. The Scientific Monthly，1956，82(06)：282-285.

153. 刘秀红. 冷战时期美国教育的改革[J]. 教育评论，2011(02)：155-157.

154. 高嵩. 肯尼迪—约翰逊政府就业与培训政策研究[D]. 长春：东北师范大学，2007.

155. 梁茂信. 美国人力培训与就业政策[M]. 北京：人民出版社，2006.

156. Lee W.Anderson. Ideology and the Politics of Federal Aid to Education：1958-1996[D]. Stanford：The Stanford university，1997.

157. 王宇绚. 20世纪60年代美国的人力培训政策与充分就业[D]. 石家庄：河北师范大学，2008.

158. 高嵩. 20世纪中叶美国各界对人力与失业问题的思辨[J]. 安徽大学学报（哲学社会科学版），2007(04)：149-156.

159. （美）哈林顿，M.著，卜君等译. 另一个美国——美国的贫困[M]. 北京：世界知识出版社，1963.

160. （美）舒尔茨著，蒋斌，张蘅译. 人力资本投资——教育和研究的作用[M]. 北京：商务印书馆，1990.

161. 尹飞宵. 人力资本与农村贫困研究：理论与实证[D]. 南昌：江西财经大学，2013.

162. 唐士其. 美国政治文化的二元结构及其影响[J]. 美国研究，2008(02)：7-27+3.

163. 王炎. 精英选拔机制与早期精英主义[J]. 天津社会科学，2007(05)：50-52.

164. 孔令帅. 高等教育公平与政府责任——论战后美国联邦政府在高等教育入学机会平等中的作用[J]. 徐州工程学院学报（社会科学版），2013，28(06)：97-101.

165. 靳国胜. 高校对学生受教育权利的侵害表现及法律救济困境探析[J]. 榆林学院学报，2006(03)：44-47.

166. 郑春生. 公民不服从理论的现实困境—以六十年代美国学生运动为例[J]. 浙江学刊，2007(04)：19-23.

167. 熊静波. 权利之间的界限——以美国宪法第一修正案为中心[J]. 现代法学，2007(04)：15-22.

168. 张景. 学生在学校享有公民权吗？[J]. 天津教育，2006(03)：14-15.

169. 李鹏. 论学生权利的二重性：公民权和受教育权[J]. 教学与管理，2008(30)：9-11.

170. 王卫东. 高等教育过程公平的社会学分析[D]. 武汉：华中师范大学，2012.

171. Frank Newman. Report on Higher Education[R]. US Department of Health Education and Welfare，1971.

172. 吴康宁. 教育机会公平的三个层次[N]. 中国教育报，2010-05-04(004).

173. 余芳. 高校学生教育选择权的内涵与内容初探[J]. 高教探索，2009(03)：18-22.

174. 王建华. 教育公平的两种概念[J]. 教育研究与实验，2016(06)：24-28.

175. 朱金花. 教育公平：政策的视角[D]. 长春：吉林大学，2005.

176. 张宛. 美国大学教师知识分子向度的历史考察(二战后~1990年代)[D]. 上海：华东师范大学，2012.

177. 詹姆斯·S·科尔曼. 社会理论的基础[M]. 北京：社会科学文献出版社，1999.

178. 罗杰·L·盖格著，张斌贤等译. 研究与相关知识—第二次世界大战以来的美国研究型大学[M]. 保定：河北大学出版社，2008.

179. 王玉环. 1966年科尔曼报告研究[D]. 保定：河北大学，2015.

180. 方展画. 美国公立高等教育的三大政策议题[J]. 教育研究，2008(09)：98-103.

181. 张彬. 个体解放与文化平等——20世纪60年代美国文化运动与多元文化主义思潮的内在关联[J]. 华侨大学学报（哲学社会科学版），2009(02)：101-105.

182. 瞿张婷. 浅论60年代美国反主流文化运动[J]. 中共福建省委党校学报，2003(05)：78-80.

183. 温洋. 反主流文化的亚文化群——嬉皮士[J]. 美国研究，1988(04)：95-112+5.

184. 李雯. 试论美国反主流文化运动的兴起及其原因[J]. 历史教学问题，2003(06)：36-40+11.

185. 陈媛. 时代变迁与观念历程：美国新左派现象的社会根源与社会功能分析[D]. 广州：暨南大学，2007.

186. 龚隽峰. 浅析20世纪60年代美国青年价值观的变化[J]. 法制与社会，2008(16)：294-296.

187. 李雯. 美国青年反主流文化运动滥觞的原因[J]. 青年研究，2002(08)：41-48.

188. 吴冬，刘举. 试论美国价值观的新教文化内涵及二元困境[J]. 山西师大学报（社会科学版），2014，41(06)：39-43.

189. 杨元明. 美国"新左派"运动的政治思想[J]. 理论研究，1987(05)：43-48.

190. C. Ronald Kimberling. Federal Student Aid：a History and Critical Analysis[M]// John W. Sommer. The Academy in Crisis：the Political Economy of Higher Education. Transaction Publishers，New Brunswick and London. 1995.

191. 王英杰. 美国高等教育的发展与改革[M]. 北京：人民教育出版社，2002.

192. Mcguffey，C. W. . An Evaluation Study of the College Facilities Program，Final Report[R]. Department of Health，Education and Welfare，Office of Education，Washington，D. C. 1967.

193. Cox Lanier，Harrell Lester E. The Impact of Federal Programs on State Planning and Coordination of Higher Education[R]. Southern Regional Education Board，Atlanta，Ga. 1969.

194. 张玉. 战后美国联邦高等教育弱势扶助政策发展研究[D]. 重庆：西南大学，2007.

195. 黄俊辉. 解读政府责任的新路径：政策价值--政策目标--政策工具[J]. 岭南学刊，2015(03)：27-31.

196. Coleman, James S. The Concept of Equality of Educational Opportunity[R]. John Hopkins University, Baltimore, MD, U. S. Department of Health, Education and Welfare, Office of Education, 1967.

197. 杨九斌. 二战后美国联邦政府对研究型大学科研资助政策研究[D]. 上海：华东师范大学，2014.

198. Meister, Gail Roth. Knowledge in the Policy Process：Congressional Policymaking on Mathematics and Science Teacher Shortages, 1957-1958 and 1983-84[D]. Stanford：The Stanford University, 1988.

199. 李欢欢. 约翰逊政府时期高等教育政策研究[D]. 长沙：湖南师范大学，2011.

200. Ravitch, diane. The troubled crusade：American Education, 1945-1980. [M]. New York：Basic Books, 1983.

201. 李菲. 二战后美国教师专业化发展研究[D]. 西安：陕西师范大学，2003.

202. 李志杰. 美国联邦大学生资助政策分析[D]. 上海：华东师范大学，2012.

203. 李赛强，郭春晓. 美国大学生联邦工读项目的设立、实施及启示[J]. 外国教育研究，2008(01)：71-74.

204. Coleman, James S. . Equality Educational Opportunity Reconsidered[R]. John Hopkins University, Baltimore, MD, U. S. Department of Health, Education and Welfare, Office of Education, 1967.

205. Toward a Long-range Plan for Federal Financial Support for Higher Education A Report to the President[R]. Department of Health, Education and Welfare, Washington, D. C. 1969.

206. 孔令帅. 美国低收入家庭学生高等教育入学机会：历史·现状·展望[J]. 辽宁教育研究，2008(09)：94-97.

207. Sandy Baum, Micheal Mcpherson. The Effectiveness of Student Aid Policies：What the Research Tells Us[R]. College Board, 2008.

208. American Council on Education. Federal Programs for Higher Education：Needed Next Steps[R]. American Council on Education, Washington, D. C, 1969.

209. Richard L.Tombaugh. Direct or Indirect Student Aid[J]. The Journal of Student Financial Aid，1972，2(01)：28-34.

210. Kiernan，Christopher Michael，D.Ed. Federal Aid to Higher Education：the Pell Grant Program in Historical Perspective[D]. Boston：Boston college，1992.

211. 刘旭东. 美国联邦政府高等教育财政资助发展研究[D]. 保定：河北大学，2013.

212. 谭融. 权力的分配与权力的角逐——美国分权体制研究[M]. 天津：天津大学出版社，1994.

213. 杨娟. 挖掘知识点的深度——论罗斯福时期总统权力的扩大[J]. 考试与招生，2015(02)：40-41.

214. 孙心强. 美国国会对总统权力的限制与国会改革[J]. 山东大学学报(哲学社会科学版)，1989(03)：105-111.

215. 李俊兰. 二战后到七十年代美国总统权力的扩张[D]. 呼和浩特：内蒙古大学，2010.

216. 沈仁道. 美国国会的立法程序及其主要特点[J]. 政治学研究，1985(01)：59-61.

217. 于兆波. 非垄断性和非命令式的美国总统立法计划权[J]. 北京理工大学学报(社会科学版)，2017，19(01)：132-137.

218. 王飞. 罗斯福时期总统行政权研究（1932-1941）[D]. 合肥：安徽大学，2010.

219. 张奕. "从附属到帝王"——论美国总统权力的消长[J].华东政法学院学报，1999(02)：67-69.

220. 张维平. 美国教育法的立法程序[J]. 外国教育资料，1983(02)：50-54. .

221. 黄忠敬. 教育政策工具的分类与选择策略[J]. 国家教育行政学院学报，2008(08)：47-51.

222. 丁煌，杨代福. 政策工具选择的视角、研究途径与模型建构[J]. 行政论坛，2009，16(03)：21-26.

223. 吴元其. 公共政策新论[M]. 合肥：安徽大学出版社，2009.

224. 陈潭. 公共政策学原理[M]. 武汉：武汉大学出版社，2008.

225. Pamela Ebert Flattau The National Defense Education Act of 1958：Selected Outcomes[R]. Science &Technologu Policy Institute，2007.

226. 张璋. 理性与制度—政府治理工具的选择[M]. 北京：国家行政学院出版社，2006.

227. 王荫西. 政策工具的价值冲突及其选择[D]. 青岛：中国海洋大学，2009.

228. 翁文艳. 教育公平与学校选择制度[M]. 北京：北京师范大学出版社，2003.

229. 陈剑平. 论法律手段与行政手段、经济手段的关系[J]. 上海大学学报（社会科学版），1994 (04)：21-22.

230. 余瑶，胡春. 当代政府工具的价值判断、选择现状与有效选择[J]. 宜宾学院学报，2006 (09)：14-17.

231. 陈振明，和经纬. 政府工具研究的新进展[J]. 东南学术，2006(06)：22-29.

232. 冉育彭. 美国赠地学院建设给我们的启示[J]. 重庆科技学院学报（社会科学版），2012(15)：149-151.

233. 杨光富. 美国赠地学院发展研究[D]. 上海：华东师范大学，2004.

234. 冉育彭. 《莫里尔法案》对美国高等教育的影响[J]. 四川民族学院学报，2011，20(02)：84-86.

235. 陈振明. 当代西方政府改革与治理中常用的市场化工具[J]. 福建行政学院福建经济管理干部学院学报，2005 (02)：5-12.

236. 杨钢桥，毛泓. 城市土地供需平衡的市场机制[J]. 华中师范大学学报（自然科学版），1999(04)：605-608.

237. 王书峰. 美国退役军人教育资助政策形成与变迁研究[D]. 北京：北京大学，2007.

238. 王艳艳. 美国高等教育后大众化阶段的信任危机研究[D]. 荆州：长江大学，2012.

239. 王满船. 公共政策的手段类型及其比较分析[J]. 国家行政学院学报，2004(05)：34-37.

240. 童蕊，李新亮. 从 1965HEA 到 1972HEA：美国高等教育学生资助项目的政策变迁研究[J]. 复旦教育论坛，2011，9(06)：82-88.

241. 公共利益：中国知网百科-管理学大辞典. [EB/OL].2018-04-01. . http://nvsm.cnki.net/kns/brief/default_result.aspx

242. 共同利益：中国知网百科-中华法学大辞典·法理学卷[EB/OL].2018-04-12. .http://nvsm.cnki.net/kns/brief/default_result.aspx

243. 王言文. 马克思利益共同体理论与构建和谐社会[D]. 济南：中共山东省委党校，2011.

244. 何小民. 共同利益论：马克思共同利益思想理论内蕴及当代价值[M]. 北京：中央文献出版社，2008.

245. 陈其海. 利益群体在立法过程中的影响[D]. 苏州：苏州大学，2010.

246. 范沁芳. 西方公共利益观解读[D]. 苏州：苏州大学，2007.

247. 段华洽，王辉. 政府成为社会公共利益代表的条件与机制分析[J]. 中国行政管理，2005(12)：27-29.

248. 郑永红. 公共利益的界定及立法表达[D]. 兰州：西北师范大学，2009.

249. 范振国. 公共利益的法律界定与限制研究[D]. 长春：吉林大学，2010.

250. 肖顺武. 公共利益研究——一种分析范式及其在土地征收中的运用[D]. 重庆：西南政法大学，2008.

251. 尹鸿雁. 公共利益与政府的公共服务职能[J]. 哈尔滨市委党校学报，2009(02)：57-59.

252. 王春福. 政策网络的开放和公共利益的实现[J]. 中共中央党校学报，2009，13(02)：99-103.

253. 孔祥学. 论和谐社会视角下的利益分化与政府协调[D]. 济宁：曲阜师范大学，2008.

254. 李静. 我国社会利益协调机制创新研究[D]. 大连：大连理工大学，2008.

255. 王春福. 和谐社会与公共政策的利益协调机制[J]. 学术交流，2006(01)：120-124.

256. 曲恒昌. 西方教育选择理论与我国的中小学入学政策[J]. 比较教育研究，2001(12)：42-46.

257. 杨立春. 公共利益论——基于我国公共产品提供的视角分析[D]. 上海：复旦大学，2011.

258. 苏文胜. 浅析高等教育的社会效益与经济效益的关系[J]. 交通高教研究，2002(04)：52-53.

259. 曾亚强. 高等教育的生产、消费及其供求关系[J]. 经济问题探索，2003(06)：61-65.

260. 李亚楠. 高等教育市场中我国政府职能的转变与定位——基于高等教育的外部效应[J]. 淮北职业技术学院学报，2010，9(03)：69-70.

261. 刘俊学. 基于教育服务的高等教育供求研究[J]. 江苏高教，2009(05)：38-40.

262. 刘惠. 利益分化下中国共产党的社会整合研究[D]. 成都：西南交通大学，2011.

263. 牛文光. 美国社会保障制度的发展[M]. 北京：中国劳动社会保障出版社，2004.

264. 亚瑟·科恩著. 美国高等教育通史[M]. 北京：北京大学出版社，2010.

致　谢

　　读博是我人生最后的学生生涯，是我人生中最为珍贵的时光，它让我感受到学术苦海中漂泊的孤寂，也让我感受到学术魅力的强大引力，八年的时光虽然漫长，但却是今生无悔的选择。

　　在这八年时光中，最应该感谢的是我的导师赵婷婷教授，赵老师以其高深的学术造诣和严谨的学术态度引领着我走进学术的大门，使我对学术与研究的感悟全面提升，这篇博士学位论文就是一个阶段性汇报，其中包含着我的努力专研，更凝结着赵老师的精心培养。从论文选题到论文的最后修改，经过了赵老师的悉心指导与精心雕琢，才呈现出今天的模样，在这个过程中，我知道的是我与老师进行了无数次的讨论，我不知道的是老师度过了多少个不眠不休的夜晚。再多的言语也无法表达我的感激之情，在此向赵老师深鞠一躬。

　　我要感谢人文学院与高教所的各位老师，给予我学术指导与工作的帮助，使我获益良多。感谢郑晓齐、雷庆、赵世奎、马永红等各位老师，各位老师的教学风格各异，但同样的严谨治学的态度使我受益匪浅，感谢张德辉、李厚之老师给予我党支部工作以及学生事务工作的支持与帮助。

　　感谢各位同窗好友让我度过了最值得回味的时光，感谢每个周末一起去导师家开沙龙、去郊游、一起挤公交挤地铁的伙伴，他们是黄建伟、张其香、杨翊、冯磊、黄健、蒋小燕；感谢 308 的兄弟与乒乓小分队的成员，他们是王文娟、刘志刚、马星、付娇娇、刘文杰、张乐；感谢一起上课、听报告的同班同学，他们是李明、陈霞玲、王楠、国兆亮、谢丹、邓丕来、唐阳、马坤、王悦、张岩，等等，感谢闫飞龙师兄，感谢出赟平师弟、刘芳师妹、夏国萍师妹为我提供的无私帮助。

感谢我的家人对我的支持与默默付出。

2018 年 4 月某日深夜